思想觀念的帶動者

文化現象的觀察者

本土經驗的整理者

生命故事的關懷者

探索身體，追求智性，呼喊靈性
攀向更高遠的意義與價值
是幸福，是恩典，更是內在心靈的基本需求
企求穿越回歸真我的旅程

生命花園

The new manual for life

作者：黃煥祥（Bennet Wong, M.D.）、麥基卓（Jock McKeen, M.D.）
譯者：陶曉清、李文瑗、殷正洋、張亞輝、姚黛瑋
導讀：錢伯陞（Al Chambers）

【目錄】

【第四部】人際關係

【第五部】健康、疾病與療癒

【作者序】

我們對你以及你所追求的生命，致上最深的祝福

自一九九二年英文版發行以來，《生命花園》（*The New Manual for Life*）這本書經歷了許多的變化。當初我們所設計的是一本能夠實際應用的哲學書，爲加拿大「海文學院」（The Haven Institute）自我成長課程的參與者，其中也包括來自北美、歐洲與亞洲的學員，提供一些背景資訊及理論原型。另外，這本書也是爲了要顧慮到那些更多沒法來參加課程卻有意提昇生命意義與品質的人。

一九九九年本書的中文版曾在台灣出版，當時我們很希望這本書能讓中文讀者用自己的語言了解我們的構想。然而，許多讀者告訴我們，翻譯的中文版一般人並不容易讀懂。我們這才同意全部重新翻譯，希望這個新的版本能更容易貼近中文的讀者。

本書並不是各種資訊的大集合，而是在「海文學院」上課時許多教學理念的總結。來參加過課程的人會發現這些理念很熟悉，或許對於複習課程中所學會很有幫助，我們希望你也能對課程中的體驗有新的學習，並且強化你已經開始的轉化過程。沒有參加過任何工作坊的人，希望這些訊息能在你日常生活或關係中有所助益，對你的思考與行爲模式或爲生命做抉

擇時都能更有洞察力。本書的焦點在於與人溝通與連結，用眞誠的沉思去開展自我，與人分享，以及洞察力。

這本書包含了許多我們對生命、對關係以及對人性的基本假設。這些理念的形成過程中，我們廣泛的借用了許多不同來源的資訊。這些理念曾經驗證在數千位與我們分享生命經歷的朋友們的互動中。對所有的這些課程參與者、思想家、科學家、神學家、作家、專業人員、追求眞理者、藝術家等，我們在此致上最深的感謝。

本書是我們三本已經譯成中文的著作之一。《關係花園》談的是關係、溝通與連結，《健康花園》談的則是東方與西方針對壓力、健康、幸福的觀念的比較與探討。除此之外，我們還有一些書尙未譯成中文。

我們要感謝「海文學院」的同事與支持我們的員工，還有家人與朋友，幫助我們建立了一個充滿了愛的環境，並且爲學習提供了如此有效益的背景。特別謝謝這次的中文翻譯小組，他們花了好多年的時間討論、澄清這本書中的一些觀念與論點，並將這些觀點帶進了中文的世界。每章章末譯者提出的討論問題也促使我們對書中的一些論點想得更廣泛深遠，這種意見交換對我們來說是非常有價值的。

我們在學習古老中國哲學與中醫時深深受到影響，在對照東方與西方不同的介入方法時，我們學習到很多，並持續的在自己的生活與思想中運作以結合雙方的觀點，我們在尋找整合雙方觀點後產生的和諧。

我們認同一些東方哲學家與存在主義者所提出的：人類生存在天與地之間，除了要擔心生存下去的問題，也渴望能發現生命的意義。每個人都常會發現自我的需求與社會及文化的需求大爲不同，這種動盪的張力會在個人的成長中反映出來。最常會發生的是，自我會因爲要符合社會的一致性以及安全感而犧牲；然而，內在一股渴望能更完整的表達自我的念頭又無法完全消除。雖然一直有著這樣壓抑不住的想要自由表達自我的欲望，但總的來說，在文化與自我之間達到和諧是有可能的。

如果不去考慮外在環境，我們是自由的生命，能夠過著豐富與生氣勃勃的生活。但通常人們會選擇符合社會傳統所帶來的安全感，以及隨著這選擇而來的物化的角色。如此一來，他們的生命是被外在世界所定義的，他們也都把焦點放在外界而不是內在。大多數人需要因爲有所歸屬所帶來的安全感，爲此他們有時會盲目追隨他人的指令。不過，人們還是能打造出自己選擇的生活，同時也仍然是負責任、會關心、有功能，成爲文化中有貢獻的人士。個人自由能夠很容易的與社會目標協調一致，眞正自由的人能與他們的文化合作並以負責的態度活著，尊重社會的目標，卻仍然保有爲自己思想與感受的能力。他們會追隨領導者，但不會是盲目的。他們會是負責任的公民，有著開放的視野、心智與胸襟。

當人們無法完全做自己時，所要付出的代價是極爲巨大的，雖然有時這代價是隱約的、不明顯的或是用僞裝掩飾住了，爲此要付出的代價可能是疾病或是症狀，並可能出現在各個層面：情緒的、靈性的、精神的、身體的或是環境上的。一條常見的孤立與焦慮的線貫穿了各個層面，這不只是因爲跟他人的分離，也是因爲跟自我的分離！雖然大多數的人都希望能癒合這些分離的狀態，但是大家卻缺乏能讓療癒發生的許多基本工具。他們不練習爲自己負責任，卻傾向於把力量與權力都歸到他人身上。可是，我們每一個人的功課就是要去找到屬於自己的路徑，通往自由、負責、健康與快樂。我們認爲透過與親密關係建立有意義的對話，不但是克服孤立最好的方式，也是重新找到我們跟自己，跟他人，跟宇宙之間關係的最佳途徑。

我們希望這本書能讓你有所領會，並提供了一些工具讓你跟自我與他人有所連結，並發現你自己生命意義的源頭，這也是發展出信念的過程。

我們也還持續在關係中一起走在探索自我的旅程中，我們要對你以及你所追求有意義的生命，致上我們的祝福。

黃煥祥與麥基卓

二〇〇七年一月，加拿大卑詩省拿奈模市

【譯者序】緣分

陶曉清

跟這本書結緣，已經是那麼多年以前的事了，眞是不可思議！

我初到加拿大溫哥華附近的Gabriola小島的海文學院上課時就愛上了這本書，那時沒想到自己會跟它有一段如此漫長、糾結的故事。當時的我覺得它非常難讀，也不完全理解其中深刻的涵意，因而讀得斷斷續續的，回來之後也並未依照書中的一些建議過日子。然而每一次不論是刻意或是無心的翻閱此書，都能從中得到啓發，一些從前不很明白的道理，漸漸的也能融會貫通了，這讓我驚奇不已，也激發了我在「生活調適愛心會」帶領這本書的讀書會的想法，每個月兩次，我用了兩年多的時間帶學員讀完這本書。那段日子，我親眼看到許多學員因本書而成長，**因為可以為自己做出不同的決定，因為更願意面對與負責而使生命有了改變**。

說起這個版本的翻譯工作，更是一段奇妙的旅程。

我曾參與本書上一個版本的中文翻譯，可是到了出書的最後階段，我因爲用凹透鏡看自己，批判自己不夠專業，便放棄了一些翻譯上的堅持。現在回頭看，雖然認清當時的我正是

因為自恨而縮小了自己，只看見自己的缺點，卻忘記自己付出了多少時間與精力，但當時我也完全沒有力量多說些什麼。

多年後，我輾轉聽說心靈工坊文化公司想要接手出版這本書，但是打算另找譯者重新翻譯，我透過朋友向出版社表達了我的不舒服的心情——曾經付出的心血沒有得到認可，心裡百感交集。我這樣的作法正是書中所謂的：「**勇敢的站出來，向他人呈現真實的自我**」。

沒想到，心靈工坊總編輯桂花打電話給我，她誠實的跟我說原先屬意的譯者婉拒了她，而她也知道這些年來我與一些朋友長期帶領這本書的讀書會，於是便向我提出了邀約，她問說，可不可以由我領頭，找幾個人一起合作，重新翻譯這本書。

我清楚的知道，若只有我一個人，我不會想去承擔，因爲那眞是一件工程浩大的事。但是團隊一起工作就不一樣了。我心動了。

問題是要找哪些人？人太多了不行，太少了也會有問題。

殷正洋跟李文瑗一直在演說或帶團體，這兩年又到加拿大海文學院去深造；這本書的讀書會，張亞輝帶過不知多少次；姚黛瑋更是與她的先生錢伯陞（Al Chambers）不停帶領相關的課程。

我是多麼感激他們都在第一時間答應了與我一起工作。我們原就屬於同一個讀書會，多年來幾乎每兩個星期就聚會一次，第一本讀的就是這本書。

但是要一起工作，還是千頭萬緒的不知如何開始。二〇〇五年的十一月起，我們試著開始，約定用至少兩個月的時間，每星期兩次，每次至少六個小時的時間一起翻譯，爲的是營造出一種共同的語言，以及關於一些特定名詞的認定。我們一起合作翻譯了十個章節，接下來每人挑選了五到六個章節，分別各自在家工作之後，以電子郵件傳給大家，再相聚討論。

工作過程中最有趣的是，我們會有「**權利爭奪**」、「**外在依賴**」、「**極力追求理想我**」、「**界限不清**」、「**低自我評價**」、「**理所當然**」等，各種現象在每個人身上輪流出現，到後來我最擔心的效率已經是最小的問題。結果我們發現每個人接受這份工作以來最大的收穫是——**我們因此得以再次看見了自己跟彼此**。

我們也再次跟兩位原作者確認，這本書不是針對專業人員而寫的，他們希望更多的人因閱讀與討論此書而獲益。所以我們追隨他們之前在心靈工坊出版的《關係花園》、《健康花園》，將此書命名爲《生命花園》，成爲花園系列之一（編按：本書最初由心理出版社出版，書名爲《新生命手冊》）。而書中的一些較生澀或容易混淆的專有名詞，我們都加上了譯者註，或附上原文以供參考。

對於我個人來說，得以一再的參與本書的翻譯工作，將過去曾經因爲學養不足而犯下的錯誤加以改正，是個心願的完成。但是多年來對兩位作者從完全的敬畏，到後來能在見到他們時自然的上前擁抱，到如今能把他們看作亦師亦友，隨時分享生命中的種種，這才是我最大的長進。在把他們頭上的光環摘下的同時，我也摘下了自己的。

科技的發達，讓我們有了如Dr. Eye這樣好用的電子字典，但是遇見一些實在無法確定的詞意時，我們眞是高興我們還有Dr. Al（Al Chambers）。錢伯陞無疑是最適合撰寫此書導讀的人（謝謝姚黛瑋的翻譯）。他的生命因此書而改變，我們也一再受到他不斷的提醒，因之而**更能覺察、承認、接納，並對之後採取的行動有著一份欣賞（即本書提及的五個A）**。

我們在工作中不時互相提醒著，文字不要太西化，雖然很困難，但是要盡量。這時編輯就發揮了最大的功能。我們眞的很感謝本書的責任編輯花了許多時間跟我們一起工作過好幾回，讓她看到我們如何討論、爭執、甚至有時面紅耳赤的互不相讓。我們太在狀況中時，往往她一句話就能敲醒了我們：「這裡重複了！」或是「這裡我不太懂！」我們只好重新來過，直到大家都滿意爲止。

身爲主導這次翻譯工作的召集人，我得以寫下長長的譯者感言。但也要讓我的合作夥伴們在此記錄他們短短的心聲：

張亞輝說：「因爲這一本書，豐厚滋養了我的生命花園，讓我在感染愛滋病的歷程裡，更有力量去迎接每一次黑暗的撞擊。在生命的河流中，它就像一盞明燈指引著我，雖然不知未來如何，但卻可以漸漸安心的繼續航行。尤其這次翻譯過程中，正好又經歷自己『關係之死』，一邊傷逝悲痛，一邊又享受著字裡行間給予自我的豐盛覺察，常常是痛並快樂著的看見自己。感謝陶姐，感謝這個翻譯群，感謝！」

姚黛瑋說：「我常說自己是『俗仔』，私底下是個不太敢堅持自己想法的人。在這次翻譯過程中我深刻體認到，如何帶著對他人的尊重與保持開放的態度，堅定的表達自己的想法，爭取甚至堅持，但同時也安然自在的接納任何的結果。很興奮可以參與重新翻譯的過程，當時一連串的學習與成長，絕對不會因爲這本書的完成而停止，因爲生命花園中仍有好多地方等待開墾、播種、施肥、照料與綻放！」

殷正洋說：「回首當時一邊翻譯，一邊在爭執中看到每個人個性的不同，更看到了人與人之間的各種互動關係，就像是一個社會的縮小版。看到了自己的不足，也看到了翻譯的難處；在翻譯過程中隱約的看到了自己的盲點，而這本書探討的也就是『人』這個難以了解的主題。生命該如何往下探索？就讓這本書成爲探索之旅的序曲吧！」

李文瑗說：「能有機會參與此書的翻譯工作，是我生命旅程中，肯定自我與展現自我價值最重要的註腳之一。黃煥祥與麥基卓兩位老師所提出的人文學術觀點，讓我有機會去回顧過往卡死的生命情節，使我有能力去鬆脫束縛自我的心理枷鎖，確立自我的生命價值，並迎向開創生命的挑戰與喜悅！希望你讀完此書後，能加入我們感恩彼此生命的壯觀行列！」

我們得到兩位原作者的同意，在每一個章節的後面提出了一些問題，供給讀者作爲討論或省思之用，也希望在讀書會盛行的今日，能有更多的人共讀這本書後，生命更豐盛。

正如書中提及的**全像階序**的狀態，最後要謝謝過去曾對此書提出許多貢獻的老友們：馮錚、陳登義、林亮吟、黃世明，你們的心血都還留存在這裡。因「愛心會」而結緣的蔡香蘋，對「憂鬱」一章提出的意見給了我們極大的幫助，李文淑也在回台度假時客串幫忙參與一些章節的潤飾工作，在此一併致謝！

譯者簡介

陶曉清

因為從小喜歡播音，立志成為廣播人。最早主持的是西洋流行音樂的節目，後來因緣際會的參與了校園民歌的推廣，被稱為民歌之母。二〇〇〇年得到金曲獎的特殊貢獻獎。

一九九二年初次去「海文學院」參加成長團體，決定從此只從事自己喜歡並覺得有意義的工作，開始帶領讀書會與成長課程，並擔任相關專業課程的中英文口譯。

出版有關成長方面的著作有：《寫給追求成長的你》、《讓真愛照亮每一天》，並主導翻譯《生命花園》一書。

李文瑗

畢業於淡水工商專校企管科。曾任中廣「午夜琴聲」節目主持人。現任大愛衛星電視台教育文化音樂節目「殷瑗小聚」、「音樂有愛」節目製作人及主持人。並於崇德基督書院英文系畢業後，回校擔任人文心理學講師。出版：《我夢見我買了一條船》、《上午夜琴聲的同學錄》、《山上的生活》與《做個值得被疼惜的女人》等書。

多年研讀身心靈整合及助人工作課程，期待以自身的生命歷程與學習，與更多的人分享與共同成長，自助助人、利己利他。

殷正洋

在歌唱與聲音世界探索多年，有著近二十年的表演生涯，受邀演唱足跡踏遍世界各地，出版十餘張個人專輯唱片。獲得三次台灣演唱最高榮譽的金曲獎、金鐘獎及金鼎獎等等。參加加拿大「海文學院」專業訓練修業後，透過多年的經驗與對聲音的研究，開始帶領探索聲音的工作坊，在課程中以自然的方式及自我覺察與探索，幫助學員找到屬於自己的聲音及發展聲音的路，了解自我障礙的來源並體驗到自然與靈性的共鳴。

張亞輝

曾經在唱片圈工作多年，目前是身心靈陪伴工作者，從事帶領讀書會、工作坊等相關領域志業，融合自身經歷以及多年學習過程，每半年定期舉辦兩天一夜「探索甦活營」活動。出版《這一切都是因爲我想死》一書，期待用生命歷程與大家分享……。

姚黛瑋

二十年前，以歌手身分成爲表演藝人，曾出過許多專輯，成爲家喻戶曉的知名人物，之後也在表演事業同樣獲得成功，參與音樂劇、舞台劇、電視主持及連續劇等不同的演出。十年前她開始參加在台灣及國外的個人及專業成長課程，之後除持續參與課程學習外，也在專業成長領域中成功開創另一番事業。由於她的英語、普通話及台語都十分流利，所以也是很受專業講師歡迎的即席口譯師。

【導讀】

跟隨良師學習

錢伯陞（Al Chambers）

說眞的，總是能夠對事情提出原創的見解、深刻的洞察力或是獨特想法的人是非常少見的。但就是有一些特別的人，能夠把各種觀點連結起來，用嶄新且實際的方法看待世界，並且清楚地把這些概念和他人分享、交流。

人被視爲是非常頑固的動物，執著於用「自己的方式」來看待世界，所以，不管我們是否能達到目的，我們都很難用開放的態度看待自己及他人的新觀點，也甚少對其他的存在現實感興趣。能夠開展潛能，覺察並認知自我，同時擁抱新的可能性，是需要扎實甚至深厚的洞察力與經驗才辦得到的。也因此，協助他人對自己和世界產生新覺察的人，他們的想法不僅能夠讓其他人感興趣和對其好奇，他們同時也用如此獨特的見識鼓勵人們改變對應世界的方式，挑戰人們的想法和行爲，用嶄新並富挑戰性的方式去喚醒人的堅定心智、勇氣和正直。嗯，我之前說這樣的人十分罕見，所以當我們有幸能遇見、甚至能夠與他們長期共處時，的確是很棒的機會。

黃煥祥與麥基卓就是這樣的人。他們整合許多不同的教學方式，結合了心理學、哲學、關係和無數其他主題，他們用自己的觀點、實際生活的人際關係實驗，提出許多深刻有力的論述。他們的所作所爲都展現在他們的教學和作品中——本書就是他們的慈悲心和洞察力的成品。

我從諮商碩士班畢業時初次接觸這些概念，那時我第一次深刻體會身而爲「人」的意義，了解自己與他人，和他人一起分享親密的滋味。而令我驚訝的是，原來這些人同我一樣，在人生旅途中迷失了自己。

黃煥祥與麥基卓總是一派休閒，他們臉上的笑容和敞開的心讓你完全卸下心防。雖然兩人聲名卓著，但他們和所謂的宗師，大師或任何現成的標籤都不一樣，他們呈現的是誠實，開放與無僞裝，而那讓你非常信任他們。

他們謙遜、充滿智慧、富幽默感、有慈悲心，對我們都有的缺點以人性化的觀點包容。這兩個「普通人」毫不費力的教學、與人分享、幫助他人探索自我，用無數的方法與人連結。對我而言最重要的是，當我本著對任何新事物都抱持多疑的態度檢視這兩人時，發現他們是眞的在生活中實踐其所宣揚的理念。有時他們的正直感強烈到他們沒有道理會不理解、並且實際上無法達成自己的建議和承諾；而基於誠信正直，他們樂意與人分享自己的不完美，也展現出生而爲人神經質的部分，他們從來不聲稱自己「上知天文，下知地理」。

在這個過程中，這兩個人不僅僅是探索、實驗、閱讀、研究、經驗和挑戰身邊的一切以求成長，身爲科學家和學者的他們，還不斷透過寫作，整合和組織自己的想法，同時也透過教學的經驗和對知識的認知，領悟到溝通在不同層面的重要性。他們把所有的理念和興奮都寫了下來與人分享，這也是他們熱情的一面。

如果有任何跟了解自己，或對他們兩人關係的終極目標有助益、有關聯的主題，他們會特別興奮和感興趣，而且一定會搞得清清楚楚。他們永遠是滿腔熱情地和那些願意聆聽、有好奇心的人分享他們感興趣的新領域，沒有一刻稍減，不管是一同開會的人，成長團體的成員，還是吃早餐時碰到的學生或朋友。當他們漸漸將想法整合起來，就誕生了這本書（以及其他幾本非常有價值的出版品）。

這本書到底在講什麼？跟每個人都有關嗎？很重要嗎？刺不刺激？有沒有深度？實不實用？會不會很難懂？有不有趣？嗯，以上皆是。

這本書告訴我們一些方法：如何眞實的做自己，啓動自己的生命能量，同時「找到自己的心」（這是我喜歡的說法）。好好利用這些方法可以讓自己用獨特的方式，以自己的速度，全然的參與生活，不退怯、不遲疑；自己能夠順隨著自身的潛能而不是聽從他人的話——不管他們是父母、風格獨具的大師、專家學者、社會的整體文化，甚至一路走來遇見的任何書籍或是課程都會和自我衝突，將我們帶偏離了自己的道路——包括這本書！

兩位作者即是用這樣的方式讓他們自己變得無足輕重，鼓勵每個人發展出自己的力量和個體性，如此自然能減少對其他事物的依賴——包括對他們兩人或他們所帶領的課程。他們願意去挑戰每一個人，使其能開展自己的雙翼，離開過去的窠臼，放下需求和不安全感，帶著信念朝向世界自由飛翔。

正因如此，黃煥祥與麥基卓所有的原始教學與寫作，與坊間大部分的課程或書籍都不一樣，他們不是基於市場需求或是滿足自己的虛榮心，那與他們非常重視的誠信正直格格不入。他們的成功主要源自於他們的許多學生運用了這些新的發現、新的力量和勇氣，在人生道路上擊出亮麗的成績。

至於應該用什麼方法來理解這本書，並且盡可能讓每一個讀者都能從中找到對自己有意義的部分呢？

我的建議是，首先，這不是一本可以囫圇吞棗、一口氣看完的書。你在閱讀的過程中需要不斷的思考及覺察，每一句、每一段、每一頁和每一章都值得你品味、默想、思量、消化，完全吸收之後才能夠沉澱與整合，然後再挪出空間品嚐下一小段「佳餚」；就像精緻的開胃菜一樣，每一個部分都有其優點與應該欣賞的地方，千萬不要因爲匆忙或是想看到什麼結果而草草了事，因爲不會有什麼結局或是終極的答案。只有願意花時間細細經驗的讀者會在其中得到源源不絕的收穫。

慢慢閱讀這本書，你可以隨時停下來，也可以翻到哪裡就從哪裡讀起。你可以在空白的地方做筆記，或者整理出一本你自己的洞見與問題集，最好是像記日記一般，而且要經常讀它。你也可以和其他同樣對世界、對自身有所好奇的人——不管是配偶、朋友、讀書會伙伴、心理諮商師——討論你的想法。

這本書的精髓就是，當你學會用慈悲心接納自己之時，也請接受這一點：這裡頭沒有對生命的標準答案，沒有「手冊」可遵循，只有在我們的覺知更擴展之時，產生出更多的疑問與可能。並知曉所謂的成長，「找到自己的心」，就是擁抱這一切，而這也就是黃煥祥與麥基卓所教導的。他們建議我們試試看這條道路（他們自己也已經走過），因爲他們相信，如果活得更充實、有更多經歷、更能夠做你自己，生命就會更有收穫。

對我而言，這是一本不可或缺，人人都必備的參考書，不管是在個人或專業方面都帶給我無比的欣慰與挑戰，永遠鞭策我做一個「更好的人」，繼續成長，繼續活著，繼續擁有更有活力的生命！

〈導讀者簡介〉

錢伯陞（Alfred Chambers）

在加拿大做過高爾夫球場工人，在巴西做過帆船船員；到埃及當水肺潛水教練，去溫哥華的大學教書，在澳洲從事心理治療工作。

一九八四年完成諮詢心理學的碩士學位之後，他發現黃煥祥與麥基卓的理念再適合自己不過了，因此便在海文學院展開自我探索及專業訓練。經過了一連串生命的起伏變化，錢伯陞現在與台灣妻子定居於台北（有時一起工作），並定期回海文學院帶課程、在亞洲各地舉辦個人及專業成長的課程。

【第一部】

過程

昨天我遇見了一位完整的人，這是很難得的經驗，而這樣的際遇是非常珍貴、非常具啓發性的。要成爲一位完人的代價極高，只有極少數的人才有這樣的勇氣或是頓悟。成爲完人要付出代價是：你必須全然放棄安全感的追求，伸出雙臂迎向生活的危險；你必須像對待愛人般擁抱世界，卻無法輕易得到回報；你也必須接受痛苦即是一種存在的狀況。

——莫瑞斯．偉司特（Morris West）

第一章 寓言一則

很久以前，整個宇宙充滿了無拘無束、自由流動的「能量」，這些能量在**能量花園**裡歡樂的四處漫舞。在漫長的時間裡，「宇宙」樂其存在，享其自由。然而，一切都太過完美又完全可以預料，**宇宙**漸漸因爲無聊而感到焦慮不安。於是有一天，宇宙在嬉戲時，爲了好玩而創造了一些生命。它從自身分離出一些「能量」，把他們塑造成一個三角形和一個圓形，著上彩虹一般的顏色。爲了方便區別，分別把他們取名爲「**三角先生**」和「**圓小姐**」。他們的能量在流動時是跟能量的源頭連結著，所以彼此也因此而連結著，但是**宇宙**讓他們不受約束，自由自在的流動、旅行和嬉戲，盡情享受生活。他們的確也依此逍遙過活了。

三角先生和**圓小姐**享受著彼此，也喜歡和**宇宙**相互依存，沐浴在溫暖燦爛的光芒中，探索**能量花園**的每一個角落。天、地、萬物都在花園中相互連結，**三角先生**與**圓小姐**發現自己也跟萬物相連，一切眞是妙不可言！由於**三角先生**與**圓小姐**的體內流動的能量，跟在宇宙萬物中運行的能量是一樣的，所以他們不覺得害怕，而好奇心則是他們的天賦。

像前面提到的創造者（宇宙）一樣，玩了幾萬年的遊戲之後，萬物都非常熟悉彼此了。

三角先生和**圓小姐**開始覺得一成不變的生活有些無聊，漸漸變得焦慮不安起來。他們希望能夠發生一些不可預知的事情，以增添生活的趣味。他們甚至玩起捉迷藏的遊戲，不但自己玩，也跟**宇宙**和萬物玩。多麼有趣！

幾萬年又過去了，這種捉迷藏的遊戲不只是好玩——它變得更令人信服了！就在遊戲的競爭性越來越強時，他們發現彼此跟**萬物**的連結在中斷或隱藏的時候，會使「躲藏」的效果更好。不久之後，他們感到彼此之間失連的感覺比連結的時候多，每個人都開始覺得孤立和寂寞。彼此不再知道對方在想什麼或做什麼，捉迷藏的遊戲就開始出現焦慮與絕望的現象。樂趣變成了恐懼，而生活也變得嚴肅起來！

現在，他們無法依賴過去與萬物之間相互流動的能量來連結彼此了。**三角先生**和**圓小姐**不遺餘力地想出種種手段來控制對方和**宇宙**。**即使相互為伴時**，他們也不能忍受那種讓人覺得恐懼的孤立感！於是他們發展出各種互相操縱、引誘以及討價還價的方法；他們聯手讓**宇宙**向他們的**意志**低頭，並且征服和摧毀掉大部分的**宇宙**，冀望獲得更多的安全感。但他們越是這樣就越失去了與其他生命能量的連結，並且對彼此和**宇宙**更加懷疑。原來溫暖燦爛的光芒就變得刺眼與銳利了！

在互相凝視或是看望**宇宙**時，他們感覺彼此之間有一道可怕的深淵。這時他們沒有回到能量原本是連結著的根源去（他們早已經遺忘了），反而集中精神在架橋工程上，欲跨越深淵接觸對方。這些橋樑包括了：社交技能、新奇的娛樂、宗教、科學上的新發現、更新更好的通訊與交通工具、組成團體、結爲夫妻等等。爲了害怕失去既得利益和對彼此的控制，這一切都用嫉妒的方式保護著。從這個恐懼中體驗到的是嫉妒和受傷的感受，最後變成報復與暴力。**宇宙**覺得悲哀不已！

就算是這樣，他們仍然會關心彼此——因爲根本上**他們是一體的**！在感覺不到彼此能量流動連結的時候，他們卻在表象的層面上做接觸。在不互相競爭時，他們開始對別人感到**憐憫與同情**，而不是感受到彼此是**合而為一**的。他們漸漸發展出互相**照顧**的欲望。用這種方式，他們能持續控制彼此的關係，再度覺得安全。社會制度與宗教就是在這樣的道德系統中產生的，而自恃正義的傲慢與自命不凡便是理所當然的結果。

現在，分別站在深淵兩岸的**三角先生**和**圓小姐**，各自表達需要對方的強烈意願，並且承諾要互相照顧。當然，他們早已經忘記的事實是：原本他們就是完整和相互連結的，所以，認爲彼此互相需要其實是個**大謊言**。然而這個用心和花朵裝飾起來、這個被他們稱之爲「羅曼史」的**大謊言**，看起來非常的誘人！現在，他們要求彼此發誓一輩子忠貞不渝，哪怕這麼做是在扼殺他們個人的自我。他們不得不付出的代價是犧牲生命的潛能！不過，他們不太在意這些，因爲服從於別人的控制，是刺激與充滿安全的保證。現在，他們不再凝視深淵那頭的對方了。他們寧願把時間花在電影院與遊樂場所，好讓自己忘掉**現實**！他們把時間花在**互**

相照顧而不是彼此關懷上。雖然他們不再感受到彼此的連結，他們還是努力了解對方以便取悅彼此。

實際上，**圓小姐**和**三角先生**現在所在意的是對彼此**佔有**和**控制**的確定性。在一段很長的時間裡，他們並不認爲這是問題——直到發現控制不管用！最後，他們終究活在孤獨中的這個事實逐漸浮現，有時候起因於自然老化或失去生活中的角色，有時候是其中一人決定退出羅曼史。當這些情況發生的時候，**三角先生**或**圓小姐**都會感到孤獨的痛苦。若痛苦過於難忍，則會轉化成受傷和憤怒，然後開始互相指責。這是防止自己墜入深淵的不得已的行動。只要有可以指責的對象，這種憤怒的能量就會讓可怕的虛無和沮喪有了暫時的意義。這種指責的傾向使人產生一種全新的生命態度——那就是成爲一個「受害者」，讓他人來爲自己負責！這下子生活不僅是嚴肅的，而且人變得不負責任了。

逐漸的，社會體制代替了個人的責任，每個人只能做**合乎時宜**的事。爲了使生命更可以被預測、掌控，**三角先生**與**圓小姐**被迫改變自己，不可以看起來是三角形或圓形，每個人都必須看起來像一個灰盒子。自發性、個性和個人自由都已成爲往事！能量花園裡的**宇宙**之光黯然失色了，因爲所有的運動、聲音和色彩都有法規來限制了。

然而，被囚禁在合乎時宜的灰盒子中的**三角先生**和**圓小姐**，渴望恢復原本的形狀和色彩——做自己！看到對方痛苦時他們感到難過，並且想要互相**幫助**。在體認到最初的陷阱就是想要彼此照顧時，他們便拒絕再犯同樣的錯誤；他們知道自己無法消除對方的痛苦。但是，他們學會了如何爲自己的痛苦**負責**，學會了**同在當下**的見證他人所受的苦，也學會了**分享**而不是指責。這麼做的時候，他們開始感覺到在根本處他們的能量是連結著的，並發現他們受傷是因爲分離的痛苦。在感受到彼此的連結時，他們明白各自的痛苦就是對方的痛苦——這痛苦不僅僅是相似的，它本來就是相同的！現在，他們能夠與對方的感受共鳴，也不再感到孤獨了。

伴隨著這樣的共鳴，一切生命又重現色彩和活力。能量花園裡鮮花盛開，能量也再次自由的流動起來。對於三角先生和圓小姐來說，生命又自由了，充滿了光芒和律動。他們載歌載舞，全心的遊戲和工作著。於是，**宇宙**微笑了！

開始了……

想一想：

1. 你在讀這篇寓言時的感覺是什麼？你會停下來問自己為什麼會有這樣的感覺嗎？
2. 你曾經有過跟另外一個人連結的感覺嗎？是什麼狀態、什麼年紀的事？
3. 當發現自己跟他人之間有著一道鴻溝想要去跨越時，你最常使用的是哪些橋樑（手段或方法）？

4. 你在什麼情形下很容易成為一個「受害者」？

第二章 在車站等候

大部分人都相信，命運有著特定的目的，彷彿他們命中注定要成爲一個特殊的人物。這些人生命的課題就是找到具體的目標，爲達到這個目標而做好所有的準備：犧牲時間，付出心血，想盡辦法到達終點。在青少年之中這種生命態度是相當普遍的，他們認爲在確定自己的職業目標之前，所有的教育都是浪費時間。不少人就在這樣幼稚的模式中度過了大半的生命。在明白自己生命確定的目的之前，虛度了光陰。

這些人相信會有一班專車，帶著他們到一個特定的地點——叫做成功。於是他們就在火車站等候，注視著所有駛過的列車（機會），跟其他等車的人一起玩電子遊樂器消遣。他們或許會細細打量每一列經過的列車，看看是不是他們該搭的車，但是因爲車上從沒有清楚標示出目的地，所以一列列火車駛過去，都沒人上車。

在車站上，這些人漸漸覺得局促不安和不滿了。想著什麼時候會有人來指點他們該搭乘哪一輛火車。他們橫挑豎撿，滿腹狐疑，而不願冒一點風險登車而去。他們擔心搭錯了車而浪費時間，他們害怕到錯了站而不得不回到原點，以便趕上原來該搭的車。就這樣，列車一輛輛不停的駛過，他們什麼也不做，只是在車站浪費時光。

這些人沒有想到**所有**火車的目的都一樣是——死亡。這些火車的時刻表可能不同，沿途的停靠站（比如不同的職業生涯）可能不一樣，但是最後的終點站卻都一樣。既然如此，這些人還不如就登上列車，把握機會參與車上的活動，親身體會這次旅行。如果這樣，他們就會注意到同行的旅伴、變化無窮的沿路景色，以及列車行進時的愉悅感。在車上，他們要接受的挑戰是如何創造性的利用時間與才能，特別是在與其他乘客相處的關係上。

選擇火車時的重要因素之一，是已經上了車的乘客的性格如何。他們是想法嚴肅的人還是尋歡作樂的人？是音樂家還是詩人？是一派從容還是神情緊繃？是道德正義之士還是自由意志論者？從這些特質中，就能對長途旅行中可能會有什麼樣的氣氛略知一二。

一個人想要享受眼前的旅行，就必須放棄對未來目標的投入。他們可以在任何一個停靠站下車，換搭任何一輛列車。下車後的危險是在另一個候車室裡又一次的舉棋不定——停止了參與，而不是把自己投身於另一列經過的火車中，去重獲一次嶄新的經驗！

想一想：

1. 你是以什麼樣的心情與態度在等車呢？

2. 描述一下自己曾在或正在一個什麼樣的車站等車？

3. 你曾經審視過跟你一起在車站等車的，或是跟你搭同一班車的，是些什麼樣的人嗎？

4. 當有列車通過時，你會立刻上車或是猶豫不定的原因是什麼？

第三章　溝通模式

脈絡情境（背景）

每次你進入一個新的情境時，都帶著一份以過去經驗（包括最近及非常早期）所建立的脈絡情境（context），因此在這個新的情境裡，你並非像一張白紙，你會根據曾有的經驗將新情境染上色彩。例如，假使你今天諸事不順，心情很煩悶，這時若遇見一位陌生人，你會以一種很煩躁的心理架構去跟他互動。相反的，如果你心情愉快，那麼縱使遇到困難，你也會以正面的心態去面對。

「脈絡情境」是指當下的情境可以投射於其上的**背景**或是**基質**（substrate）。「脈絡情境」就是**將上述這種背景或基質對照當下情境的一種觀看方式**。因此，一個人若能定期審視自己的內心，明白自己的脈絡情境，就能帶來助益。人不該視脈絡情境為理所當然，它是會轉換與改變的。閉上你的眼睛，審視自己的思想與感受，能讓你對自己的背景有些概念與感覺。當你觀察自己的思維並注意自己的感受時，你會發現一些被視為瑣碎的體驗——反覆的思維、似乎莫名所以的模糊情緒。要注意，它們會替你的新情境染上顏色，事實上，脈絡情境甚至會幫你從無限的知覺範疇中，選擇你會注意到的事物。

知覺（五種感官）

當你張開眼睛觀察另外一個人，你就開始吸收有關這個人的種種資料了，如果你不打算與他溝通，而只想留下對這個人的印象，你就會用一種「冷眼旁觀」的態度觀察他，就好像在美術館欣賞一座雕像似的。你可以透過自己的感官——看、聽、聞、嘗、觸，在短短幾秒鐘就吸收到數百萬的訊息。雖然大部分是潛意識在運作，但是你**確實能**如此迅速吸收那麼廣泛的訊息。有趣的是，這幾百萬項資料，沒有一項具有任何意義——他們純粹是刺激神經系統的結果，而你的大腦只會以新鮮的感官資料——形狀、顏色、質地、氣味及聲音來體驗。

請注意，這些都只是**印象**——一縷香氣、一些細微的聲音、對方臉上的一抹表情。這些知覺本身並沒有任何意義，但是爲了更了解我們的世界，我們無意識的在這數百萬的資料上做工，進行解釋的心理運作，爲的是要**使這些資料有意義**。知覺是感官的，解釋則是賦予意義的心理運作。

解釋（賦予意義）

觀察一個對象時，你會看到他的坐姿、膚色、雙手放的位置、服裝的顏色及樣式、飾物、皮膚的狀況、髮型等等。由這些印象，你會統合出一個整體的畫面，這就是你的解釋了。現在，很重要的是，要明白自己的解釋並非正確無誤——它只是根據你的觀察所做的**最佳猜測**。這些解釋讓你將透過感官所收集到的大量資料變得容易理解。雖然這些解釋不「正確」，但也絕非「錯誤」。這只是你了解這些資訊的方法。

一個人要常常和別人核對，看看對方是不是同意你的解釋。我們不可能同時又對又錯的，無論如何，我可以跟你印證一下我對你的看法，是不是跟你對自己的看法相符合。注意，就算對方同意我的看法，也不代表我正確，只代表我們的**意見相同**；如果你的**意見不同**，也不是代表我錯誤，只是我們意見不同。當雙方的解釋有所不同時，我們並不需要互相贊同，相反的，我們可以對彼此的觀點不同感到**好奇**，對自己或彼此都能有更進一步的學習。這種無所謂對錯與好奇的心態，使一個人能敞開心繼續學習；反之若是僵化為誰是誰非時，就阻止了學習。

我們常常會用下面的例句來表達自己的解釋：

- 我「解釋」你是個仁慈的人。
- 我「相信」你是誠實的。
- 我「想」你很害羞。

- 我「假設」這對你是很困難的。
- 我「想像」你很不舒服。
- 我「判斷」你很努力的要溝通。
- 我「推測」你在想別的事情。
- 我「幻想」你感覺很年輕。

解釋是一種涉及思考的心理運作，我們常犯的錯誤就是把解釋與感覺相混淆了。「我『感覺』你……」根本**不是**描述感覺，而是「我『認爲』你……」的錯誤表達。

很多人害怕表達自己的解釋，因爲評斷或判斷別人一直被看作是負面的表達。其實，判斷（解釋）只是你把資料合理化的一個方式，爲的是要更深刻的認識對方。判斷並不見得代表排斥；事實上，判斷只是把雜亂的資料加以區分而產生意義而已。種種的感覺都是透過這些解釋而產生的：你的感官如何解釋這些資料，促使你決定接近或遠離對方。

感覺

由於你所做的解釋，你才發展出感覺來。感覺是跟血流與能量變動有關的身體的經驗。基本上感覺分兩種：正面與負面。

出現正面的感覺時，體內血管會擴張，一種溫暖的感受與身體舒適的感覺隨之而來。當你知覺到這種種正面的情感時，你會想要接近使你有這些感受的對方，你會想用下面這些話來傳達你正面的感受：「我喜歡你」、「我被你吸引」、「我想接近你」、「我跟你在一起很舒服」、「我覺得跟你很親近」、「我覺得跟你在一起很溫暖」、「我愛你」。整體的經驗是覺得親密而舒服的，並且有接近對方的欲望。

出現負面的感覺時，體內的血管會收縮，然後會覺得緊張、不舒服、冷漠、有想要退避的欲望。你可能用下列的句子表示你的負面感受：「跟你在一起不太舒服」、「我不喜歡你」、「我覺得跟你很有距離」、「我被你排斥」、「我怕你」、「我恨你」或是「我想離你遠遠的」。整體的感受是疏遠、冷漠及排斥的感覺。

注意，出現負面的感受並不表示對方是壞人或者誰有錯，它只單純反映出有負面感覺的人內在的批判，他經驗到想要離開的欲望。例如，今天早上選定外出服時，你排除了衣櫥中所有其他的衣服；選擇巧克力冰淇淋時，你排除了其他的口味。因此，正負面的感覺跟**選擇**與**評價**有關，並不能眞實反映出對方的價值，只是反映出有這些感受的人內在評價的過程。

同時我們也要知道，自己的感覺完全是建立在自己的脈絡情境（背景）及解釋上。同一份知覺，可以因爲不同的脈絡情境／解釋而染上不同的色彩，任何知覺都可能有正面或負面的感覺。譬如，一個大漢拿著一把刀子，我們可以對這個畫面作種種不同的解釋，如果某人

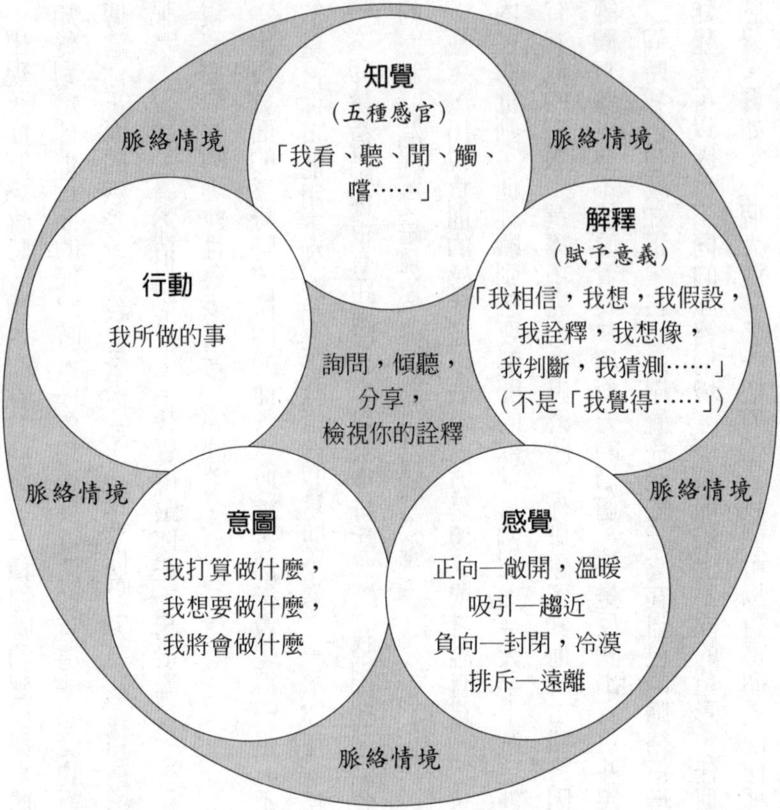
知覺
（五種感官）
「我看、聽、聞、觸、嚐……」
脈絡情境
脈絡情境
解釋
（賦予意義）
「我相信，我想，我假設，我詮釋，我想像，我判斷，我猜測……」
（不是「我覺得……」）
行動
我所做的事
詢問，傾聽，分享，檢視你的詮釋
脈絡情境
脈絡情境
意圖
我打算做什麼，我想要做什麼，我將會做什麼
感覺
正向—敞開，溫暖
吸引—趨近
負向—封閉，冷漠
排斥—遠離
脈絡情境

溝通模式

練習這個模式時，要以「同意或不同意」來思考，而不是「對或錯」。

把它解釋爲具有威脅性的兇手，那麼就會有負面的感覺而想逃走。相反的，如果一個人把它解釋爲一位大廚正要切烤牛肉，這個人可能會想要接近大廚以便拿到第一片烤肉；所以，「感覺」是由知覺的解釋來決定的。

意圖

意圖是在意識狀態下運用意志把你的感覺轉化爲行動。每一個知覺/解釋/感受的情結，都有可能發展成你想怎麼做的企圖。你不必聽從自己的感受；人是有自由意志的，所以決定的行動也可能與感受相反。比如說，你被一個人所吸引，但是決定不追隨這個吸引力，因爲你對既有的關係已經有了承諾。同樣的，你也許害怕某一個人，卻決定接近這個人去談談你的害怕，而不是聽從你的感受而退縮。所以，在任何狀況中你都能有所學習，不論你是否跟隨你的感受。

同時，你應該隨時準備好在對話時詢問別人：「你告訴我這些事的意圖是什麼？」這個問題提昇了接觸的層次，把普通的思想交流轉化爲深層義理的溝通。例如，如果一個人表達憤怒時，是企圖釐清現況而可以跟你更接近，那麼你可能會有興趣留下來面對他的憤怒；若他純粹是企圖威嚇或控制你，你就會不想理他。澄清意圖能使溝通更有深度。

行動

一旦你清楚了自己的知覺、解釋、感覺和意圖之後，付諸行動的決定就會簡單明瞭了，並且會更有效的去執行。有了這樣的駕馭能力，你就更能爲自己負責，你的內在力量也會不斷的增長。這時你會體會到，自己是如何造就自身的存在。這麼一來，你就有可能成長、擴展與轉化。

湯

雖然我們所描述的這些溝通現象似乎是直線連續的形式，但是它們通常卻是同時產生的。於是，在溝通時不必一定要照著上面的順序。我們可以從任何地方開始，然後覺察當時產生的所有相關元素。比如說，有些人很清楚他們的解釋是什麼，於是要去找找感受爲何；有的人會很容易察覺自己的感受，卻不明白該如何解釋。溝通過程中的元素是混合在一起的，就好像各種食物煮在湯裡一樣。沒有所謂正確的順序，只要開始描述，讓你的對象知道你此刻所找到的元素！

我享有別人體會我痛苦的喜悅，
陌生人抱著我、告訴我我被愛著。

我探索我的靈魂，體會我的憤怒與悲哀。
我感覺完整但仍有著需要塡補的空虛，
只有經驗到人與人之間特殊的親密、愛與關懷，
才能使我們感到圓滿。
說愛寫愛都不難。
即使這抽象的愛不曾許諾給一個孤獨的靈魂。

我張開雙臂輕輕擁著那些，
我曾感到沒理由占據我時間的人們。
我聽見了受傷的吶喊；哭泣著感受他們的痛和我自己的痛。
我的生命復甦了，當我覺察到
生命在人類靈性的連接處是自有其源頭的。
當我們獨處並拒絕開放自己和分享這人類的靈性時，
我們已容許自己死去。
我的命運是我只是我自己。我能得救是因爲那兒曾經有你。

——拉瑞．葛爾德（Larry Gold）1

想一想：

1. 你在面對事情時，什麼樣的狀況下最容易只是快速的即時反應，而沒有先審視自己的內在世界，明白自己當下的背景情境之後再作回應？
2. 你是如何與人溝通的？當你與人討論而對方持不同意見時，你會怎麼做？
3. 練習一下找出自己的感受，試著分辨出感受和解釋的不同。
4. 你會常常卡在選擇與決定之間不知所措，或是行動之後又不斷自責後悔？什麼時候或什麼狀況最容易發生？
5. 試著找一個人，用書中所列的溝通模式和對方彼此練習。

第四章 構成主義

《牛津大字典》對知識論的解釋是：有關探討知識的方法或其立論根據的一種理論。[1]構成主義（constructivism）是一種知識論，它指出所有我們對現實的理念（知識與信仰的系統），都是對當下經驗的解釋。既然如此，我們就該不斷的把我們的理念以整體的經驗來驗證與提煉。對現實的解釋多半是透過符號的使用，這種方式最早見於康德（Kant）的作品，最近則是出現在胡賽爾（Husserl）的「現象學」與威廉·詹姆士（William James）及約翰·杜威（John Dewey）的「實用主義哲學」中。羅洛·梅（Rollo May）與亞伯拉罕·馬斯洛（Abraham Maslow）則綜合存在主義哲學和精神醫學，在把現象學整合入人本心理學方面做了很多的努力。佛列茲·波爾斯（Fritz Perls）則是把現象學納入完形心理學。這些論家的主要觀點都是：對於心理學來說，經驗是最重要的資料來源，與通過觀察（科學方客觀途徑）所收集的資料，至少是同等重要（或更重要）的。

者的觀點

近年來，構成主義者的方法被探索和運用在洞察個人、家庭與團體方面。其中最重要的領悟是：符號被用來解釋與理解自然、社會和心理世界。在探討這個觀點時，以下的認知是十分重要的：

- 這些符號本身就是心理世界。
- 這些符號締造或構成了社會的世界。
- 這些符號有系統的影響並顛覆了自然的物質世界。

存在主義者挑戰本質主義者的「本質先於存在」概念，並以沙特的警語「存在先於本質」取代之。構成主義者現在提出「知識論先於本體論」（理論先於並引發個體存在或現實的本質）。[2]這就為「多重現實」與「存在範疇」打開了大門——不再有絕對的、正確的現實。每一個人、每一個組織和社會，都能夠建構起擁有共同宗旨的特定現實形式；榮格的原型理論就描述了建立特別世界觀的共同模式。

多重智能

哈沃德．加登納（Howard Gardner）指出，人類嘗試運用自己的**多重智能**來理解現實，這些智能至少包括以下六種形式：

- 邏輯—數學的形式：運用符號及它們之間的相互關係。
- 語言的形式：運用語言。
- 音樂的形式：在人與人之間的關係中運用聲音（例如旋律）。
- 空間的形式：在與空間的關係中，自我定位的經驗。
- 身體—運動知覺的形式：內在經驗的定位。
- 個人的形式：屬於個人獨特的感受與經驗。[3]

體驗與客觀性

在過去四個世紀裡，科學化的思維主導了對現實的探索，其影響在上個世紀達到了顛峰。邏輯—數學化的智能所強調的純粹**觀察**和**客觀性**，對知識的成就很有貢獻。雖然對人類行爲的研究，還不能立刻運用這樣的方法，但行爲科學家們卻竭力躋身其中，希望得到科學同行的接納與認可。存在主義者不同意這樣違反自然的做法，他們建立了以下的觀點：**經驗**與**觀察**二者，對了解人類的本性是同等重要的。這一革命性的觀念，對於那些尋找人性要素來了解人類的心理學家來說，可眞是正中下懷。人本主義心理學的影響不斷擴大，正是這個覺察的反映。

在這個領域中受此影響的許多早期的概念，認知到語言在塑造現實的過程中是很重要的。繼承了科學研究精神的神經語言學，即是試圖突破有關人類行爲狹義觀點的許多系統之一，它把建構個人經驗和現實的可能性歸還給了個人。

各種不同的觀點與方法

在過去二十多年裡，大量出現各種想要理解人性經驗的方法，因爲其中大部分都是非科學和非邏輯性的，所以遭到傳統心理學界的抵制。構成主義的影響日漸擴大，被看做是對社會秩序的一種威脅。在宗教界，以創造爲核心的靈性生活也被看作是對傳統基督教的威脅，因爲他們主張脫離了人類主體，就不會有客觀的上帝經驗（詳見第三十四章〈以創造爲核心的靈性〉）；在醫療界，全人健康的觀念主張病人應對疾病負責，也對傳統醫學模式造成威脅（見第二十五章〈個人對疾病與健康的責任〉）。

持人本主義觀點的人對於從身體來了解人類的行爲有很大的興趣。萊克式（Reichian）概念和他的許多分支（如生物能、費登．克來斯〔Feldenkrais〕與亞歷山大〔Alexander〕技術、羅夫法〔rolfing〕等），使人更能覺察、了解與欣賞，由身體—運動知覺與空間元素等經驗所創造出來的世界。要更充分了解身體語言，看來還有許多工作要做。從全人健康的觀點來看，我們認爲身體的症狀傳達了一個隱藏的訊息：**身體說出了聲音無法表達的話**。

在構成主義者的理論中，有關音樂的重要性還有待進一步的研究。音樂對人類情緒有明顯且重要的影響，反之亦然，不同的社會有著不同的音樂形式和結構。從以身體切入的觀點來說，生活形態與文化的差異深植在細胞組織中。這些潛藏的模式會在該文化所特有的音樂中表達出來。反過來說，這些音樂的表達又重新創造了那個文化的深層模式。人體是音樂與文化接觸的媒介。

結構主義

高度認同構成主義者並深受其影響的是**結構主義**（structuralism）。結構主義的論點是，人類經驗是由一種深層的、經常渴望表達的內在行爲模式所**構成**。[4] 這並非新的理念，這樣的理念早已出現在針灸學說和古老中國醫學中。【譯註】[5] 榮格有關神話與原型的學說也反映出類似的觀念，而這些理念都不符合科學理念。[6] 無視於傳統人士的反對，這些方法都越來越流行了。

【譯註】原版英文爲traditional Chinese Medicine（傳統中醫），之後原作者修改用詞爲classical Chinese medicine，此處即依據其修正，譯爲「古老中國醫學」。

一個統整後的觀點

歸根結柢，重要的還是在於一個人如何獨特地運用這些智能。[7] 每個人都在制式的社會結構中活動，目前能被西方社會接受的現實仍須具備科學的形式。當一個人對現實的體驗與傳統觀念相對立時，這個人要不就得放棄己見（這是最常見的出路），要不就必須在跟整個社會脫節的情形下設法生存。社會的包容力越強，個人就越能承認與分享現實的差異性與多樣性。由於這樣的包容性並不常見，人因此很難堅持己見，更別說與他人分享不尋常的經驗與展望了。[8] 但是，與他人分享是可以幫助一個人更進一步發現自我與接納自我的。[9]

聽

在憂鬱的陰影裡休息
沈默的內在聲音
已經對你訴說了
一生
現在你開始傾聽
世界豁然敞開

從塵世習俗的巨堤背後
意象奔流而出
伴隨著奇妙縈迴的旋律

——麥基卓[10]

想一想：

1. 以構成主義的觀點來說，符號如何解釋了世界？
2. 請用自己理解的方式述說「多重智能」的形式。
3. 為什麼構成主義影響的日漸擴大，會被看作是對社會秩序的威脅？

第五章　理想我——努力追求完美

人類自我批判和自我否定的程度之深與次數之多是很讓人驚訝的。卡在低自我評價（self-esteem）的狀況之下，不論他們的成就在別人眼裡是多麼出色，這些人卻一點都不快樂。按社會的標準來看，這樣的人是非常成功的：他們身居要職、權威顯赫，擁有可愛的家庭、許多重要的好朋友。然而他們的內心並不快樂，經常感到沮喪，有罪惡感，覺得生命空虛沒有意義。他們拚命工作，成就輝煌，他們在專業的領域裡得心應手，但**永遠都覺得不夠**。

自我批判

這些人的長成背景通常出自於社會所謂的理想家庭，但實際上，這些「模範家庭」往往是**功能不良**的。這種家庭背景裡的父母常常是威嚴十足、追求完美，並嚴格要求子女也要有所成就。有時候，父母**表面上**看起來沒什麼期待，對孩子採取接納與開明寬容的態度，但自己飛黃騰達、成就斐然，他們對孩子沒有說出口的要求就是：「有爲者亦若是！」即使孩子感覺不到這樣的要求，但父母功成名就的事實，已經變成子女給自己的基本標準，自我期許一定要成功。有些時候，家境貧困或是在受忽視的環境中長大的兒童，也常發憤要追求成就和權力，以改善家庭無助的狀況。

眞實我

我們假設每一個人出生到這個世界上時都是**眞實我**（Authentic Self），這是嬰兒的基本天性和人格特徵。正如許多母親所證實的，每個初生嬰兒都有獨特的個人氣質，一個特別的存在本質（有人稱之爲靈魂）。它包括個人生命的所有潛力，隨著時間和未來的經驗而逐漸成形。正如沒有兩片雪花是一樣的，每個人一開始也是獨一無二的。不過就算每個人都那麼特別，**眞實我**一直是跟地球連接著的，這是我們靈性的本質。

父母的態度

我們可以想像，當一個新生兒被抱在懷中，被關懷、被餵食、與父母嬉戲時會有的感受。父母對孩子的態度，就是從與孩子們的互動中傳送出去。父母的感受對孩子有相當大的影響，也會讓孩子體驗到這個世界給他們多少的安全感或者接納他們的程度如何。父母有可能因爲新添了一個孩子而狂喜不已，也可能因爲孩子會給自己帶來負擔而感到怨恨；最常見的情形是，兩種極端的感受參雜在一起，並依著時間與情境的不同而有所改變。

期待

無論父母的意圖如何不同，他們在某種程度上都對新生兒有所期待；子女也必須因應這些期待。許多時候，就算是正面的期待對孩子來說也是一種負擔——有一些人因父母期待他們快樂而終生受苦。在人格形成過程的深處，個人意識到他們必須修正自己的行爲舉止來取悅父母。這是兒童成熟過程中的正常發展。孩子們爲了求生存而必須依附大人，所以透過日常的經驗，他們依從父母的要求形塑自己以取悅父母。這個可以得到接納和認可的（從而保證了生存）、演進中的自我形象被稱做**「理想我」**（Ideal Self）。在成長過程中，期待、要求和指令變成得牢記在心的紀律，並且**融入每個人行為的自我規範系統**之中，因此兒童早早便被束縛住了。他們想要做的、想要表達的**真實我**的衝動，總是跟父母（以及後來的所有權威、制度和社會）的期待相反。當這些期待逐漸融入自我管理的**理想我**時，就變成個人自我的、內在的掙扎了。一旦這個內化過程完成後，就算父母或其他權威不在身邊時，這種掙扎也照樣發生。這個自我控制的機制在生命最初幾年就已經建立得很好了。

在大多數的情況中，爲了被他人接受，**真實我**的**欲望**必須屈服於**理想我**的**要求**。透過某種形式的**妥協**，結果就發展出一個**現實我**（Actual Self）。這些「我」（selves）是許多過程結集而成，不是分開或單獨不同的實體。在這個過程中，成長中的兒童因應環境而變成行爲得體、循規蹈矩、舉止文明的人，準備接受教育以便負擔未來成人的責任。我們每一個人生命中都有這三個自我（**真實我**、**理想我**、**現實我**），爲了保持情緒上的平衡和自在（「精神正常」）而極力滿足每一個自我。

這個模式的理念跟我們另一本書《關係花園》（*The Relationship Garden*）中所提及的「共鳴」相同。**理想我**的主張相當於共鳴模式中權威的盒子，**真實我**就等於是一開始與宇宙能量一起流動的三角形或圓形。在能量模式中，「表現得體」的要求（代表把圓形與三角形框起來的盒子）相當於**理想我**模式中所描述的期待。**現實我**則是用被框在盒子裡的三角形或圓形來代表。[1]

表面上看來，各個**我**之間的掙扎相當平和。兒童看起來只是在「長大」，變得「成熟」、成了「好孩子」、是「合作」的學生和「負責任」的公民。過程中所作的妥協不是不合理的，都是爲了孩子們「好」。不幸的是，爲了每一次都能表現得更接近**理想我**，就得每一次都背叛**真實我**；個人會體會到這樣的遺棄（常常是無意識的），而產生**自我憎恨**的反應。[2]透過這個過程許多人成就非凡，但是他們大部分的天性卻被否定掉了，緊張隨之而生。

一再循環的「榮耀之路」

自我憎恨的循環：

1. 兒童以極力達到**理想我**來取悅父母。

2. 遺棄**真實我**而產生自我憎恨。

3. **現實我**在眞實世界建立起**控制**。

4. **現實我**認知到自己有負期待，更極力去達到完美。更加遺棄了**真實我**，產生更多的自恨，形成了一個**自我憎恨的循環**。

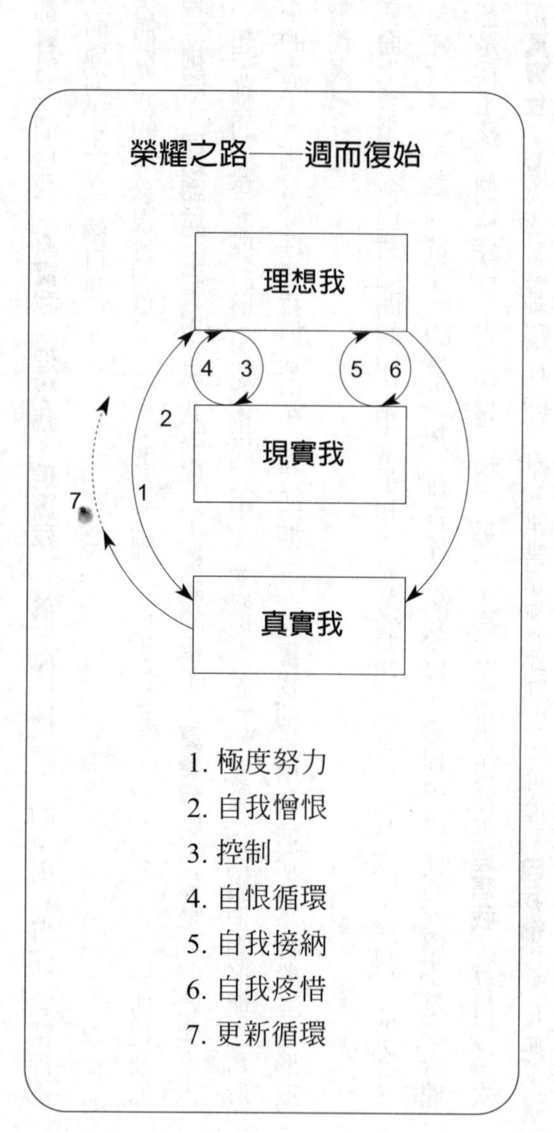

自我疼惜（self-compassion）**的循環**：

5. 對**理想我**有了**覺察**，**現實我**開始**接受**整體的自我，以溫暖及諒解的態度接受自己過去必須做那麼多的妥協。

6. 因爲**自我疼惜**讓我們接納各個部分的自我，包括在面對現實時發現必須遺棄**真實我**時，其結果是對整個自我，包括**真實我**在內都有了更多的覺察。

過程的重複：

7. 通常人們會一再重複這個過程，循環再度開始。

自我憎恨的徵兆

爲了發展**理想我**，人們學會扮演社會接受的角色；這些角色是維持**理想我**形象的社交手段，所付出的代價是犧牲了**真實我**。爲了持續對抗他們深層的本性，有成就的人在扮演角色時變得麻木或僵化。他們限制了自己的呼吸模式，因此無法讓自己充實體驗存在的愉悅。他們跟自己的感受失去了連結，最後在身體、心理或是靈性上產生各種症狀。

這樣不斷累積的自我憎恨，會在焦慮、沮喪中經歷到，或是在強迫性的自毀行爲中檢視出來。當打擊自我的行爲與隨之而來的低自我評價模式逐漸成形，這個人會被驅使去得到更大的成就，自我憎恨的程度也隨之不斷增加。在這種人生命的各個層面，都會看到他陷入這種自恨循環的證據。我們曾提到過，在情緒上他們可能感到焦慮或沮喪；更常見的是，爲了避免感受因自恨而導致的不舒服情緒，他們發展出各種強迫思考或是強迫性的行爲，或是出現其他精神官能症有關的適應不良跡象。在身體上，可能會出現各式各樣疾病癥狀，常引發過敏症或其他跟界限有關的疾病；各種恐懼症的根源通常也源於此。精神上他可能會感到空虛（因缺乏目的或意義而產生的失落感），或生命沒有方向，或深深的罪惡感。在自我憎恨過程中產生讓自己麻木的欲望，使這種高成就者常會對某些物質或是活動上癮，於是在酗酒、成癮和依賴等行爲中，潛藏著深沉的自恨過程。

在我們的社會裡，正是這些受驅策而有所成就的人，在最後躍居「頂端」而成爲我們政治與經濟的領袖，其中有許多人仍充滿著自恨與憤怒。他們的選擇很簡單，他們可以追求更多的權勢和成就（然後更恨自己），可以把憤怒藏入體內因而造成身體上的疾病；他們也可以出現自毀的行爲（比如失敗、各類的成癮、家庭失和等）；或者以指責和侵犯的形式向外散播他們的憤怒。因爲社會通常會賦予這些領袖極大的權勢，他們處理自恨的方式也對社會造成重大的後果——戰爭、社會動盪、反社會行爲、成癮疾患、家庭功能不良等，都可能是一些徵兆。

普遍性的困境

每個人都有這三種內在自我，卡在追求完美而產生自我憎恨的困境中。通過自我覺察，人們注意到在追求成就和渴望完美的模式背後，掩蓋了無助、不足和自卑感等自我概念。給自己一些溫暖與幽默（「我又來了！」），就能意識到這個模式有多頑固。在這一點上，有不少可能的應對方式：

1. 可以否定或是忘掉這些模式，繼續這種循環，以及隨之而來的情緒、身體或精神上的各種後果。這是一條**榮耀之路**。[3]
2. 可以在必須面對不可逃避而且無望的處境時陷入絕望或自憐，並產生憂鬱和焦慮感受。這是一條**無助之路**。
3. 可以把焦點放在指責別人（父母或是其他權威人士）使自己陷入進退兩難的困境，整天想著報復和懲罰他人的方法。這會導致自己卡在這個行爲模式中，伴隨著日益累積的憤恨，給身心帶來極可怕的後果。這是一條**指責之路**。
4. 接受自己就是這樣的人，認知到自己有權決定要不要在追求完美的衝動出現時採取行動。人們可以選擇愛自己，從容的面對改變，並注意到自己需要放鬆或追求愉悅。這是一條**自我疼惜之路**。

回家的路：自我疼惜的循環

自恨往往跟在成就之後衍生增長，所以想要打破這種追求完美的循環，每個人都必須學會疼惜自己。第一步是對追求的模式有所**覺察**。第二步是對他人及自己承認這樣的模式；這種承認能克服否認的頑固模式，從僵化中掙脫。在這樣揭露自我的時候，證明並增強了接受的程度。這又會發展到後來的**行動**中，使自我疼惜的過程得以持續。我們稱之為**自我疼惜的五A過程：覺察（awareness）、承認（acknowledgement）、接受（acceptance）、行動（action）與欣賞（appreciate）**。甚至於是否能接受努力追求完美這件事，也都是一種挑戰。透過接受，一個人可以培養出自我疼惜的模式，然後改變與轉化過去自我否認與自我憎恨的反覆模式。一開始時會比較慢，但隨著時間與反覆練習，人們就會熟習與接納已經建立起來的自我疼惜過程。

極力追求眞實我

有時，高成就者抓住這個過程，他們把它定為自我成長要成就的目標，樹立起一個**要找到真實我的目標**。若此，這樣的努力是注定無效的，因為他們在這個過程中有了野心，以致無法接納自己內在各種不同的元素。

摒棄理想我

否定**理想我**是於事無補的。設定了要有更多的**真實我**的目標只會增加更多的掙扎，製造出另一個**理想我**，甚至因而可能引發更多的自我憎恨。**理想我**已經建構與養成許多年了，是要被尊重的。雖然成就的目標會變成強迫的陷阱，但過早摒棄它也會導致固著，而無法解決所有理想我的循環過程。

現實我的兩個面向

任何時候**現實我**都能對同一個狀況有兩種應對方式。它能因野心的驅使而做出**即時反應**的行爲，於是加強自恨的循環；或是由於自我覺察與自我接納而做出**回應**的行爲，而強化了自我疼惜的循環。[4] **現實我**同時擁有自我憎恨與自我疼惜的面向。人們可以自由選擇棲息在哪一方。選擇以自恨反應時，他們局限在角色中；以自我接納的態度回應時，他們是**脆弱***的，【譯註】並有能力設立個人的界限。

【譯註】原文vulnerable，是指一個人要呈現眞實狀態時所處的一種狀態，是一種沒有防衛、開放的、脆弱的、易受傷的、柔軟的、赤裸裸的狀態。所以爲了跟一般的脆弱區別，原文中出現vulnerable時，譯詞以「脆弱*」來表示。

理想我追求完美的動力，常常伴隨著沉重的嚴肅；而自我接納卻會帶來幽默與輕鬆。當人們可以用溫暖與自我疼惜的方式嘲笑自己時，他們通常也會體驗到平靜中所洋溢的圓滿與力量。追求完美在自我憎恨的過程中得到**成就**；自我疼惜則允許在**掌握**時擁有自在與優雅（見第七章〈成就或是掌握〉）。

罪惡感與羞愧感

當人們在創造**理想我**而陷入自我憎恨時，會因為達不到自己追求的完美而有罪惡感（guilt）。當一個人接受自己就是這樣的人時，他就能因自我認知而感受到隨之而生的羞愧感（shame）。在羞愧感呈現時他們會更充實。

自我接納：微妙的平衡

要接納自我，人必須接受**所有**的自己。人們必須了解**理想我**，承認與尊重它；然而卻不必回應**理想我**的指令。一旦有了這樣的覺察，就能體驗到所有的感覺，也願意讓自己有不同的行為模式與感受了。這樣一來，自我憎恨的循環會漸漸消失，成熟的過程就開始了。

想一想：

1. 在自己的生命歷程中，塑造完美與理想我的過程？
2. 如何犧牲真實我而去努力追求理想我，討好他人？
3. 分享自我批判（自恨）時心中的感受？
4. 在面對無法達成理想我時，是如何逃避壓力？
5. 分享生活中疼惜自我與真實我連結時的具體方式？

第六章 界限

界限的發展

從本質主義者的觀點來看，每個人生來都有本質的「自我」，企圖表達獨特的個人特質。初生時，這個自我多半是具有潛能的。我們可以設想它像是一個柔軟的類似變形蟲一樣的生命，周圍有一層質地很輕薄、半透明狀的膜（一個界限），好像裹住蛋黃的膜一樣。從外表上看，我們常常把嬰兒的身體看成界限。然而從嬰兒的成長經驗來看，界限可就複雜得多；它是**感覺到**自我終止、他人開始的一種經驗。有時候，這種自我經驗的感受發生在身體接觸的層面上，有時候則是以其他的方式發生。界限是有彈性的，並且不停的在移動，就像是變形蟲的外圍，交替的向外伸出去體驗周遭的環境，然後會遠離外界縮回到中心。

在兒童界限的養成中，父母對待兒童的態度是極重要的。因爲成人有從身體的層面上去識別界限的傾向，所以兒童也微妙的受到鼓勵而依樣行事。然而，如果兒童在身體界限接觸時不覺得安全或愉悅，他們會把界限定位在深深的內在，遠離身體。很多人相信，所有初生的嬰兒都是自我封閉的（也就是說無法區分自己與環境）；在嬰兒的經驗中，母親和自己是渾然一體的。剛發展出來的感官界限的觸角還沒有辨識的能力，所以弄不清楚什麼在界限以內，什麼在界限以外。所以在身體界限接觸時所發生的事，協助定調了發展中界限的特質。

愉悅、興奮與接觸

完形治療家們認爲，身體界限的接觸時會造成興奮的狀態。在接觸時，嬰兒（或是任何人）的身體界限會因爲受到刺激而進入一種興奮狀態，這種狀態被完形治療家們稱之爲「興奮的衝力」。歐文（Erving）與波爾司特（Miriam Polster）這樣描述它：

> 存在於人身上的一種興奮的衝力，對當下任何有趣的事全然投入的一種極致。[1]

我們則喜歡把「興奮」（excitement，隱含著衝力，通常跟兩極有關）跟我們稱之爲**接觸的愉悅感**（pleasure of contact）加以區分，後者是預備好對刺激有所回應。

從生物能的角度來看，愉悅是一種因「放下」而產生的現象。緊抓不放會導致不舒服，釋放才會愉悅。亞歷山大．羅文（Alexander Lowen）在他的書《愉悅》（*Pleasure*）中描述愉悅的現象爲：

一個人要愉悅，必須能「放下」，也就是說容許身體能自由的回應。一個緊繃的人無法輕易享受愉悅，因爲潛意識禁止、限制著他身體中感受的流轉，並阻礙了他身體原有的自然移動。[2]

不過，並不是所有的「放下」都是個人化的。有一種**滿足的愉悅**（satisfaction pleasure）是由於要實現欲望或是需求時從互動中產生的，比如說嬰兒在被餵食的時候，感覺到滿足的愉悅，這就不是一種個人化的事件，而是一種生物本能。當愉悅更個人化的時候，我們稱它爲**接觸的愉悅**。

對話與界限

人類這種生物有能力從簡單的動物性的衝動與張力，進展到眞誠的人性對話。這個能力是透過不斷發展的關係而產生的，這是我們另一本書《關係花園》的主題。[3]

興奮（**excitement**）、滿足的愉悅（**satisfaction pleasure**）與**接觸的愉悅**（**contact pleasure**）是不同的。**興奮**隱含著衝動，與愉悅不一樣。在**愉悅**的領域之中包含了生物式（滿足的）愉悅跟接觸時的愉悅。許多人指出，人性化的接觸會使人感到更有生命力。從生物體的層面來看，人類會經由刺激而感到**興奮**；當人類的需求與欲望得到滿足時他們會覺得**愉悅**；並且在跟他人接觸時會感到充實而滿足。

在對話的關係中，兩造雙方都會在接觸中有所轉化。葛登．惠勒（Gordon Wheeler）描述完形治療中轉化的概念是生物的「創意性調適」。他對接觸的定義包含了：「在場域中自我的（重新）整合」。[4]

支持對話心理治療的人，追隨馬丁．布柏（Martin Buber）的「我—你」（I amd thou）理論，[5]認知到並不是所有接觸時發生的情節都是人對人的。李查．海克那（Richard Hycner）與林．傑考布（Lynne Jacobs）對這個觀念有著以下的看法：

> 並不是所有接觸的情節都是對話式的情節。[6]

他們還寫著：

> 人類跟所有其他生物的接觸方式都不一樣，重要的是人類是為了自我認知而接觸的——它是必要的而又如此複雜。人類之間的接觸過程，也就是我們認識自己與他人，以及了解人類與其他生物存在的過程。[7]

人類接觸的能力可以擴展到人類的發展：

當一個接觸情節開始時，個人會有動機想要以最有利於成長的方法去完成該（接觸的）情節，但也要因應當時生物環境場域中的條件。[8]

海克那與傑考布相信「這相同的原理激發個人去展開對話」：

「我—你」的時刻，就是在我們全神貫注對待他人的時候，我們反而深刻的接觸到我們自己的人性與存在的意識；人類存在的意義也同時呈現了。[9]

能量（與感受）可以轉移嗎？

大部分理論家相信能量是可以轉移的，一個人可以透過接觸使另一個人覺得「好」或「不好」。我們則認爲經由接觸而產生的種種感受，源自於生物體接觸時會感到愉悅，這是一種天生的能力。愉悅（或不舒服）是無法傳送給別人的。當一個人感到愉悅時，它是開放的副產品，而不是能量交換的現象。

我們不相信能量是可以轉移的；一個人可以經由共鳴而產生對彼此的感同身受；然而，

能量是由內在產生之後展現到外在的，而不是自外在取得的。我們會在另一章提出並討論共鳴而非能量轉移的理論。[10]

我們相信受傷、不舒服、缺乏愉悅等現象，都是能量主體緊縮的後果，然後就會呈現在身體組織的緊縮上。一個人不是被另外一個人傷害（或是取悅）；相反的，受傷或愉悅的感覺是取決於他這個人能讓自己有多緊縮或放鬆。這兩極化的「緊縮／放鬆」是由這個人的知覺與解釋所決定的。[11]

我們對感受與情緒有著相似的觀念。我們的核心理念是：**所有的感受都是由個人內在產生的，不是轉移來的**。每一個人所表達的感受都是由知覺與解釋組成的（見第三章〈溝通模式〉）。[12]

產生界限時的各個面向

提起界限，似乎可以分成「生物體界限」與「個人界限」。成長中嬰兒的身體界限是像動物一樣取決於感官的經驗。這不是「個人」的，甚至不是「人類的」。人類經驗包含了發展成爲一個「個人」的能力（這是需要時間去慢慢開展的）。莫里斯．伯曼（Morris Berman）說**自我**大約是在生命的第三年開始時孕育，然後在滿三年時才產生出來的。[13、14]自此之後，個人的界限才會變得更明確。

在個人的日常生活之中，界限最好是有彈性並且能改變的，即使在反映符合**「真實我」**的天性時也要如此。一個健康的人一生之中，界限的反映是同時傾向**接觸**與**退縮**兩者的，就算是在想要退縮回自己熟悉的、安全的小空間去時，仍然會有意願去體驗新奇的事物。**只要生物體的完整性沒有受到威脅**，這種「擴展／退縮」的能力形成了生命中波浪式的行爲與動作。

一個人可以同時有幾個不同層次的界限，歐文與馬瑞姆．波爾司特，[15]描述了下列幾項界限：

1. 「我—界限」：界限是一個人被容許並且願意去接觸的範圍，此範圍「確認了他們的行爲、觀念、人群、價值、環境、形象、記憶等，他可以自由且全然參與外在世界，以及因參與外在世界而喚醒內在的迴響。」
2. 「身體界限」：願意覺察身體某些部位或某些功能的感受與知覺。
3. 「價值界限」：願意接受由**自我**賦予的價值範圍內的各種體驗。
4. 「習慣界限」：容許自己去經驗的範圍，包含了過去曾有的經驗與習慣模式，與新的經驗與模式。
5. 「表達界限」：有多少感受與能量是願意在他人面前表達出來的。

6.「顯露界限」：有多少自我是願意在他人面前揭露的。

愉悅與不舒服

如果來自父母的刺激是愉悅的，那麼兒童就會產生與安全和滋養一致的反應，並且希望重複這種令人愉悅的接觸。如果是這樣，兒童的界限就可能會朝著有彈性、有回應、敏感、有效的方向發展，並且會漸漸認知到自己跟身邊的人是不同的個體。然而在生命的經驗中，界限接觸的過程並不都是平順的。在接觸時，常常會有一點不舒服，或偶爾很明顯的令人感到不舒服。有時接觸可能過少，結果產生被拋棄或是恐懼的感覺；或是過多的接觸令人感到無法承受；有時接觸可能具有敵意，結果使人感到不安全；接觸也可能過於強求或冷漠，於是導致自我評價低落。當受到威脅時，兒童就會把界限退縮到自己身體的內在。接觸時接收到不一致、充滿矛盾或是雙重標準的訊息時，他們就更加覺得困惑了。

牆

在接觸的過程中面臨威脅時，一個人可以選擇退縮，或者選擇在防禦自我界限的狀況下保持接觸。防禦界限的結果，會使原本具有生物特質的界限變得僵硬，而且越來越厚了——界限變成一堵強化的牆，回應和接觸的功能因此而減弱。在牆內的人似乎覺得世界會變得更安全；可是在生活中他卻要付出缺乏活力與充實感的代價。

任何界限都可能變成牆。自我防衛和自我調適的機制，都是「我—界限」的一部分。一個人個性的本質就是這兩個元素的混和體。

角色

「角色」就由這些牆所構成。角色是爲了生存而存在，不論是「好」（能被接受或得體的）是「壞」（不被接受或不適宜的）。角色是透過獎賞或懲罰的方式來引起別人的注意。「認識」（recognition）被物化之後的替代品常常是「注意」（attention）；我們相信「認識」是「愛」（loving）的重要面向，而「注意」不是個人化的行爲。[16]每個人都渴望別人欣賞自己，被「認識」使這個欲望得到滿足。通常，舉止合宜才能得到注意並且符合他人的期待，這樣才能確保所需要的人不會離自己而去。在這個過程中，**真我**被束之高閣，生命中充斥著義務、規條與道德批判。生命中的自發性、豐盈的經驗和存在的樂趣都減弱了。跟界限接觸時的興奮被一種持續的警覺性取代，以確保能符合別人的期待。於是這個人變成「外在依賴」的人，他人的意見變得更重要。社會通常把這樣的過程視爲「變成熟」或「長大」，這樣一來，秩序得以維持，成就得到保障。扮演角色是社會化必要的過程，但這**並不是自我實現**。如果我們能兩者兼得而又不互相排斥，豈不是更如人意？

關係

多數人透過牆（也就是角色）與他人相處，層層設防並且依賴外在環境。雖然在日常生活中、工作上或是大多數的社交場合中，這樣的互動方式似乎是合乎情理的，可是卻也常常會使人感到孤立和被忽視。這種孤立感促使他們想要去尋覓親密關係。親密關係的吸引常常會跟性的驅動力及性興奮混爲一談，正如我們在後面的章節描述的那樣（見第二十四章〈性欲〉）。對親密的驅動力是渴望被認識，讓**真實我**能呈現、被接受和被欣賞。

在呈現自己時，人們首先讓別人看到的是他們的角色和牆。一開始，這些會吸引人的部分創造出一個「羅曼史」、一個完美的錯覺（見第二十一章〈關係的發展階段〉）。當這個「羅曼史」逐漸消逝時（通常它一定會），接著來的便是親密關係中的考驗：帶著苦澀味道的「權力爭奪」。當羅曼史消逝時面臨的選擇包括：

- 可以以分手的方式來避免爭奪。
- 可以忙著在權力爭奪中試圖戰勝對方，並以「正確」自居（或相反，有些人情願以「錯誤」來抗衡）。
- 可以爭吵到筋疲力竭，最後變得冷漠和無動於衷。
- 可以超越一切場景，以避免爭執。

• 可以找到具有創意的爭奪方式以保持某種程度的興奮。
• 雙方都可以透過找到自己的模式，並負責任的分享這些發現，使親密的經驗更深刻。

在眞正的親密關係中，每個人都會認定自己對自我的責任。在沒有指責也沒有受害者的情況下，人們可以透過脆弱*與願意分享彼此的經驗，去發展自己的「關係花園」。這樣一來，人們才會願意把牆、防衛、武器都暴露給彼此。如此，堅固隱晦的牆才能開始分解，回到一種更單純和脆弱*的狀態。那時，才可能有**眞正**的接觸，雙方才能在接觸界限時體驗到身心愉快的滿足感。那種經驗是多麼新鮮和充實，雖然它也會令人恐懼、悲哀或有時讓人失望。

性虐待的存活者

兒童被性虐待後可能導致的問題是，個人會不信任自己和自己的身體。因爲愉悅是身體自然的功能，兒童可能曾喜歡過發生在他身上的事。有時候這種愉悅會跟取悅施虐者的強烈願望給混淆了。通常性行爲是被強加到小孩子身上的，於是他們會感到無助與無力抵抗。不適當的性行爲經常是由本身界限功能不健全的人所爲，這種行爲是侵犯了他人的界限。被性虐待的兒童的感覺與反應是很複雜的。無論他們當時是多麼無助，都可能會因爲曾經參與而產生罪惡感。把界限退縮得更接近自身時，他們便能跟身體分離，因爲他們認爲身體背叛了他（或許因爲在那麼無法接受的情況中竟感覺過愉悅）。他們可能創造出眞實我是不值得被欣賞的迷思；帶著沒有價值的信念，他們可能拒絕在任何人面前呈現眞實的自我。雖然長大成年後的存活者，常隱藏在有能力與自我肯定的牆後面，而實際上，他們生活在恐懼與顫抖之中，生怕別人會發現自己的僞裝；他們待人很友好，有時甚至很吸引人，但是常常畏懼必須履行的性接觸。所有的放手都被看成對他們隱藏的威脅，所以他們會不顧一切的來控制自己與他人。

拆除圍牆

牆一旦被建造起來，就成了囚禁自我的監獄和對抗他人的防衛。拆除牆的時候，軟化它們到最初的界限功能，對人們來說是十分困難的。牆太常被認作是身體；這引發了萊克（Reich）有關「性格盔甲」[17]的概念。即使堅硬的牆可能被移開（如某些身體治療師的企圖），這個人還是要培養出較健康的方式來適應他人和環境。能提昇自我評價和自我肯定的經驗都很有用，而自我疼惜與自我接納卻是更好的策略。我們在關係中或是社會裡建立安全感時，學會探索和辨別環境——如何洞察別人的意圖和行動——是很重要的。學會負責任而不是以受害者的身分與人互動也是同樣重要的。如此一來，人們才能擁有自己與身體，了解到可以透過同意（是）或否定（否）來選擇自己的行爲。

人人都該知道的一件事

曾經在性或身體上遭受過侵犯的人，特別會有對界限混淆不清的問題，但是其實每個人對於界限都不是非常清楚。大多數人在跟界限相關的問題上打轉，擔心會不知所措或是無助。大部分人呈現的是自我防衛、正義、批判、偏見和安全的牆，而不是以他們所有的興奮、脆弱*、恐懼、歡樂和悲傷去接觸界限。爲了被接受，人們常常以爲自己必須要表現良好、成功，給人好印象、取悅、控制和操縱他人。

所以，爲了重新發現自己，個人必須準備好冒險，向他人呈現自己的各種牆，並且以自我負責的態度重新擁有自己的感受。總是透過照顧別人或依賴他人來決定自己的價值，對個人成長會有不良的後果。在任何情況下都請記住這重要的一點：**人確實有選擇權**；他們可以冒險呈現出自己的廬山眞面目，並願意承擔之後的任何後果。毫無疑問的是，坦露自己時會受傷——會痛苦、焦慮和悲傷，但如同愉悅、平靜和歡樂一樣，這些都是生命的一部分。了解自己就是了解所有這些面向。在分享自己所有的複雜性時，人們才能找到彼此間眞正的親密。

我們的時代要求我們
敞開堵住的洞穴
並且發現彼此
只有如此我們才能癒合苦痛的靈魂
並且開放我們的心胸去愛！

——雷蒙．約翰．包漢（Raymond John Baughan）[18]

想一想：

1. 你認為界限是什麼？你是如何向他人表達自己的界限？
2. 試著寫下生命（生活）中所有扮演的角色。你認為要怎麼做才能清楚的知道自己當下正在扮演的角色，也可以自由進出而不致僵化的卡在某個角色裡？
3. 你生命中和界限接觸的經驗是什麼？是前後一致還是前後矛盾或雙重標準？
4. 在面對世界時，什麼時候你是用「我—界限」，什麼時候是用「我—牆」做接觸？

第七章　成就或是掌握

很多人都相信我們人生的首要任務之一，是去探索我們是誰；這樣的理論假設嬰兒與生俱來都擁有此一潛在的能力，會變成他們命中所注定的人物。

生存的掙扎

從舒適與不虞饑寒的理想環境——子宮——呱呱落地時，初生嬰兒一定經歷了相當大的衝擊！在溫度的極端變化、光線和聲音的刺激、餵食的不確定性，以及一系列無法控制的外在因素中，小嬰兒身處的環境從安全的子宮轉變爲充滿敵意的環境。原本舒適的平衡狀態遭到威脅（或者可以解釋成對生存的威脅），嬰兒感覺到痛苦或不舒服；除非需求得到滿足或是痛苦的來源有了改善，嬰兒才會覺得愉悅。當嬰兒預期自己的需要會得到滿足時，會因爲這份確定感而產生舒適感；嬰兒開始渴望這種安全感，同時也竭力避免引發不安全感的經驗（見第十章〈力量與權力〉）。這些基本的生存需求導致每個獨特的人，因應發展出各種不同的行爲模式。

隨著嬰兒的成長，後來的行爲模式反映出早年的生存機制。如果小時候曾感受過生存遭到威脅，那麼長大後一些輕微的威脅都能引發這個人過度的反應，伴隨而來的是過多的焦慮與緊張。

兒童高度的依賴外在環境（場域依賴〔field dependent〕），起先是爲了生存，後來則是爲了使自己變得重要。兒童很快就領會到，當他們在取悅他人時，就會有更多令人愉悅的經驗發生。因此在很小的時候，兒童和周圍的人相互控制的系統就形成了。

挺身向前與突顯自己

在生命過程中，許多人老想著要使自己「成就些什麼」，要成爲重要的人，要成就一些「重要」的事，成爲「有意義」或是「榜上有名」的大人物。家庭和社會通常都鼓勵人們事業要有成，要建立一個穩定的家庭；一個令人景仰又在經濟上佔優勢的人，被認爲享有最高的社會地位。然而，許多達到這些目標的人，弄不懂爲什麼自己會感到空虛，或者覺得生命缺乏意義。他們的不舒服進而超越了因爲極力追求**理想我**、摒棄**真實我**而累積的自我憎恨（見第五章〈理想我——努力追求完美〉）。或許他們把存在必要的**挺身向前**（stand forth；傑出的〔outstanding〕）與社會期待的**突顯自己**（stand out；有名的〔famous〕）給混淆了。

每個人生來具有自己的潛力，每個人都是獨特的，然而我們卻被期望遵照一般大眾的標準和方向去發展。當我們有負期待時，就會有人規勸我們（有時輕柔，有時嚴厲），要我們遵從。我們似乎永遠都被期待要「成大器」、要「成功」，要「突顯自己、受人景仰」。我們好像被期待要去**製造**生命的意義，而不是生命**本身**就有意義。這樣發展下去，做事變得比存在更重要了。

突顯自己

由於社會大眾普遍在道德上討厭自我沉浸（自戀），個人從小被教導要在想到自己之前先考慮別人；人們也都接受這個「關懷」別人的理念。我們同時被期待著要「突出」自己，要與眾不同，要比別人優秀，而又不能承認要做到這一切只有犧牲別人。這種自相矛盾形成典型的「雙重束縛」的情境（正如貝特森〔Bateson〕所描述的那樣）；[1]也就是說，為了精神健全起見，人們必須否定、壓抑或合理化這個困境。我們的文化鼓勵競爭但又不願承認「成功者的代價是其他人的失敗」。更多的職權成為優勝者的獎勵，使他們有了凌駕他人生命的權力；他們賺得比例過高的物質財富，並得到高人一等的社會地位。

顯而易見的，**突顯自己**得到讚揚和許多其他物質與心理上的獎賞。然而很少人了解到，這樣的注意力餵養了**理想我**卻忽視了**真實我**；這跟被「認識」（「再度被人了解」）是**不一樣**的。這些人在不被看見，不被承認的時候，內心會覺得空虛並認為自己沒有價值。這個人被推崇備至，但卻孤立於跟他競爭的人之外；其他人經常會嫉妒他能得到那麼多的注意力。

突顯自己的人，物化了自己和他人。雖然他們看起來精力十足（有時會過度活躍），但缺乏眞正的活力，也常常感受不到豐富的生命力。在追求成功的過程中常常覺得緊張（他們可能解釋爲興奮），或高壓下的衝力（比如做一筆大生意時會發生的狀況）。他們一心想著成就、權力、名聲和別人的注意力；也把生活中可以滿足他們所渴望的注意力和認可的人給物化了。如此一來，他們就更加依賴外在環境了，他們的自我價值完全決定於能得到他人多少的認可。因爲兒童在成長的過程中常常要取悅他人，所以長成後通常難以認可自己，未培養出健康的自我評價。他們遺棄了極大部分的**真實我**，集中精力去建構一個**理想我**，並在這個過程中產生了自我憎恨。他們的驕傲感在膨脹著，但是自我評價是低落的。他們驅策自己去取得更多的成就時，就陷入了自我憎恨的循環中。（見第五章〈理想我——努力追求完美〉）。他們成功的發展出並且活在自己的角色裡，因此得到許多注意和獎賞，這些角色通常也使他們具有權力與聲望。不幸的是，他們只有在行動時和成就中才能覺得自己還不錯。

高成就者是在與周遭人群（環境）的互動中形成自我重要感，由於他們可能會被遺棄，或是沒能讓人留下深刻的印象，所以很容易感到焦慮，也因此迷戀上了**控制**。越是能夠在生活中控制人群和局面，他們就越感到安全，覺得自己更棒。而他們常見的家庭問題則是：只要配偶和子女情願接受控制，他們就覺得高興；但當其他成員逐步走向獨立或自主時，他們會覺得失去控制而視為一種威脅。如此一來，這種高成就者的家庭就普遍存在著權力爭奪。突顯自己必須要忍耐、警覺、控制、付出努力，要片刻不忘細微末節，要隨時注意他人的期待。這樣的人常常會情緒不寧和多愁善感，奧斯卡．王爾德（Oscar Wilde）將之定義為：「擁有一種情緒上的奢華，而不必付出代價。」。[2]在感情用事的時候，這個人會和經驗本身脫節，在情感的體驗中糾纏不清，而不是眞正和實際狀況有所連結。

這時，突顯自己的人變得**獨立**（independent，而非**自主**〔autonomous〕）和**個人化**（individualized，而非**個體化**〔individuated〕），他們仍然嚴重依賴外在環境，他們的自我評價也仍然仰賴於別人的注意。

獨立與自主

第一眼看去，**獨立**與**自主**似乎是一樣的，其實不然。

獨立是針對獨立出來的對象做出的反應，所以仍然被綁在一起。因此，獨立不是眞正的自由（見第十章〈力量與權力〉，以及第十一章〈區別容易混淆的概念〉中「叛逆與挺身向前」一節）。許多高成就者是獨立的，看起來是自由與有權力的；但是因為他們依附於他人的認可與注意力，他們仍然是受到束縛與限制的。他們獨立但不自由。

當一個人自主時，他的內在有中心，不會受限於他人的批判，但是對他人的感受與關懷仍然是敏銳的。

個人化與個體化

個人化（individualizing）與個體化（individuating）雖然概念類似，但有著極大的差別。

在個人化的過程中（成爲一個「個人」），他並未自由自在的成長，他成爲一個在意他人反應的個人，是受制於他人的。所以個人化並不是眞正的自我實現。

當一個人完成個體化的時候，他能自由的選擇，能成爲一個不受他人牽絆的人。個體化的人能從成就的限制中釋放自己，進而眞正的掌握生命。這樣的人能深刻覺察自我與他人。我們在別的地方也討論到這個話題。[3]

挺身向前

願意挺身向前的人有個體性，自主性也很強。他們的自我價值感源於自己順利的完成工作，欣賞自己接受挑戰並盡一切努力，完成多面的自我。對這些人來說，工作**過程**的品質比結果更重要。他們對自己所做的一切都感到滿足，因爲生命充滿各種可能性而覺得興味盎然，願意去親身體驗、探索。不錯，他們是自我中心的人（中心點在他們內在），但不需要他人爲此付出代價。他們與其他的人保持連結，對別人與自身的需要都很敏感。他們有寬廣的同理心，可以拒絕同情別人（自以爲高人一等的態度）的誘惑。他們認定並尊重他人的界限，但也有興趣呈現脆弱*和保持親密關係。他們關懷別人但拒絕照顧他人，認爲每個人都有潛力對自己負責任。

只有在一個人不能充分活出自己時，他們才會不負責任的怨恨與指責。願意挺身向前的人很少抱怨或是指責別人。

挺身向前做自己是需要有勇氣的，[4] 而願意這樣做的人是有創意、有覺察力、能活在當下、能全神貫注，不多愁善感（也就是過度反應或戲劇化），也不自艾自憐。這樣的人在踏實生活的同時仍能與自我保持接觸。他們展現出人類最佳的狀況，並且也激發了他人。如此清楚的處於當下，人們通常會渴望相互連結，提醒彼此都有潛力可以過得更充實，更能活出自我。

成就與掌握

急著要有所成就（achievement）的人，努力工作所發展出的技術並不能表現他們自己，他們是完成任務而不是「掌握」（mastery）。這樣的人不會覺得充實，因爲他們跟自我的成就是分離的。

相反的，挺身向前的人會對自己的技能越來越能掌握，不全是透過學習，大部分是經由自我探索和練習而來的。對他們來說，樂趣在於「做」而非謀取成就。因爲技術是屬於自己的，在呈現眞我的時候他們覺得充實。

存在的二分法

下列的表標示出人類在成長與發展中的兩極化經驗：

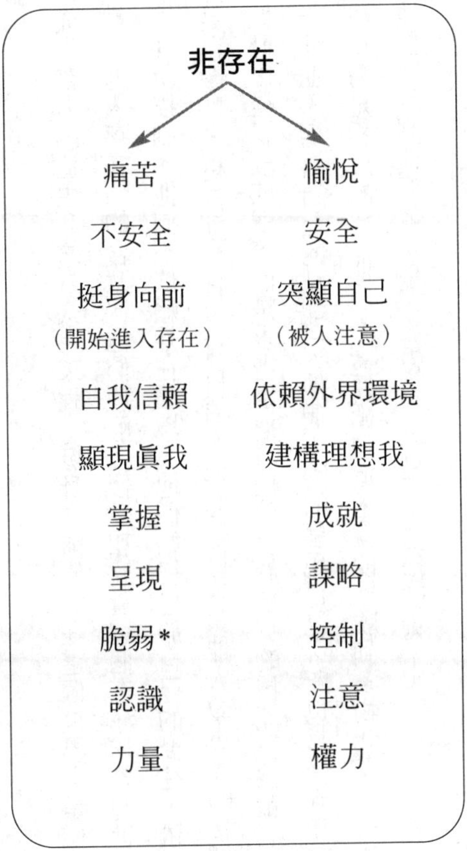

非存在	
痛苦	愉悅
不安全	安全
挺身向前 （開始進入存在）	突顯自己 （被人注意）
自我信賴	依賴外界環境
顯現眞我	建構理想我
掌握	成就
呈現	謀略
脆弱*	控制
認識	注意
力量	權力

結論

從生存與創造生命的方式上來說，挺身向前的人在這個世界上是傑出的；他們毫不保留的欣賞「進入存在」的含意。他們理解、接受和欣賞這個充滿物體的世界，他們從中誕生但並不爲其所控制。他們不依賴外在環境，他們始終忠於自己的嚮往，依心願行事。因此，他們更具自發性，更自動並且更有自信。他們跟自我及他人做更多的接觸，充滿人性，更充實。他們不是謀取成就，而是求得掌握（使萌發於自身的技能日益精湛，而不是強迫自己去獲得一些並不適合自己的技能）。他們不斷的呈現自己，所以享受到認可（與謀取成就者所需的注意力是相反的）。他們不需要極力追求就能經驗到「物我合一」的靈性。當挺身向前時，他們體認到他們就「是」，萬物都「是」，這樣就夠了。

冒險導致焦慮，但不冒險則失去你自己。——齊克果[5]

想一想：

1. 在你的生命中最重要也最想完成的事有哪些？
2. 父母對你的期待是不是還在鞭策著你？其中又有哪些並不是你想做的？你能釐清並

重新調整嗎？

3. 你會做哪些事是別人不注意或不認同但仍樂在其中的？

4. 你所做的事是源於自己的愛好，還是為了別人的認同？

第八章 自我評價

自我評價（self-esteem）是人衡量自己的尺度，也是自我認定和對自己尊重的程度。通常，自我評價的形成與人格發展過程中的鏡像作用功能有關。有一個簡化的概念是說，兒童看到父母眼中反射出來的自己價值越高，自我的評價就越高；兒童在早年成長過程中的正向經歷較多時，他們的自我評價也較高。這種說法聽起來很有道理，不太容易反駁，但是，能夠眞正自在生活的人其實不多，相反的，人們常常因爲自我評價低落而受苦。事實上，（以我們的文化標準來看）大部分的成功人士一直在補償自己過低的自我評價，這個過低的自我評價變成了他們追求成功的動力；很多人表面上看起來很愉快，或至少他們不願意改變這種生活方式。

另外，有一些人認爲自己平凡無奇，有的人甚至相信別人一定比自己更有才能。他們看起來似乎過得很快樂。他們非常謙虛，能夠自在的與自己和他人相處。這些人的存在可以證明，高自我評價並非是成功與快樂不可缺少的要素。

近幾年，心理學界正風行自我評價這個議題，製造不少無謂的困擾。許多人努力不懈，堅持達到這神聖的境界；有些人甚至認爲自己天生有權擁有好的成長環境，比如說，他們理應擁有一對會珍愛、重視自己或是成熟的父母，這樣才能引發他們的高自我評價。他們認爲這是理當享有的權力，而一旦事情不能如他們的意，他們便充滿怨恨，覺得被父母背叛和欺騙；甚至有的人因此認爲自己是不值得人愛的，父母不愛他們就是最好的證明。

這個現象只能這麼解釋嗎？有些人的成長過程更爲艱困，卻已愉快的解決了自己的家庭問題；期間的差別在哪裡？

掌握的愉悅

首先，讓我們來檢查一下自我評估的發展過程。在生命的初期，兒童就把「掌握的喜悅」（pleasure of mastery）和「成就的驕傲」（pride of achievement）這兩個不同的現象混淆了。「掌握的喜悅」似乎是與生俱來的，當小孩子跨出第一步，或是學會繫鞋帶，或是第一次學會自己進食時，會體驗到一種滿足感。「掌握」讓孩子們體驗到「發現」的喜悅，當他們的世界變得更開闊、越來越能依賴自我、能力也更強時，他們會在過程中持續感受著喜悅。這樣的兒童更能自己做決定，內心的渴望驅使他們自我實現，將渴望付諸於行動，呈現出內在成長的動力。在這樣的情景中，父母或教師最好提供一個安全的學習環境與適時的鼓勵，讓孩子掌握的能力開花結果，漸趨成熟。

成就的壓力

不幸的是，大多數人強烈渴望自己是理想的父母，擁有理想的子女，因此，他們決定以鼓勵、收買、脅迫子女，或者威脅要遺棄他們等高壓手段，希望能協助子女們逐步邁向自力更生之路，而一切全是「爲了孩子好」。在這些權威人物的注視目光之下，孩子們開始發現，自己所做的一切都會受到評價：是否得體、是否令人滿意、是好是壞，他們的行爲舉止是否令人愉悅。這些情況造成兒童依賴外在環境，在掌握過程中產生的喜悅遠遠不及外人給自己的評價重要。

鏡像作用與權威的內在投射

經過這樣內在投射的過程，孩子們全盤接受了父母的評價機制（有許多不同的形容詞：「超我」、「內在父母」、「理想我」等），自我評價就跟這個內在審判的權威連在一起了。這個因內在投射而生的權威本性如何（是嚴厲的、隨和的、矛盾的或是僵化的？），與提供給兒童的是哪一種鏡像作用息息相關。鏡子裡扭曲的形象（如過高或過低的評價），會嚴重影響兒童的自我評價。如果兒童被父母低估，他們就會在自身投射出一個低估自我的內在法官，結果會認爲自己無能、懷疑自己的價值。在這樣的評價過程中，伴隨掌握而生的自然的愉悅感便被摒棄了。

被權威人物給予過高的評價也不見得會讓人愉快。這種扭曲的鏡像作用（凸透鏡）可能會在兒童內心造成表面上過強的高度自我評價，但是這高度的自我評價如果與兒童內在的掌握感不符，他會直覺認爲那是虛假的。在這樣的情形之下，兒童會輕視外在的權威，甚至會輕視所有的權威；隨之而來的通常便是更危險的自我厭恨，因爲他們覺得自己欺騙了那些重要的權威人物。[1、2]

父母過低的評價（凹透鏡）則會使兒童產生自己沒有價值、低能和不足的感覺。兒童多半會接受這面凹透鏡，而有苛求或不接納自己的態度。這樣的孩子長大後會變成輕蔑、懷疑自我和猶豫不決的人，他們可能是完美主義者，但對自己永遠沒有滿意的時候。

父母對子女如果是不聞不問的態度，或沒有能力成爲子女的一面鏡子，那麼孩子會感到自己是隱形人，是沒有價值和不值得被愛的。

雖然透過鏡像作用的過程，提供了趨向內在存在感的刺激，但鏡像作用也可能是體驗存在本身重要的因素。從心理學上看，沒有了鏡像作用，在自我評價產生之前的存在感便有可能萎縮；而日後爲提高自我評價所做的任何努力，表面上會讓人看起來很成功，但是注定會失敗，因爲沒有眞實基礎所產生的自我評價是虛假的、不健康的。通常，這種人會成爲社會領袖與角色楷模，比如政治領袖、影視偶像、搖滾明星等，大眾景仰他們並相繼效仿之。也許有人會疑惑，爲什麼一般人會如此喜愛理想的角色楷模，有時候甚至爲了支持那至高無上的權威而願意放棄自己。甚至心理學界、靈修與宗教界也製造出這樣一股追求權威的熱潮。

父系權威的追求

也有人認為，尋找至高權威背後的根源在於渴望父親，因為人們無法擁有自己心目中的理想父親，或者有某些人尚未解決對父親幼稚的固著。我們認為這樣的渴求是在「父親／孩子」的經驗之前成形的。在取得成就的需要超過對事物掌握的需要時，兩者之間會有一個轉換的流程。常見的劇情是：一個人在自己掌握事物的過程中不再覺得愉悅，反而學會從外在權威關係中尋找慰藉與安全，為了要被那些外在權威接受，自己又必須去取悅他們。父母親的形象在這個權威排行中位居榜首；像北美這樣以男性為中心的社會中，父親成了至高無上的權威，剛好落入了這種早就發展出來的流程。

至高無上的權威桂冠沉重的套在父親頭上（或是任何領袖、角色楷模或明星），而因為處在這個位置的人通常缺乏掌握事物的愉悅（因為掌握事物需要充實與真實的自我評價），所以每一次的成就反為他們帶來更多的自我懷疑、輕視、自我厭憎和傲慢（虛假的自我評價）。對權力的需求變成最重要的事，目標則是要控制別人（雖然是下意識或是不願意明白承認）。類似這樣不幸的情節，在社會上正不斷的重演著，許多人都在不快樂的情況下，陶醉在父親形象（不論男女）的光環中。表面上，他們的自我評價是完好無損的，但是自我憎恨的情況卻一直增加（不管是領袖或追隨者都是一樣）。歷史已經明白告訴我們，這種情境常常會以失敗收場，一旦幻滅，群眾就會認爲自己被權威者背叛。要走出這樣的困境，我們就必須抓住機會回到掌握事物與取得成就的重要交會點，從經驗中學習，並且繼續朝著自我實現的目標努力，而不是背道而馳，盲目的追求成就。

尋找自我評價：一個新的奮鬥

目前心理學界的氛圍中，自我評價是眾多治療學家與教育工作者的中心目標。若把這個目標訂爲一個必須達到的成就的話，自我評價就又變成了一個新的理想；爲了達到高度的自我評價，人們會因爲沒能做到十全十美而憎恨自己，使得原本自我憎恨的問題循環再生（見第五章〈理想我——努力追求完美〉）。在這個過程中，表面上他們建立起一個高度的自我評價，但是卻更加憎恨與厭惡自己。他們把自我評價看作一個偶像，在試圖達到它時反而錯過了它。

我們最好還是投入更多心力去發展自我疼惜、自我接受與愛自己的能力，這些方法都能讓我們更充分的體驗到與他人之間的愛，如此也才能接受我們的自我評價，無論它是高是低，都不會製造出更多分裂的自我憎恨來。

自我評價成爲許多錯誤發生的起因（雖然有時候這個藉口相當好用）。自我接納是更正這個錯誤的關鍵。五個A（覺察、認知、接受、行動與欣賞，英文都以A字母開頭）是提昇生命的充實感最有效的方法。

想一想：

1. 在成長的過程當中，哪些事會讓你產生喜悅或滿足感？這些感受源自於哪裡？
2. 你會為了什麼樣的事而覺得自己不如別人或不夠好？為什麼？
3. 別人給你的正負面評價有哪些是出乎你意料之外的？
4. 當壓力、焦慮或沮喪出現時，這些感受的源頭跟自我評價的關係如何？

第九章　理所當然的態度

因爲認爲周遭世界必須提供自己所需要的一切，所以嬰兒在成長過程中理所當然的認爲，自己有權利得到他們想要的一切。正常的成熟過程必須慢慢放棄這種「理所當然」（entitlement）的態度。雖然「理所當然」的態度在生命初期是很重要的，不過卻會在後來的人生造成不良的效果。早期「理所當然」的階段，幫助我們建立與外在世界的關係中「自己是重要」的意識，也正是同樣這種自戀的態度，在日後妨礙了我們與他人眞誠的對話。我們常見到許多人固著在「理所當然」的階段，如此固著不前似乎是這個時代的特殊現象。

正常的兒童發展

嬰兒在子宮裡體驗自己是和母親渾然一體的，完全無法辨別出兩人是會分離的。出生後，嬰兒的身體雖然與母體分開了，但是在心理上會有好長一段時間認爲，母親及外在環境還是自己一部分的行爲。隨著感知能力的發展，嬰兒開始勾繪出一些朦朧的輪廓，並慢慢從那些輪廓中辨認出其中一個是定時提供東西給他的形體（當他們開始發展語言時，他們會叫這個實體「媽媽」）。他們以同樣的方式學會辨別其他的人和物體。最初，嬰兒把所有的物體都看成是自己的延伸，而不是分離的實體。在心理成熟的過程中，分辨外界物體和人物，並且給他們取名字是很重要的。而語言符號的發展，爲孩童奠定出與外在世界聯繫並與之建立關係的基礎模式。

就算嬰兒漸漸認知到母親和自己是分離的，但是這時候他們仍將母親視爲己有。餓了，媽媽就是他們的僕人，供給他需要的食物；冷了或濕了，他們所擁有的人就該負起責任照顧他們。這種「理所當然」的經驗在早期孩童發展中是一個正常階段。一到兩歲之間，嬰兒會開始移動身體離開父母親，去探索周遭的世界，並不時回頭看看父母是否仍舊很高興，並且仍在自己的控制之下。當孩子長大進入社會時，他們依然帶著「理所當然」的感覺。正如把媽媽看成是自己的附屬品，任憑他們發號施令一樣，他們將這種理所當然的態度運用到其他人身上，期待別人的注意，期待別人爲他們服務。[1]

但是「優質的親職教育」[2]（good-enough parenting），父母對孩子是有界限的，因此孩子不會在每次任性時都能如願。而每每在跟父母的界限有所接觸之時，孩子會覺察到，原來父母是和自己分開的，是不同的個體，原來父母有著個人的思想、感受和欲望。孩子一開始會試著反抗這種感覺，仍然想掌控父母。這時如果父母能成功的保持自己的界限，那麼孩子就能繼續朝向更具個體性的自我成長。在父母以關懷和前後一致的態度所建立的界限環境中，孩子學會從自戀及自我封閉的世界中走出來，意識到他人的存在，並開始形成前後一致、更豐盈的自我認知。這種認知、尊重他人的界限，並學會在與他人的關係中界定自己的漫長旅程，就叫做**分離─個體化的生命工程**（separation-individuation project）。[3]

持續「理所當然」的人：成長停滯的兒童

如果孩子成功的操弄父母（也就是說，如果父母沒有堅持自己的個體性與界限的話），他們將無法學習到接下來心理發展階段的寶貴課程。如果要順利的越過自我封閉的嬰兒階段，年輕人需要去接觸父母的界限，以發現他人和自己的分離與不同，同時尊重及認知別人。每當嬰兒無法任性的爲所欲爲時，就會被刺激並認知到父母與他是不同的個體。那些被縱容的孩童沒有接觸過父母式的界限，就很難建立他人與自己是不同個體的概念，結果這些孩子就持續理所當然的認爲自己是宇宙的中心，心理上的發展也因此停頓。這些人就一直停留在這樣的狀態，成了**理所當然的人**。[4]

通常，父母理所當然的認爲孩子應該要變成他們想要的樣子（此即**理想化版本**的子女）。一直生活在「理所當然」階段的父母，不但還沒學會認識眞實的他人，甚至，他們與別人的關係是建立在對自己有利的期待之上，如此當然就不會有耐心去了解別人的願望或別人與自己的差異。這些「理所當然」的父母不但無法認知自己子女的個人特質，反而會用讚許、給予注意或其他積極的獎勵方式，鼓勵子女發展其**理想我**。正在學習尋求認同的年輕人因此相信，當他們符合他人的期待時，理應得到注意和獎勵，一旦預期的獎勵沒有出現時，他們就會心煩意亂。父母刺激子女的成長程度，只能到達自己的成長程度，所以在教養子女的工作中，我們鄭重的呼籲：「父母自己先成長吧！」如果父母停止一廂情願的認爲子女應該朝他們所規畫的理想去發展，而是眞心關注孩子發展中的人格特質，他們就能激勵孩子朝獨立的自我意識成長。給孩子如此的認可後，孩子就會學習到用對話的方式與人互動，重視自己也重視他人。

抱著「理所當然」的態度成長的孩子們相信，他所想要的一切都是這個世界虧欠他的，所以希望落空時，他們就變成一個受害者。他們沒有發展出自動自發的進取心，而且依賴他人。他們也沒學會對別人敏感，而由於敏感度的缺乏，他們將無法更進一步體會到客體恆常性及之後的主體恆常性。[5] 帶著這種「理所當然」的態度，這些人沒有個體化，反而一直停留在專橫的狀態，指望外界對他有求必應，而不去運用自身的行動力、意志力與想像力。因此，他們發育不良、意志薄弱、追求權力，並且外在依賴，非常在意他們欲控制的人的反應。他們或是暴怒或是悶悶不樂，完全不懂得他們根本不可能予取予求，結果是學習受阻，創造力停頓，完全無法養成成熟個人應該要有的愛心與同情心。「理所當然」的孩子長大之後便成了「理所當然」的大人，不停的循環下去。一切生活的方向都只想到自己，很少考慮他人。這樣的人通常是寂寞的，沒有處理人際關係或親密關係的能力。他們的自我重視感畸形發展，對自己力量的感覺是遲鈍的。抱持「理所當然」態度的人，極力試圖操控世界，並跟他們想要支配的人維持平手。為了控制，**理想我**在權力中膨脹，並試圖取悅他人得到注意力，這種種不顧一切的舉動，導致了深深的自恨與缺乏信心（見第五章〈理想我——努力追求完美〉）。

原本屬於正常發展階段的「理所當然」現象，在兒童早期的成長過程之後如果沒有改變，它就變成了一個隱藏著的毒瘤。抱著理所當然態度的人雖然也有可能對他人越來越敏感，或是有能力激發出與他人的對話，可是他們對人的感覺總是不夠敏感。這樣的人會很容易以權力去支配、控制別人的生活。最危險的是讓自我中心主義妨礙了自我創造功能的發展。這樣只顧自己不管他人是源自於對生存的焦慮；有著「理所當然」想法的人，在沒有僕人服侍的情況下就會感到不安全。他們不去面對這焦慮，反把整個世界看成是該來伺候他們的。他們不可能發展出自己的個體化，不理會別人的需要與體驗；這樣的人成了獨裁者，與周遭人的生活脫離了關係。抱著「理所當然」態度的人的身邊，其實常常有著能激勵他們成長的人，卻往往因為不被他們認同而錯過了。

簡單描繪理所當然者

一個成年的「理所當然」者，在個人成長上是遲鈍的，像小孩一樣不負責任與不主動。他們一貫的態度是「照顧我」，永遠是個「受害者」，在依賴外在環境的情況下常常感到受傷與不快樂。他們在關係中不太有同理心，強烈的依靠他人。這些人沒有好奇心，只想學習能讓自己「得利」的東西。理所當然者無法好好從經驗中學習，也無法對他人有發自內心的關懷與興趣。

在日常生活的互動中，他們很少關心別人。他們會站立在門的中間，根本不管有沒有人要從這門口過。他們把菸蒂扔在地上，也不會因爲別人得收拾它而良心不安；在他們的腦子裡，整個世界都是他們的僕人。在人際關係中，當別人不同意他的意見時，他就覺得被誤解了；他們無法想像他人的觀點也可能是對的。用餐時，不管是不是吃得完，他們總是會拿過量的食物。他們通常不會事先計畫，總是事到臨頭才臨陣磨槍，給朋友和同事帶來許多不便。總而言之，他們從不考慮別人，認爲世界應該會幫他們把事情處理好。事情出差錯時，他們從不自我反省，反而怨天尤人。所以，他們不但不自我負責，還會因爲世界沒有滿足自己的需要和突發奇想，而滿懷怨恨。[6]

「理所當然」的人培養不出勇氣來。他們行事總是著眼於權力和控制，而不是著眼於能引導自己發展出個人力量的脆弱*與自我揭露。他們生活在物化的世界裡，沒有發展出分別自己與他人的能力，他們變得個人化而不是個體化（見第十章〈力量與權力〉）。他們表面上看起來頗有自信，但是卻缺乏基本的社交技巧，並長期處在根深柢固的生存恐懼中。因爲無法建立界限，於是只好築起妨礙眞誠對話的高牆。伴隨著高牆而生的是「界限疾病」：如氣喘、過敏、恐懼症、癌症。基於掌控的「我該有權」的人是外在依賴的，未能發展出有彈性的倚靠自我及主動權——唯有放棄理所當然態度的人才會如此。「理所當然」者會依賴各種事物（如社團組織，或是像電視、藥物、酒精等可以麻醉自己，還有那些支持他們繼續夜郎自大的人）。通常，他們工作是爲了獲得安全感與金錢，而不是因爲用愛和敏銳的對話與他人合作時會產生的滿足感。因爲他們不確定自己生命的定位，所以不太容易感受到閒適與安定；因爲過分的相信自己的重要性，於是脫離了自己的現實。他們因爲奮力的追求**理想我**的形象而過分的依賴外在，卻益發疏離**眞實我**，因此更加的自我憎恨及自我否定。他們在心底非常害怕親密，因爲他們不把別人看成一個人；他們總是猜忌偏執，唯恐他人對自己有不良企圖。由於他們善於築牆而非建立界限，所以固執僵化，追求定義清楚的角色和期待；於是，他們常有一窩風的心理傾向，也缺乏創造力。

「理所當然」是這個時代的社會疾病

近年來有許多證據顯示，抱持這種「理所當然」態度的人日益增多，而成爲一個社會現象。六〇年代的十年間，質疑社會價値與追尋自我覺察，導致了「我就是我」這一代人的崛起；目前的這一代是「給我」的世代。看來六、七〇年代不斷增加的自由帶來了更多的恐懼，人們似乎從自由中退縮，而將自己封閉在他們的焦慮中。社會用迅速發展的科技不斷供養著個人；在這樣輕易能獲取商品的社會裡，人們更加期待他人的供養（朋友、伴侶、公共團體、社福機構甚或整個社會）。五〇年代時的特權成了二十世紀末每個人的權利。

隨著這種權利觀產生的是合作的減少、不太爲他人著想，更多的「我」、更少的「我們」。這種態度解釋了爲何有人會把車停在繁忙的街道中間與路人攀談，以及會隨意拋棄會污染環境的廢棄物（個人等級與全國性等級），也因爲如此，與他人眞誠互動中得以昇華的靈性價值也就無法產生。因此在這個年代，崇尙物質主義的風氣更加盛行，這股風氣成爲靈性價值的替代品，並提供了在孤立疏離的世界裡所缺乏的安全感。

在這樣「理所當然」的年代中，因爲人們沒能發展自己內在的資源與彈性，所以他們更加焦慮。當他們越依賴外在，就越不敢冒險，也就越缺乏創造力。個人能感受到的意義減少了，社會文化的義務增加了。人們因此退回到保守與權威主義的宗教裡去，變得更道德化，更缺乏情境倫理。許多人按照文化上的要求來塑造自己，結果就越來越缺乏想像力與個人道德觀。如同社會一樣，我們不再是一個有自主性、個體化、富好奇心、能積極回應他人的個體；我們成爲一群依賴他人、個人化、爲責任所束縛、和自以爲是的追隨者。這股強大的威力更史無前例的限制了個人的成長和個體化的進程。

個體化

逐漸放棄「理所當然」觀念的人，會變得更願意負責任，也更能感受到自我意識，因爲他們積極主動而不是期待他人的行動。這種態度在進入更成熟的關係時非常重要，因爲在人際關係中，越少一分「理所當然」的想法，就越能在這份關係中多盡一份力量。隨著「理所當然」態度的消失，更進一步的心理功能開始萌芽：想像力、主動性、個人責任感、榮譽感以及正直清廉心，都在倚靠自我及放下「理所當然」態度的時候立刻誕生。在關係中，我們越早放下「理所當然」的態度，就越容易成爲一個「個體化」的人。在對話時，人們會眞正有興趣去了解自己與對方。而當人們能對自己跟他人都產生一種眞誠的好奇心時，就能夠打開寬廣的視野，全方位的成長，擁抱生命，接受挑戰。這樣的人有能力面對眞正的親密，在徹底的與生命連結時實現自我。[7]

結論

當「理所當然」觀念減少時，個人才能成長與發展，並能挺身向前面對現今世界帶來的巨大挑戰。雖然孤獨感會增加，但是個人的內在力量與自愛的能力也會提昇，一種滿足的感覺會在接納自我與疼惜自我的同時誕生，這樣的人在繼續前進時，能與外界建立和諧美滿的關係，並清楚自己的定位。重要的是，逐漸減少「理所當然」意識的人，有可能與他人眞正的感受互動。**理所當然的意識減少時，親密感就油然而生**。當一個人能更深入的接納親密關係時，他們比較不會被傳統的羈絆所限制，取而代之的是擁有心理的健康，活潑、有創意、有活力。一旦拋棄「理所當然」態度，人們就能找回自己，活得自由與健康！

> 我花了四十年使我的心理學變得單純，我還能更加簡化。我甚至可以說「所有的精神官能症都是自負的」——可是恐怕還是不會被了解。
>
> ——亞佛瑞．阿德勒（Alfred Adler）[8]

想一想：

1. 現今的社會中，你看到什麼樣的人是帶著理所當然的態度，通常他們會有什麼樣的作為？
2. 你周遭的生活環境中，哪些人是「以自我為中心」，完全無視他人存在的人？
3. 回想一下自己的童年，撫養你長大的人提供了什麼樣的界限環境成長？你自己想要做什麼樣的父母？
4. 你認為除了過敏和癌症之外，還有哪些疾病和界限有關？

第十章

力量與權力

新生兒來到這個世界上，都有**潛力**可以成爲負責任、充滿活力的人，像花朵綻放般充分表現自我。而一個人自我實現的程度，取決於他將會經驗到的各種不同因素（包括家庭環境，文化和教育），以及他在成長過程中所做的抉擇。在每個人的生命裡，家庭和文化的**價值體系**，對他們個人價值觀的形成，具有很重大的影響。

根本焦慮

嬰兒對生命最初的體驗源自於生物有機體的無助感，而漸漸蔓延的焦慮伴隨而來的無助感會持續一生，影響一個人未來的選擇。不論他在日常生活裡表現得如何出色，本體的焦慮感總是潛伏在成功的光環之下（見第十二章〈焦慮——朋友還是敵人〉）。爲了回應這種不安所帶來的威脅，每個人各自發展出個別的態度和氣質，以避免自己陷入無助的感覺中。

「權力」式的解決之道

西方文化提供人們的是獲取**權力**（power）的教育，其對權力的定義爲：「對他人或事物有所控制的狀態」。大多數人認同這種作法，所以一直致力於累積與維持權力和掌控力。權力存在於我們與外在世界以及被物化自我的關係中，權力的獲得能夠掩護及補償人的根本性焦慮。一個人越有控制權，就可以離本體焦慮及無助感越遠。但是焦慮與恐懼事實上並未消失，只是被意識經驗驅逐出去，轉而埋藏在人的更深處。表面上，累積權力之人看起來既有自信又有主導能力，但內心深處卻埋著連自己都未認知到的焦慮。

以「力量」爲進路

有另一種可能解決無助感的方法，比較不爲人知也比較不受重視，爲那些可以從自己內在獲得**力量**（strength）的人所用。有些人稱這種力量爲：「個人的權力」，我們較偏好稱之爲「力量」，避免和「權力」這個詞所表現出的控制傾向有所混淆。力量主要是因爲自我而存在，**並非**因爲外在世界；它關係到一個人接納自我的能力，與自我所呈現出來的特質。「有力量的人」會去發掘自身本來就存在的特質，而不是致力克服外在世界的敵意與威脅；他們接納這些特質（哪怕它們並不符合他人的期望），很有創意的設計出適合自己的、能夠面對生活挑戰的方式。

政治化或個人化

政治化（political）涉及到權力的運用與掌控，通常一定要有所投資才能得到成效。而**個人化**（personal）是指一個人願意揭露自己的眞實與脆弱*，在完全不需要花費心力去掌控環境的情況下，願意分享他的觀點與感受。因此，在任何情況下，人人可以有政治化或個人化的選擇，有時候也會同時以政治化及個人化的樣貌出現。我們在《關係花園》一書中對此有所討論。[1]

力量與權力

在任何狀況下，人們都可以選擇從**權力**出發去支配情況，或是透過**力量**去接納事實的原貌。終其一生，人們總是在力量與權力之間擺盪。並不是說哪一個比較好或比較壞，而是各自有其偶然與必然。

通常當人們從內在生出力量時，是脆弱*與不安全的，但卻是處於開放、隨時可對話、自我覺察與成長的狀態。當一個人與權力掛勾時，他們刀槍不入，看起來安全，但他們要付出的代價是隔離、孤立、無法在親密關係中連結（而一旦連結，就會出現眞誠的對話）。

接下來的這些議題，有助於辨別權力與力量不同的位置、經驗與後果。

痛苦與快樂

從幼年起，生命就是痛苦與歡樂交織而成的，這種二重性是每個人一生的基礎。打從一開始，人們就被鼓勵追求權力，寄望能減少痛苦與得到快樂。當人們能**接受兩者，痛並快樂著**，那麼他們就能從自我的內在中培養出力量。

不安全與安全感

人類這個有機體一直生活在不確定當中，任何時刻都必須面臨難以預料的變化。對嬰兒而言，他們強烈依賴成年人的照料與關懷，因之伴隨著因不確定而生的強烈焦慮感，正是一種對生存的基本擔憂。這種存在性焦慮是與生俱來的。兒童在生命的初期，爲了減輕焦慮，努力在自己與成人之間建立安全感；爲了得到父母的注意力，確保自己能得到照料，兒童學會取悅父母。這是**榮耀之路**的開始（見第五章〈理想我——努力追求完美〉）。對兒童來說，父母強大的力量可以幫助他們緩衝生命中突發的衝擊。只要能夠取悅父母，孩子便能得到父母的保護而感到安全；如果被父母拋棄，孩子就會死亡。因此，兒童的哭聲中不但包含著對生命的不確定，同時還表達出對父母的依賴。這種內心缺乏安全感的經驗一直持續到成年，人們繼續依賴這種以權力爲基礎的關係。雖然接受生命的無常可以讓人學習許多，並且從中獲取力量，但是大多數的人仍然試圖控制外在的世界，以維持安全感。

脆弱*與控制

雖然在面對各種生命經驗時可以有不同的選擇，但兒童很快就被教會了要控制自己和環境，不顯露自己的脆弱*。爲了享有愉悅和充分的安全感，他們學會以取悅的方式控制父母，修正自己的行爲以確定得到父母的保護。當然，爲了控制父母，兒童必須明瞭他們要什麼、不要什麼，然後改正自己的表現來迎合他們。兒童學會了控制面部表情與情緒，以及觀察父母的反應，學習得體的舉止。簡言之，兒童學習控制自己以控制他人，如此建立一生的行爲模式。他們得到的獎賞是與日俱增的安全感和愉悅感，而爲此付出的代價則是放棄了自發的表達能力，喪失大部分眞實、與生俱有的體驗。這成爲人們未來人際關係的原型，並且變成他們與生命互動的方式。一般人試圖控制自己和環境以便能感覺其確定性（覺得安全），而不是在接收到外在世界的訊息後才予以回應（也就是呈現自己的脆弱*面）。如果一個人願意呈現自己脆弱*的狀態，個人的力量就增強了，因爲他願意**回應**生命，而不是抗拒生命。2

控制自我和他人都需要權力。當一個人準備去體驗一切時，力量就產生了。選擇「權力」的方式，生命變成你的對手。而如果擁有力量，就算生活中充斥著痛苦、無常，你也願意參與生命的過程；於是人能夠擁抱無常，愉悅與快樂便隨之而來。

親密與孤立

親密需要揭露和分享，才有可能眞正與人親近。如果一個人試圖控制另一個人，則會造成不可避免的距離與孤立。

個人化與物化

當一個人脆弱*和親密時，他是可以對別人揭露自己與個人化（personal）的。當一個人爲了維持權力與控制而選擇保持距離，會把自己跟其他人都去個人化和物化。[3]

自主與外在依賴

依賴外在環境的人會因爲權力能帶來安全感而選擇控制自己和他人。[4] 嬰兒時期的任何作爲都是因爲害怕被遺棄，這恐懼一直留存（見第七章〈成就或是掌握〉）。許多人甚至在成年之後仍然未處理其基本的生存恐懼，以致於繼續依賴外在的環境（取悅和控制他人的需要）。對這些人來說，生命還是一個敵手，他們迫切的尋求控制自己及他人來否定恐懼。在這樣的情形之下，人們持續處在焦慮的狀態中，害怕他人的回應。正像嬰兒害怕父母的拒絕一樣，依賴外界的成人害怕失去對他人的控制。願意面對並且擁抱恐懼、痛苦和不安全的個人，比較不需要對在外在環境中變幻莫測的他人有所回應。因此，這個人有能力自己做決定，自我照會，這就是「自主」（autonomy），與「迎合觀眾」的人相反。處在自主位置上的個人是有彈性、敏感的，並且能疼惜自己和他人。

界限與牆

以權力爲基礎的人是把自己當作貨幣，在生命中「以物易物」。他們看起來也許與眾不同，然而他們多半是隱藏在**牆**的後面而不是生活在**界限**之中。牆是容易被攻破的障礙，是隔離外界的防衛；懼怕他人與對自己沒有安全感是它的根基。不幸的是，牆不止有防衛的作用，它也降低了一個人與環境及他人敏感接觸的能力。相反的，界限是從伴隨力量而來的自我意識中產生的。界限是富於彈性的、可變的，與自我和他人都能建立敏感的關係。人們可以更清楚的藉由積極的選擇而建立起界限（見第六章〈界限〉）。

洞察力與自動反應

從權力的角度看，其他人都是需要被控制的物體；而從力量的取向出發時，其他人則被認作是需要接納和相處的生命體。權力型的人不會欣賞別人，他人都被物化成角色（比方說「我的妻子」）；在權力中對他人的反應是自動的、教條式和僵化的。有力量的人對他人是有主見的、有著具特殊洞察力的人性化**回應**，他們因此能觀照每個人特殊的需求；在權力中是非人性與物化的**即時反應**，模糊了細節，幾乎難以有洞察力。

個體化與個人化

一個個體化的人，可以認知與接納自己的不安全感。權力型的人是個人化的，他們看起來非常自由，卻因為被要求獨立於世，反被外在世界所束縛（見第七章〈成就或是掌握〉）。個體化的過程是真實潛能的發揮，其參考依據是內在的；個人化過程則是以外界作為參考，與真實的存在沒什麼關連。因此，個人化的人不是依賴（需要依靠）就是獨立（不能依靠），而個體化的人則不需要相互依賴（可以自由的選擇依靠與否）。[5]

自我負責與受害、指責

當人們為自己和所有的行為負責時，他們就培養出力量。欲獲取權力的支配者，必須要有一個受害者可任其指使；受害者於是與權力取向緊緊結合，成為支配者的補助角色。當一個人在權力取向中擔任受害者的角色時，就會出現指責；負責任的人則是接納自己在任何事件中的參與而取得了力量。

信念與希望

希望（hope）是對現實不滿以及期待未來能改變。懷抱希望時，人們想要的是能出現轉變局面的重大事件；或是繼續停留在受害者的角色中，期待外在力量會影響現況。希望是權力與控制的親戚，都是不負責任的；懷抱希望的人比較不活在當下，他們的個人成長與自由都受到限制。信念（faith）是一種**確信生命會延續的感覺**，是從個人的內在散發出來的。有了信念，人們對過去、現在和未來都感到滿足；對生存及死亡的懼怕減少，個人得以在力量和存在中成長。[6]

眞實我對角色

在發展**理想我**的權力時，人們學會扮演角色，會爲了控制周遭環境而表現出可被社會接受的形象；也因爲受制於他人，所以這些角色扮演者的自我意識是很薄弱的。有力量的人會願意以眞我的方式來表達自己；於是，呈現出更多的眞實我，而不受制於外在世界（見第五章〈理想我——努力追求完美〉）。

掌握與成就

爲了追求權力，人們更汲汲於追求**理想我**；雖然技巧與成績可以累積，它們跟**真實我**卻毫無連結。通常，他們成就的動力是來自外在因素，跟內在的本性並不和諧一致。有力量的人則是發展出不斷增進的掌握與能力，不需要外在世界的讚美甚至承認。掌握型的人能覺察自己和周遭世界，不需要先投資才會有特別的效果；相反的，追求成就與控制的人，經常必須先投資才能得到特殊的結果，跟隨權力與支配而來的是感覺遲鈍。掌握型的人可以發展眞正的技能（此爲該人天生的潛力），而追求成就者則是在表現任性的技巧（與個人潛力無關的演出）。

情境倫理與道德

權力的定位，是依據對與錯定義的道德觀。以權力爲基礎的個人跟隨著規條的框架，完全不予質疑；他們可以非常肯定與果斷，但是是從非人性的角度出發。當人們以力量爲取向時，是與自己和自我價值保持接觸，同時對他人的關懷與價值標準也相當敏感；因此，每一個狀況都會基於個人的倫理標準而做出評估。在情境倫理（situation ethics）中，沒有一成不變的外在規條，而是個人需要不斷地根據新的發展重新評估自己的價值，然後應用在對自己及他人都有益的事項上。[7]

灰階與黑／白

根據客體關係理論中的說法，有力量的人比有權力的人成熟。當人們有力量時，是以包括自己與他人在內的人性化觀點來看世界，而不是以非人性化的好壞道德觀。有力量的個人很清楚，面對不同的狀況要考慮的細節不同，所以可以有細微的變化。相反的，以權力為主的人，會把事物的好與壞，用一分為二、黑與白的基調來代表。8

謙遜與驕傲

驕傲是誇張的自我意識，是非存在的狀況。謙遜，是存在的狀態，敏銳的欣賞自己與自己的存在；謙虛的人知道自己存在的意義，但並不會誇大其重要性。虛假的謙遜是以權力為取向，這時，個人看自己是低下和無意義的，因此是一種裝模作樣的姿態，無法察覺個人的獨特性，是一種非存在的狀態。

欲望／選擇與應該／命令

傾聽個人的欲望並依個人的選擇行事，能培養出力量與自主性；服從命令（各種「應該」）是透過外在依賴的自我控制來保持權力。

臣服對屈服

從表面上看來，臣服（surrender）與屈服（submission）很像，但是其實很不一樣。9

屈服是基於權力，是因爲外界之人或事的控制而**放棄自我**；這是支配的另一面，並且被支配所束縛。在力量中，沒有屈服，只有對自己的徹底臣服。個人因屈服而被壓縮變小，但在充實的臣服中卻變得更巨大。這就是D. H. 勞倫斯在他的作品《亞倫的權杖》（*Aaron's Rod*）中一段話的精神：「獻出自己，但勿放棄自己！」[10]

活在當下與缺席

一個人因爲有力量而願意呈現脆弱*狀態時，就是活在當下；而當一個人處於刀槍不入的權力狀態時，眞實性就無法出現。活在當下的人會在接觸界限上定位自己，願意做出各種回應，他們是敏捷靈活、覺察與充實的。[11]

認定與注意

認定（recognition）他人（拉丁文中recognition是再認識的意思）指的是跟一個人很靠近；給予注意（attention）是把雙方都物化了，也就不可能有所認定了。所以認定和力量、充實相關的，而注意是與權力、成就相關。[12]

充實與充電感

隨著力量的產生，個人會感受到對人性有滋養的內在充實感（fulfilment）。在權力中，個人體驗到的是充滿緊迫與壓力的充電感（charge）。

責任與義務

在力量中，個人是以回應（而非反應）的態度在行動，對自我與周遭環境的要求都很敏感。在權力中，個人是以義務（obligation）作為行為的依據，是不用考慮個人或當時的情況，而一律依據預先設定好的規條來處理的。

關心別人與照顧別人

照顧別人是以角色與權力爲取向。關心別人則是體貼與關懷，卻不一定要付諸行動。照顧別人會削弱他人的主動精神使其依賴照顧者；關心別人則是允許別人犯錯並讓他找到自己的解決之道。[13]

「對別人敏感」與「對受傷敏感」

容易因爲他人行爲或意見而受傷的人，其實站在一個十分具有權力的位置；而接受這種互動方式的人都被那個所謂「敏感」的人控制了；事實上，那是感覺遲鈍，而不是眞正的敏感。真正對他人的敏感是要對個人的感受負責（特別是自己受傷的感受），不需要指責或企圖控制他人；個人可以對別人具有高度的覺察力和敏感，又能保持自己的自主性。14、15

信任自己與信任他人

在權力中，個人把信任（期待與控制）交與對方，而當他人沒照著自己的意思做時，他便加以指責。在力量中，一個人是信任自己，並且對自己的鑑別與選擇能力有很深的信念。

啓發與羨慕

在羨慕一個人時，是抬高對方、貶低自己；很明顯的，這是以權力爲基礎的觀點。當一個人能覺察他人，他便也能對自己、自己的潛力和才能有更完整的意識，這就是被啓發。16

同理心與同情／憐憫

同情或憐憫他人意味著抬高自己、貶低別人，這是權力取向。有同理心意味著感覺靠近和認同他人，在他人身上看到自己；兩者之間是平等的，並且各自負責。

回應對反應

在權力中，人對狀況常常是衝動的、不精確的和一貫程式化的**即時反應**（react）。在力量中，個人是用對自我的充實感和眞實的、自發性的方式去**回應**（respond）。[17]

自我疼惜對自我憎恨

自我憎恨是因權力而生，自我疼惜卻能激發力量。在權力中努力追求成就的人摒棄了**眞實我**，透過否定和控制自己來實踐**理想我**的形象，伴隨而來的便是自我憎恨。在自我疼惜之中，個人因爲可以接受自己所有的面向，包括自己的缺點而變得更堅強（見第五章〈理想我——努力追求完美〉）。

接納與指責

指責使人停留在權力中受害者的角色上，讓人無能爲力。接受自我和當下的情況則容許力量增長，人在生命中感覺有自信。

羞愧感對罪惡感

充滿罪惡感（guilt）時，人們試圖壓抑和克制自己，要求自己循規蹈矩；這樣一來，他們被物化了並且不活在當下。在羞愧感（shame）中，個人不但體認了自我，同時還因爲感受到這樣的自我認定而臉紅，因此這個人是能夠覺察的、處於當下的，是堅強的（見第十八章〈罪惡感與羞愧感〉）。

覺察環境對依賴環境

依賴環境時，個人的行為被四周反應所左右，因此被外界所束縛，發展不出自我反省。當一個人是自主時，他就能持續覺察環境，不被環境支配，經過考慮才做出回應，這是有力量的情況之一。[18]

整合：前景與背景

簡而言之，力量能改善存在，提高覺察力，增加慈悲心，使人成長，生命更豐盈。而權力雖然為人帶來成就、安全感、身分地位等明顯的優勢，卻也同時伴隨著非存在、失去覺察力、固著、自恨、僵化和（靈性的）死亡。

下面所列出的是各種可能的選擇，提供給願意成長的人。雖然列出的特性是相互對立的極端，但是人類的經驗常常是兩個極端觀點的混和。大多數的人會選其中之一而低估另一方的重要性。比如，人們一直都以選擇權力當作建立安全感的手段，於是低估了力量的功能。近年來，追求自我成長的人企圖強調力量的面向，卻低估或否認了權力的價值。成熟的人會知道在任何已知的情況下，如何同時運用兩者，自由遊走於兩者之間。要認識自己，我們必須同時面對這兩種觀點，並且了解我們跟它們的關係，在各種不同情勢下，人會對這兩種觀點有不同的權衡。請注意，我們會有想要選擇「好的」一邊而摒棄另一端的傾向。要認識我們的天性，我們需要了解自己對權力的固著與對力量的取向。**這不是個二選一的處境，而是孰是前景與背景的狀況**。

力量		權力
痛苦	↔	快樂
不安全	↔	安全感
脆弱*	↔	控制
力量	↔	權力
親密	↔	孤立
人性化	↔	物化
自主	↔	依賴外在
界限	↔	牆
洞察力	↔	自動反應
個體化	↔	個人化
自我負責	↔	受害者、指責
信念	↔	希望
眞實	↔	角色、理想我
掌握	↔	成就
情境倫理	↔	道德
灰階	↔	黑／白
謙遜	↔	驕傲
欲望、選擇	↔	應該、命令
臣服	↔	屈服
活在當下	↔	缺席
認定	↔	注意
充實	↔	充電感
責任	↔	義務
關心別人	↔	照顧別人
對別人敏感	↔	對受傷敏感
信任自己	↔	信任他人
啓發	↔	羨慕
同理心	↔	同情、憐憫
回應	↔	反應
自我疼惜	↔	自我憎恨
接納	↔	指責
羞愧感	↔	罪惡感
覺察環境	↔	依賴環境

想一想：

1. 再回頭看看力量與權力的列表，你直覺的想法是什麼？會用好壞對錯的二分法去分別嗎？
2. 你了解什麼是根本焦慮嗎？是否經驗過？回想自己的成長過程，你認為自己發展出了什麼樣的氣質與態度來防止陷入這種無助的焦慮？
3. 你有無這樣的時刻：事情雖然已經不在你的控制之下了，但是內心卻有一份「定」的狀態？回想一下那是什麼樣的情形？
4. 回想一下，你大部分的時間是在力量或是權力的哪一端？是完全僵化在一邊？還是自由遊走？可以做哪些不一樣的嘗試呢？

第十一章　區別容易混淆的概念

本章所要探討的是一些經常被混淆的概念，請先不要用道德的角度來看待——在思考這些問題時，不要覺得非得在兩者之間選出一個正確的、眞的或是比較好的。這個**辨別**的過程，是要看清楚這些概念的本來面目，並且探索你自己對它們抱持的觀點。

對個人成長而言，辨別的能力是很重要的。藉由澄清這些理念，人們才有可能從嚴苛的道德制約中得到釋放，並爲自己找到人生定位。而且，了解這些概念之後，更可以促進自己與他人的溝通，享受更親密的關係。

道德與個人的道德觀

「行爲合宜」、「正確」和「眞理」等道德規範，應用在維持社會秩序的組織原則上是非常有用的。然而，社會的要求往往沒有考慮到個人的需要和利益。爲了適應社會，人們通常失去了爲自身著想的能力。他們毫不質疑的遵守文化中的道德規範，以期減輕存在的焦慮，但在焦慮減少的同時，生命也變得萎縮，個人自發的創造力遭到扼殺。在這場交易中，人得到了安全感，但是卻失去思想的自由。道德包含了對與錯的二元性，從道德的立場出發，某些價值觀和行爲被評判爲「正確的」、「眞實的」或「對的」；而另一方則被評判爲「不正確的」、「虛假的」或是「錯誤的」。若從無關道德的立場上來看，沒有什麼事永遠是對的或錯的；更確切的說，在不同的情境下，我們需要以自己的價值系統謹慎審視，以決定個人的立場。想要在關鍵議題上找到個人的見解，就必須揚棄傳統道德的思考，並且爲自己做出決定。去辨別這些概念並不意味著要拋棄社會的道德指導原則，是爲自己思考，而非囫圇吞棗、不經思索地全盤接受現成的文化觀點。當一個人用心去分辨一切，並且擁有個人的觀點時，就是合乎個人道德觀的行爲（見第十七章〈道德〉）。

負責與指責

將負責與指責混爲一談是常見的誤解。當人們處於負責的狀態，在參與任何行動的時候，無論是自願還是非自願，有意識或無意識，都會承擔起責任。如果一個行人在穿越馬路時意外被一輛車撞倒，這個行人要承擔的是橫越馬路的責任，也許他沒有好好留意周遭環境，或甚至他是想要自我毀滅。從責任的架構來看，駕車者與行人在這場事故中都有自己的情況與立場，雙方都參與了這個事故。

指責的基本架構是預先設定**道德**的對與錯，也就是說：一定有某個人是錯的；焦點集中在評估證據，以決定誰對誰錯。從小，大部分人的經驗就是建構在這些是非對錯的觀點中，因此很難從無關道德的角度來看待所經歷的一切。

以傳染性的疾病爲例，病菌通常被看作是造成疾病的元凶，而人類則被看成是病菌的受害者。而如果從責任的架構來看，人們要爲製造出病菌容易滋生的環境而負責，也要爲身體處於虛弱的狀態，讓病菌乘虛而入負責。我們不必用好壞的觀點來看待疾病發展的過程，所以，從另一個角度來看，我們可以把疾病看成一個人在生命的某個層面上，有意識或無意識所參與的許多過程的呈現。這不是任何人的錯，當一件事發生的時候，參與其中的每一個人都有責任，每一方都有自己的情況與立場，以及想要達成的目的。

「全人健康運動」即是建立在這個理念基礎之上：個人要爲自己的健康和疾病狀態負責，所以沒有所謂的受害者，也不是任何人或事的過失。焦點在於個人從頭到尾參與了疾病發展的過程、他的參與目的、傳達出的故事以及所揭示出來的隱喩。輔助療法（complementary medicine，指西醫以外的醫療）的理念是，在進行一般傳統醫療的同時，把注意力放在幫助病人找到產生、參與和支持疾病的原因。不幸的是，不少認同全人健康的人卻對傳統醫療產生敵意，甚至指責因病受苦的人（包括他們自己！）。這種製造罪惡感的態度會讓疾病長存，而無法促進療癒。

罪惡感與羞愧感

罪惡感（guilt）是當一個人破壞了他所尊重的規則或法律時，產生的一種不舒服和緊張的感覺。罪惡感總是和**外在的**批判與內化的道德觀緊緊相連，以至於當我們違反法規時，那些外在的因素根本不必出現，我們就會有罪惡感了。身體對罪惡感的反應是緊張、封閉、感到寒冷，導致一種緊繃的狀態。一個人會覺得有被抓到、絆住或者被處罰的危險。從神經生理學上來看，這種經驗基本上是經由交感神經系統來反應。罪惡感是因爲不能符合別人（或是自己內在的法官）的期待所產生的懲罰。從存在主義的角度來看，罪惡感是處於**不存在的狀態**。罪惡感是把自己物化了；因此，人在產生罪惡感時是無法處於當下的。罪惡感限制了親密的可能性。

羞愧感（shame）的產生只跟自己有關，與外在的因素無關。感覺羞愧時，人們會將自己眞實的狀態暴露出來；在這個體認過程中，他們明白了自己沒有活出全部的生命樣貌。因此羞愧感是跟**認識自己**、自我期待的覺察以及**自我**本身的形象有關。身體的反應會是一陣面紅耳赤、全身發熱、彷彿赤裸著身體以及處於不防衛的狀態。在神經生理學上，這種經驗大多是由副交感神經系統負責調節的。按照存在主義的說法，這正是一種**存在**的狀態（見第十八章〈罪惡感與羞愧感〉）。羞愧感是當一個人暴露了眞實的自己時才會出現的，所以在覺得羞愧時，人是脆弱*的，處於當下的。羞愧感能引發親密。

信心與希望

信心是一種**確信生命會延續的感覺**，不需要理性或邏輯解釋；信心位在比智能更深的層面，一旦體驗到，就會產生深度的信任感。從存在主義的立場上來說，這是同時擁抱存在與非存在的一種「存在」狀態。信心是對當下的一種欣然接納，也是對未來所展現的自信。

希望是跟**對未來的期待**息息相關，期待未來能實現一些願望；所以，希望是跟當下的不滿足有關，是一種對當下的否定，並且跟生命遠離；從存在主義的立場來說，希望是一個「非存在」的狀態。如果某些外在權威承諾會滿足人們的欲望或願望，這些人就會輕易拋棄自己而跟隨權威勢力；這也就給了他們不需要爲自己的行爲負責的藉口。

臣服與屈服

臣服與屈服這兩個用詞在談到「性」的時候很容易混淆，而它們與其他跟性無關的人際互動也有許多關連。人們相信愛的最高形式表現於與另一人在一起時完全釋放的行爲，但有人警告說如此任人控制，會讓人失去自我。其實，只要能夠眞正了解臣服與屈服的不同，就能解決這個難題。

屈服的行爲跟**權力**有關。是一個人把控制權交給了別人，屈服於別人的意志。這時**主要的參照對象是他人**，自我的重要性被削減了。不過，就跟所有涉及「權力」的狀況一樣，無論是支配者或屈服者，他們看起來處在兩個不同的極端，但其實是用不同的手段來控制對方。在屈服的過程中，人會因爲意志徹底瓦解而放棄（或接收）所有的責任，進而體驗到一種興奮的衝動，用存在主義的術語來說，是一種跟「非存在」或「死亡」的調情。

臣服則是與放棄對自我的控制有關，**主要參照的對象是自己**，不是他人；臣服是屬於自己個人的行爲（放下），而不是屈服於其他任何人。爲了能在社會生存並且得到獎勵，每個人都需要透過角色、社會規範、工作能力等發展出自我控制。這種自我約束的能力對一個人的人格發展很重要，但是同時也抑制了一個人的自發性，並失去了一些自我感。放下對自己的控制（就如「臣服」一樣），會讓人產生柔軟、愉快的感覺，再度感受到一個精力充沛，全新的自己。

所有的人際關係就是人們在臣服與屈服之間的舞蹈，也都會交替發展出力量（透過臣服）或是權力（透過屈服／支配）。在關係中，力量與權力的比例決定了這份關係的本質，也左右了一個人在其中成長的可能性。[1]

權力與力量

權力是對另一個人施加控制與權勢，與支配（或屈服）有關。**力量**則是跟自我的厚實度有關，不需依賴他人。因此，權力若不是跟外在的人或物相關，就是跟去個人化

（depersonalization）過程中「物化的自我」有關。力量則只跟自我的堅忍本質有關，與他人無關。有力量的人不太需要權力，因爲他們是自給自足的。

每一個經驗都是讓我們練習力量（如冒險與脆弱*）或權力（如道德及政治事件）的好機會。大部分的關係都被政治化的權力所左右，極力要求每一個人都是「對」的。人們可以透過分享感受、揭露彼此的觀點以及呈現脆弱等方式，在力量中成長（見第十章〈力量與權力〉）。

恐懼與興奮

恐懼與興奮在生理反應上是相似的，甚至可以說是相同的。心跳加快，呼吸急促，皮膚出汗或是起雞皮疙瘩，髮似豎立，瞳孔放大，這些「要戰還是要逃」的反應是一樣的，不論此人正處於被痛打一頓的危險中，或是即將贏得千萬樂透彩券！

在這些經驗中唯一的差別是人對情況的**解釋**。當一個人想要參與具有威脅性的經驗時，比如坐雲霄飛車，他會覺得興奮；但是當一個人不是出於自願而面臨這樣的危險時，他就會把這種經驗解釋成恐懼。通常（不永遠是這樣），人們會興奮是因爲相信自己是安全、有保障的；當狀況不夠安全時，他們會把感受解釋成恐懼。

譏笑與反諷

譏笑（cynicism）是貶低自己所經歷的，並且是從生命中退縮的行爲。「譏笑」用打擊自我、高傲自大與自以爲是（彷彿譏笑者知道什麼才是最好的）等方式，來讓自己覺得挫敗。譏笑通常使人缺乏勇氣去面對眞實的生命。輕蔑一切的譏笑者否定生命而不願參與生命。

反諷（irony）是一種對生命非常親近的欣賞與接納。反諷是一種高級形式的幽默，它承認生活的眞實樣貌。在反諷中有著一份謙卑（跟譏笑者的高傲正好成對比）。

神性化與神聖

「神性化」（sacred）是用來描述被提昇到特殊、重要、榮耀、無污點、分離與更好的地位與處境，其中隱含了道德意味；被認爲具有神性的人事物，就會處於更高的位置；人類製造出「聖地」、「神牛」，甚至會發動戰爭來捍衛他們。這樣一來，使事物神性化就是把它和生命中所有其他東西分開。

「神聖」（holy）的概念是有關於與生命的交會。當我們覺得某些東西神聖時，我們是以一種回應的態度參與其中。欣賞跟生命相連的所有情境，就是擁有全面性的（希臘文中的holos，意思就是全部的）[2]觀點並且參與這份神聖。當人們認出自己跟生命中所有其他事物的關係時，無論在任何情境中他們都能體驗到神聖的面向。跟神性化不同的是，神聖沒什麼特別；在**每一個**情境裡，人們都與神聖同在，卻不一定都能領會到它。

> 這個世界的不幸是根植於人們抗拒進入活出眞實生命的神聖之門。
>
> ——馬丁．布柏[3]

完美與優秀

完美（perfection）與**理想我**有關，也跟努力、成就以及否定**真實我**有關（見第五章〈理想我——努力追求完美〉）。追求完美伴隨著自我憎恨或對生命的不滿，所以，追求完美是跟非存在相關的。

優秀（excellence）則是透過**真實我**的運作，跟掌握有關。優秀是接納生命——不是奮力追求完美，是挺身向前呈現個人的獨特潛能，是伴隨著自我實現與自我表達而生的，是一種存在的狀態。

極簡主義與極小化

極簡主義（minimalism）是一種恰到好處的哲學，反映出與生命間的敏感關係以及對生命的欣賞。而極小化（minimization）則是貶低了事物，降低了它的重要性。極小化是以不接納的行爲來對抗生命。而極簡主義則是一種愉快滿意的態度，對資源的使用是適度而不浪費的。

處於當下與親密

處於當下意味著存在於此時此地。親密則是揭露與分享自我。一個人可以是**處於當下**的但不親密，但是當一個人與人親密時，他一定是**處於當下**的。

模仿與嘲弄

一個人**模仿**（parody）時是對他人有著深入的認識，幽默的描繪出此人個性中的許多面向，通常模仿是對對方敏銳的欣賞與喜愛，或許也伴隨著親近或是連結。而**嘲弄**（mockery）則是一種羞辱，是輕蔑與嘲笑的；通常嘲弄是爲了權力與支配他人。

獨處與寂寞／孤立

獨處（aloneness）**是人類存在的狀況**，它牽涉到個別性與獨特性，既不正面也不負面，是一個存在事實。接受獨處能夠讓人感受到他最深層的本質。**寂寞**（loneliness）**是一個人**

不願接納獨處時所體驗到的感受，而且他相信存在的狀態可以是不一樣的。這樣的人將自己與世界隔開，因爲沒有伴侶而覺得自憐；通常這跟「希望」有關。諷刺的是，人會因爲接納了自己獨處的狀態，反而變得最能夠接近別人。當我們無法接受每一個人在實體上是分離的，就會體驗到無以復加的孤立（isolation）。獨處是與倚靠自我、接納與信心有關；寂寞是因外在依賴、不接納與抱著「希望」而產生的。

憤怒與暴力

憤怒是一種感受，它的重要功能之一是讓一個人在覺得受傷或驚嚇時，脫離無助的狀況。使人憤怒的原因很多，比如期待落空、界限被侵犯、自我評價被貶低等；憤怒會在「愛」遭受挫折或是連結被打斷時產生。憤怒本身既不是正面也不是負面的，它只是回應了個人一部分的感受。與人分享憤怒時，能夠增進彼此的親密感（就如同任何內在狀態的分享都能增進親密感一樣）。[4]

暴力是在未得到允許的狀況下侵犯他人界限的行為。所以認定暴力的關鍵是在於**允許**——經過允許的就不是暴力，不論是什麼樣的行爲。在得到允許的情況下分享憤怒，並清楚的界定與同意相關的限制範圍，它就不是暴力。如果在沒有得到允許的情況下跨越界限，則可能是以愛之名施行暴力；許多父母強迫孩子做一些「爲他們好」的事情，即是如此。

叛逆與挺身向前

叛逆（rebellion）是發生在一個人對抗某種情境或是某個人的時候；與叛逆相關連的是反抗與外在依賴。在對抗某人或某事的反應中，這個人是依賴他反抗的對象，並且被綁在一起。叛逆或革命時，我們得到的是個人化（individuality）與獨立，這些是跟權力與控制有關的議題。

當一個人堅定的表達自己時就是**挺身向前**（standing forth）。它不是爲了對抗任何人，它只是一個人自我的表達，絕對與他人無關。這是自我肯定與成長的過程，爲發展自主與個體化做準備。

階級與全像階序

階級（hierarchy）是一種事物或事件的順序，某些面向我們給予較高的評價，而其他的則給予較低的評價。「高級動物」就是一種階級式的觀念。通常，使用階級時參考的是道德的框架；某些狀態或是事物比其他**好**。以發展的體系來說，階級觀念把最早的生命階段看作是原始的，是要被克制與摒棄的。因此，階級式的觀念是每一部分各自擁有不同的價值。

全像階序（holarchy）是一種整體的概念，一個人看待整體及各組成部分時，並不認爲某一個部分是比其他部分更有價值的。以**全像階序**的觀念來思考，一個人看見的是事物或階段的不同之處，而不是去評斷其價值。因此，以全像階序的方式來看待蚊子與人類時，是不認爲哪一個是更重要的。在發展的體系中，**新的階段**超越並包含了原先所有的階段。比如說，你可能仍然運用著小學時學到的基本觀念，然而，你不再以當年剛學到的方式用它，你已經越過了原先的概念（超越它），但是仍然還在用這些基本觀念裡的某些觀點（包含）。

以階級觀念思考，一個人必須先完成一年級，才能繼續二年級，所以二年級是比一年級更高級的。以全像階序的觀念思考時，二年級是超越並包含一年級的（二年級是一年級加上二年級，三年級是一年級加二年級再加三年級）。

> 演化是一種超越與包含的過程，不斷超越與包含。它向上開啓了靈性行動之心，這正是演化脈動的祕密。
>
> ——肯恩・威爾伯（Ken Wilber）[5]

想一想：

1. 你的觀念是否常常與別人不同？你會多加思索彼此不同想法的根源嗎？
2. 你害怕表達憤怒嗎？能夠在別人同意的狀況下分享並釋放憤怒嗎？

3. 在本章所討論的觀念中，有哪些是你覺得難以區別、不清楚或不重要的？為什麼？

4. 你害怕獨處嗎？在一個人的時候你會用什麼態度面對生命？

【第二部】

根源

最神祕的並不是我們被隨機的拋入那豐盈的地球以及浩瀚的銀河系之中，而是在這個牢籠裡，我們有足夠強大的力量來塑造我們的形象，並藉此來否認我們的虛無。

——安得烈・馬羅斯（André Malraux）[1]

第十二章 焦慮——朋友還是敵人

生命的初期是一團混沌，人也在混沌中迷失。個人發現到這個現象，但他面對這可怕的眞實時卻嚇壞了，於是試著用幻想的簾幕來遮掩，事實上一切本來就是清清楚楚的。——霍賽・歐特嘉・戈賽（José Ortega Gasset）1

本體焦慮：存在的焦慮

非存在威脅了人類本體的自我肯定。——保羅・蒂利希（Paul Tillich）2

當你感覺「眞正的活著」時，是長期處在緊張的狀態的，也就是所謂的**存在焦慮**（existential anxiety，也被稱爲「本體的」〔ontic〕或「本體論的焦慮」〔ontological〕——存在的焦慮〔the anxiety of being〕）。這是人類特有的狀況，因爲人類會憂慮自身的死亡；動物沒有存在的焦慮。人與動物的差別在於：人類有能力去覺察自己存在的生命脈絡，以及伴隨這種辨識能力而來的複雜人際關係。這種對死亡的憂慮是巨大且難以理解的，是超乎理性及無法控制的——此即是本體焦慮長久的狀態。焦慮是在我們存在的根源之中，羅洛·梅說：「動物擁有的是一個環境，而人類擁有的是一個世界。」[3]存在焦慮是人類世界的特色之一，它也包含了對非存在的恐懼。[4]

因此，人類總是處在一種深度不安的狀態中。人們覺察到自己是脆弱與有限的，並且在面對它時感受到了深刻的焦慮——本體焦慮。爲了處理這樣的焦慮，每個人發展出自己特殊的生活方式。這種生活的模式奠定了家庭、友誼、文化和社會結構的基礎。當這模式不能適當地對付最底層的焦慮時，人們就會建立更多的行爲模式，導致更多的焦慮，於是，焦慮便在這樣的循環底下自行增長，無法控制，並且使人漸漸衰弱。焦慮也可能經由身體、頭腦和情緒上的癥狀反映出來，成爲**精神官能性焦慮**（neurotic anxiety）的模式。

精神官能性焦慮

通常個人不願意去體驗太多的本體焦慮，不是加以防衛，就是將之轉變爲精神官能性焦慮，所以人們很少體驗到純粹形式的本體焦慮。精神官能性焦慮是本體焦慮的縮小版，因爲人們發現，轉換爲精神官能性的防衛與模式是比較容易掌握的。精神官能性焦慮會有以下這些癥狀：強迫思考、強迫行爲以及其他成癮或自我傷害的行爲。基本上，大多數人情願得精神官能症也不要直接跟存在的恐懼打交道。而殘餘的本體焦慮也會出現於孤立、無意義、心緒不寧、不滿足或是對生命產生疑惑的等等感受之中。對人類而言，本體焦慮是一個極大的挑戰；人們必須接納深深的不安全感，才能面對焦慮做一個完全的自己。

人們常常帶著本體焦慮問自己此生的目的與所求爲何，有時他們體驗到潛藏於底層的絕望感，或是感覺迷失方向，或是被遺棄，於是生命失去了色彩與強度；在極端的情形下，人會選擇精神官能性的解決方法而變得憂鬱，覺得沒有任何事情值得努力，而最常見的就是睡眠障礙。經驗本體焦慮的人經常會失去生存的**理由**，甚至會失去生存的**意志**。這是很危險的情況，但同時也是一個讓人勇敢面對生命挑戰、找到生命意義以及生存意志的機會。

並不是所有的焦慮都是病態的

西方傳統醫學把焦慮視爲某種潛在疾病的徵兆或是許多身心症的原因，所以強調要根除或壓制焦慮。存在主義哲學家和臨床醫生們則抱持另一種觀點，認爲焦慮是生命的基本現象，存在於所有的改變、成長、發展和社會文化成就的背後。從這個角度來看，並不是所有的焦慮都是病態的。確實，焦慮是存在的條件，沒有了焦慮，我們就不會那麼有活力與人性化了。

只有當焦慮變得嚴重，導致個人失去或阻礙了生命的適應力，並且以精神官能症的特徵出現時，醫療才能介入。然而大多數人（包括醫生在內），都很難區分出**本體焦慮**與**精神官能性焦慮**的差別。**本體焦慮**可能使一個人在生命中做出正面的調適，**精神官能性焦慮**則引發出許多使人衰弱的綜合症狀。

人們因為未對這兩種不同形式的焦慮有充分的了解，便以為所有的焦慮都是一樣的。於是有些人盲目服用醫師開立的鎮靜劑，或使用社會認可的化學物品，如尼古丁或酒精，試圖「治療」或減輕焦慮的狀況。非醫用的藥物如大麻或古柯鹼常常同時用來享受快感與減輕焦慮。我們變成了一群不能容忍挫折、不能在身體或感情上稍稍經歷痛苦的人。藥物幫助我們減輕症狀，但並未讓我們了解真正的病因。同時，藥物使人對生命的感受變得遲鈍，把人變得鎮靜與平庸。

我們創造了沒有進步的和平，毫無意義感的平靜。這樣的窘境在英國劇作家彼得·謝弗（Peter Shaffer）的劇作「戀馬狂」（Equus）中被戲劇性的點破了。劇中一位精神科醫師，掙扎於道德的糾纏與治療介入之間：

> 我想要使這個孩子成為一位熱忱的丈夫、一個有愛心的公民、一個崇拜合一且抽象的上帝的人。然而，我的成就卻更像是在造就一個幽靈！[5]

對付焦慮

人類會用各種不同的定義、活動以及目標，來改善、掩飾及處理這種對虛無的**恐懼**，以及生命的**無意義**。在出生時，兒童對世界的體驗一定是迷惑與焦慮的：意義怎麼可能是從這樣的混亂之中產生的？構成主義者的觀點認為：「現實」是透過語言、邏輯數理、音樂、空間、身體─觸覺的，以及個人的種種智能運用而組成的。[6]

透過這些智能的運用〈見第三章〈溝通模式〉與第四章〈構成主義〉〉，加上利用父母和其他人所提供的訊息，兒童在與周遭世界的互動關係中，逐漸形成了自我意識。這種定位感與找到自己的方向所提供的**根基**，能幫助對付潛在的本體性焦慮。這種智能越成熟，個人就越感到安全。許多人身處異國，無法有效的用語言與人溝通時，就會感到極大的焦慮；若再加上身體語言被誤解，情形就會更糟。一旦這些智力徹底喪失時，會被認為是精神疾病的症狀；智力未完全喪失所導致的混亂狀態，也會使人對於生命的意義產生困惑。

童年時期的焦慮

從五歲的兒童到現在的我只是一小步，但是從新生兒到五歲的兒童卻是一段令人膽寒的距離。——李奧・托爾斯泰（Leo Tolstoi）[7]

當嬰兒被父母懷抱時，會覺得受到保護，不會受到死亡的威脅；對小孩的成長來說，這種安全感是很重要的。當孩子在體驗有意義的關係時，對孤獨與恐懼的感受會暫時得到抒解；這是為什麼人類會花費畢生的時間尋覓和保持親密關係。越把人際關係看做是存在問題的解答，他們就會變得越依賴、固執和強迫（思考或行為）。於是這種關係會陷入被拋棄的恐懼中，還會有外在依賴、低自我評價、操縱與控制、權力爭奪的情形，並固著在浪漫情調中。8

在嬰兒時期，解決本體焦慮最普遍與深刻的方式，就是「母親—幼兒」的依賴關係。這種模式會以各種面貌在每個人的生命中一再上演，其所形成的結構與意義，影響這個人日後的人際與社會關係。生命的意義中最普遍的假面具是權力、控制與名望。但是更容易被接受的解決方式是靈性、道德、宗教、文化、創造力，以及對技能的掌握和個人成長！本體焦慮是無時不在的，而所有這一切活動都是本體焦慮所驅動的。有勇氣的人才能在面對死亡的不斷威脅時，仍能開出生命的花朵。

當個人能夠以接納而非壓抑的方式與本體焦慮和平共處時，他們之間互動時的互相依賴就少了；彼此的關係會更像是兩個自主的個體在互相分享，而不是只想融為一體。這時兩個人在對話中都能擁有更多的自己，而不是日漸減少的自己！關係會變得像一座花園，每個人在這花園中茁壯成長，自由的選擇與他人連結。不幸的是，多數的關係像陷阱，每個人都受到許多限制，動彈不得，因爲恐懼而相互依附。當人們獨立自主時，他們能建設性的處理自己的本體焦慮；當人們依賴他人時，本體焦慮就會被掩蓋與忽略。這兩種不同的關係都是應付本體焦慮的方法。令人滿意的關係提供了一種親密感，能夠成功的處理本體焦慮。要是沒有這樣的關係，個人就會體驗到相對的孤獨感，孤獨到極點時，就會生成一種孤立的感覺。一個人越不與人親密，就越可能回復到以控制的手段作爲補償。[9]

道德

除了基本需求要得到滿足之外，孩子還必須學習行爲規則以適應其他人。在早期的成長經驗中，小孩們被教導用「好」與「壞」的方法來辨別各種行爲；這就是**道德**的教育，是爲了幫助人們適應社會生活。遵從這些規範就能被社會接納而受到重視，安全感就逐漸增強；**非道德性的行為**卻使人暴露在社會壓力與本體焦慮之中。另一方面，**反社會行為**也能讓人有著一種意義感，跟一般社會行爲讓人產生意義感一樣；正如叛逆是用對抗整個文化以界定自己，而不是融入文化之中定義自己。通常，最容易焦慮的人總是傾向於尋求最強而有力的道德解決方式，不論他是贊成或反對它。衛道式、僵化和基本教義式的態度經常顯示出這些人正跟自己底層的本體焦慮周旋著；他們看起來有十足的把握，但心底深處其實是非常不確定的。當人們固著於道德時，通常是為了補償自己未能接納根本焦慮的缺失。

大多數的社會，為了處理生命裡的無意義和空虛感，往往將解決這種本體性困境的道德方法納入宗教體系，而宗教在此確實提供了有效又有用的途徑。通常，保守的宗教嚴格要求人固守道德規範，目的是緩解本體焦慮，因此更加重人的依賴性。較開放的宗教則是欲培養負責任和自主的人，鼓勵個人自由；雖然過程中會激起較多的焦慮，但是最終卻能使人得到更多的自由，促成更多的成長。保守的方法給人更多希望也更能抒解本體焦慮，個人又可以少冒一些險，所以容易引起群眾的興趣。日常生活中（不只是宗教）對他人的正義感、批判性、固執己見、偏見、僵化的道德觀、堅信對／錯的二分法、缺乏寬容與以權威控制他人行為的態度，反映出的都是對**本體焦慮的道德解答**。

靈性

道德解答（正確行為的規範）是一個在深處的、隱藏著的過程，它是比靈性生活（生命的意義感）簡單的表象。雖然追求靈性的動力貫穿了人的一生，但是要能去欣賞或了解靈性生活卻相當不容易；所以人類就欣然的接受了簡單的道德解答。

非存在……威脅了人類靈性上的自我肯定，用相對的說法指的是空虛，用絕對的

說法則是了無意義。——保羅．蒂利希（Paul Tillich）[10]

對存在主義的哲學家來說，人類存在的意義不是一種前人的遺產，生命的意義是在於每個人勇敢挺身向前時創造出來的。當人們開始挖掘自己更深刻的本性，質疑自己的信仰與假設時，會發現生命的意義是無法自別處承繼來的；因此，他們覺得一切了無意義，這樣的感受被經驗成內在的虛無感。爲了勇敢擁抱自己的存在，找到意義與充實感，人們必須要去面對靈性上的虛無感與存在裡的無意義感。

靈性永遠是一種個人的經驗，我們可以跟他人分享，但是卻不能強加於他人。強加於人時就變成了控制，這樣發展下去就成了宗教。

崇拜上師

在近幾十年裡，有許多人反抗西方宗教的控制，他們尋求東方靈性的解脫眞理，卻常常在靈性道路上建立起另一種宗教，他們致力於崇拜上師，而不是找到自己。對「上師崇拜」這個陷阱，安德魯．哈維（Andrew Harvey）做了如下的描繪：

如果你把崇拜投射到某個人（上師）身上，你自己會因那投射而反射出的光輝變得閃亮，所以你也會體驗到隱藏著的自我崇拜。你現在是被那種不是由你贏得的一點點神聖氣息所裝飾著。這是墮落腐敗的，因爲如果你眞的擁有投射中這些氣質的話，你就會爲它們負起責任來。[11]

潛藏在各種宗教下眞正的靈性，是可以在個人層面找到的，但是需要勇氣去面對與擁抱本體焦慮。如果一個人放棄個人的責任，從一個宗教改換到另一個宗教，對自我發展來說並沒有任何的好處。

希望與信念

希望是對現況的不滿，期望明天會更好。信念則是在當下深深接納生命現狀。希望是一個陷阱，當人們追求希望時，就放棄了在當下擁抱生命的可能。我們界定的**「信念」則是一種確信生命會延續的感覺**，人們在接納中變得自由並且能擁抱當下的生命；他們是自己命運的主動的執行者，而不是環境下被動的受害者。[12]

在探索生命意義時，接受道德中穩定的**希望**（如果我遵守規範事情就會好轉）是很大的誘惑，不必獨自跟生命中的不安全感角力，縱使這不安全感能帶領他去體驗靈性的**信念**。

罪惡感

非存在……威脅了人類道德的自我肯定，用相對的說法指的是罪惡感，用絕對的說法則是定罪。——保羅．蒂利希[13]

道德解答對本體焦慮這個難題，提供的是可以測量的掌控，達到社會想要的目標。於是對個人而言，潛藏的**罪惡感**取代了本體焦慮的內在經驗，透過定罪體會到的就是罪惡感的極致；從罪惡感中解脫時，就會覺得感恩。道德的解答是文化的產物，爲了參與其中，個人必須放棄自己的自由，並採取其道德觀點。

相比之下，靈性的解決之道除了面對絕對的無意義感之外，還要經驗相對的空虛感。人們可以在面對無意義與空虛的焦慮時，學著擁抱無常，而不是去解決焦慮；擁抱無常之時，存在感就得以滋生。靈性的解決之道繫乎個人的努力，讓人覺得生命有意義。[14]

集體的意義

在集體的層次上，社會意義反映在追求音樂、藝術、手工藝、文學、表演藝術等文化中。神話中的文化故事或主題，則在更深、更原始的層面裡提供了意義感。每一種文化都有其獨特的表現形式，不過背後的模式都有相似之處。通常在努力追求這些文化之後，文化常常便帶有宗教的特質。然而，最後一切的行動都是爲了處理本體焦慮，不見得是爲了促進更多的個人成長。

角色與意義

每個人先是經由父母的教導，然後再透過大眾的教育，發展出各種角色以適應本體焦慮。這些角色爲生命提供了目的感、提供了表達內在能量的方向，並且使人在同儕間有超越感與權威感。因爲角色與每個人發展的生命背景是息息相關的，這也使個人更依賴外在的環境。在一個人失去角色時（眞正失去或有失去的危機），常常會揭開潛藏著的本體焦慮，而體會到無助或沮喪；當孩子長大離家時，母親就失去了她照顧者及供應者的角色；當一個人被開除，或是一份關係因離婚或死亡而告終時，他就失去原本的角色了。在這些案例中，他們因失去角色所引起的無助和焦慮的程度，跟過去依賴角色來界定他們**自我**的程度有關。一個人若能誠實的對待**自我**，並且覺察到內心的眞實本性而發展出個人生命的意義感，在面對別人的期待時，他就能帶著平靜和信念去接受這些角色的失落。

擁抱本體焦慮

只要本體焦慮跟**真實我**保持聯繫，它就能加強我們的驅動力，讓我們有力量自我表達與追求生命的意義；並爲生命的樂趣添加香料。當一個人變得越來越依賴他人的認同時，本體焦慮會因爲害怕失去生命的權威而轉變成精神官能性的焦慮。如果用化學性藥品如鎭靜劑來治療精神官能性焦慮時，我們要承擔的危險是，除了把本體焦慮除去之外，也會把生命的樂趣給消滅掉了。爲了在生命中扮演好角色而放棄**真實我**的人，也會喪失對生命的熱忱，因爲他們在追求幸福的過程中害怕冒險。引用一句聖經上的話：「如果一個人贏得了全世界（安全），卻失去了自己的靈魂（意義），他所得到的又有什麼用呢？」

當我們走向光明的盡頭而要步入未知的黑暗時，我們必須相信：要不會有些扎實的東西供我們踩踏，要不就是有人會教我們飛。

——克萊爾・莫利斯（Claire Morris）[15]

想一想：

1. 如何透過生命的挑戰尋找到個人的意義與生存意志？
2. 是否有意識到自己用什麼方式來對抗焦慮？

3. 分享自己是否曾經有過「崇拜上師」的經驗？

4. 在哪些方面有非常堅持的道德感來對抗自己的焦慮？

5. 曾經有過失去哪個「角色」的失落感經驗？

第十三章 定位

最初情境中的定位

嬰兒出生時，最重要的挑戰是如何自一片混沌中建立秩序。爲了在這個無法預測的社會中生存下去，嬰兒必須學會認識所有進入他們感覺範圍內——觸覺、視覺、聽覺、嗅覺和味覺——的物體（也包括人在內）。不論這些經驗是否愉悅，都幫助孩子建立起**跟這些物體之間關係如何**的記憶。這樣一來，兒童開始了解環境的意義，也更能夠辨識周遭物體關係中自己的位置何在。在被妥善照顧的環境裡，孩子感到自己是被需要的，他會將自己定位爲世上被想望的物體。反之，若他們感受到的多半是負面經驗時，會把自己定位爲被拋棄的、不被期待的物體。這是孩子**在最初的情境定位**的特質，這個特質爲每個新生兒今後會踏上怎麼樣的人生旅途，定下了感情的基調。這個在最初情境中的定位，提供了日後感情色彩的調色板（如憂鬱和嚴肅，明快和歡樂），個人在面對畢生的挑戰時都會使用這塊調色板。一個人在一生中對哪些情緒會有特別的感受，這些早期經驗即具有關鍵性的影響。

時間的定位

帶著**最初的情境定位**的嬰兒，至少會以兩個不同的層面——時間和空間——來面對這個世界與人生的機遇。在這個結構下，嬰兒逐漸開始理解行爲一再重複的本質。比如當母親從視線中消失時，她很可能還會回來（在「未來」的某個時間內）。食物會在固定的時間出現，並且總是很理想的緊隨在飢餓感之後。這些規律的行爲奠定了成長中個人信念的基礎，也對照顧者產生了信任。隨著記憶的增長，兒童開始依個人的時間延續感，試圖在相關事件中找到自己的定位。隨後，他們會有能力把自己跟他人的位置加以比較，這種比較只有當他們在自己的時間延續體裡爲自己定位時才有意義。

時間的錯位

任何時間上的錯位都會形成意識上的混亂與迷失方向，睡眠失調時最容易發生這種情況。時間感錯亂在退化的人身上是最明顯的，他們在此時出現的反應，會好像是面對過去的情境一樣；受虐的人在回憶過去時，常常會出現對目前現實而言並不合宜的回應與行爲。爲此受苦的人常會竭力試圖使時間停止，抗拒改變並且盡量避免體驗痛苦，因爲這樣的世界他們比較容易掌控。這樣的人在遇到威脅時，態度與行爲常常會立即回到童年時期的無助、恐懼。逃開、隱藏、退縮、指責和變得固執、抗拒、放縱、孩子氣般的「歇斯底里」或叛逆，這些都是他們的解決之道。這些行爲不久就固著下來，強制性的一再重複，若是不採取任何實際行動去解決問題，他們的世界會變得封閉，不相信生命的延續性；他們無法健康的成長，也無法擴展個人的空間、增長好奇心、加強對他人的信任。（見第三十六章〈行走的傷者——一種生活方式〉）。

人生碼頭

生命猶如在河中航行，逝去的時光是由許多事件標記下來的，這些事件就像乘船經過的人看著眼前的碼頭漸漸消失一樣。因爲有些碼頭比其他碼頭更有趣，人們便會在此泊船上岸而久久不願離去。到了一定得走的時刻，他們才不得不解開纜繩離開碼頭（往昔的經歷），繼續自己的時間之旅。有時候，由於一段特殊的經歷有著特殊的意義（不管是極爲愉快或是非常恐怖），人們拒絕解開栓在碼頭上的纜繩，反而在繼續航行時，拖下一條長長牽絆的繩子。這些人雖然繼續著旅程，但他們固著在時間的某一個點上。一旦面對可能會引發激情和焦慮的經驗時，他們會迅速拉扯纜繩回到過去的碼頭。因爲老是回到舊的碼頭，他們限制了自己欣賞和評價眼前新碼頭的能力。他們應該問自己的一個問題是：「我堅持不願離開過去的碼頭，到底能從中得到什麼？」或是，「我一旦**真的**放下這個經驗，會發生什麼可怕的事？」

大部分的人都能欣然在時間延續體中移動，從過去走向未來，但是卻很少人能**真正的**活在當下。當我們在現實中面對創傷或是危險的情況，大部分人會立刻退回到過去。這些固著的地點（我們最初固著的位置）通常源自我們早期經歷的某些重大事件——恐懼的、快樂的，或是兩者都有。我們就在這樣的位置上，順著時間延續體凝視著將來或過去的方向。

爲便於掌握而縮小自己的世界

抗拒時間的人會拒絕改變自己的態度和道德，不想與現在相關連。他們不希望面對變化的事件，欲使自己的生命是易於管理的；他們渴望熟悉的過去。有時，過去那些精神創傷或是不愉快的經歷，繼續左右著目前的生活。比方說，曾經遭受過性攻擊的婦女，時常以爲眼前**所有的**男人都想要佔她的便宜，於是便限制了自己與男人的關係。她們縮小生活的圈子以便讓日子好過一些，爲的是想控制這份焦慮。這種固著於過去（通常伴隨著逃離或是憎恨自己的身體感受）的情況，在一開始時是生存的手段，之後如果持續的固著下去，會使世界變得越來越小、更便於掌控。

空間延續感

同樣重要的是個人空間延續體上的經驗。每人都處於「內在」空間和「外在」空間之間。在早期童年的訓練中，人們被鼓勵要摒棄內在的經驗，把精神集中在對生存很重要的過渡（外在）空間的無數課題上（比如學步、說話、閱讀、自我照顧、社會禮儀與周到得體等）。就是在這一過渡性空間裡，兒童遇見生命中跟他關係重大的他人，並且學會了如何去控制他們。當然，人們不只在跟自己的關係中（依賴自我），也在跟他人的關係中（外在依賴）定位自己。或者說，所有的人都是在空間延續體上的某處定位自己，不同程度（通常是各具特性）的依賴自我，或是外在依賴。每一個人都會在生命的時空裡發展出各具特性的生命狀態，他們都會讓自己在時（不論過去或將來）空（不論內在或外在世界）中都覺得舒適。

以外在世界爲焦點

我們的教育體制往往支持依賴外在經驗或依賴他人，並相對的放棄（嚴重的懷疑）內在世界。科學一直致力獲取關於物質世界的知識，以便控制這個世界；但是科學對內在世界的探索卻微乎其微。因此，人們專心的控制環境和生活在這環境中的人類；他們學會了取悅、操縱、支配、友善，只表達社會可接受的感受與行爲舉止。他們表現的越好，就越贏得認可。他們用好多時間在不同的空間中跟許多人產生關係，接受這種想法的人都覺得很舒服。

從焦慮中退縮：精神官能性的解決之道

從本體焦慮退縮成精神官能性焦慮，就是**精神官能性的解決之道**（見第十二章〈焦慮——是朋友還是敵人？〉）。對廣大、未知和無法控制空間而感到不安的人，他們的反應就是焦慮，他們會覺得威脅和不適。無力（或是想像中的無力）應付較大空間最直接、最不掩飾的形式，就是一般稱之爲「廣場恐懼症」的精神官能性綜合症候群（恐懼空曠的空間）。雖然大多數的反應不會這麼極端，但是仍然有人以一連串的行爲和身體癥狀來防衛空間領域。與此類比如過敏這類界限的疾病，就是用限制一個人的活動範圍來控制焦慮或危險的環境。與此類似的是著迷（obsession）和強迫症（compulsion），它們佔去人們許多時間和注意力，讓人不感受到潛在的焦慮。當這些防衛到達極端時，人們的生命會因爲需要重複的儀式或行爲而變得殘缺不全，那些行爲包含：對物質或人上癮、強迫性的工作、重複性的自傷行爲或反覆的執念等。當這樣的行爲模式使人衰弱時，就被診斷爲精神官能症。

就空間的觀點而言，這種人製造了一個日益縮小而容易駕馭的世界。他們選擇的餘地變少了，自由也受到了限制，心智變輕鬆，因爲不需要面對根本的問題。再者，由於生病，還能容許期待他人爲自己的生命承擔比較多的責任。別人會爲他們做決定，總是給予他們無盡的注意力，還容許他們將自己視作是家庭、社會中無助的受害者。無助者開始支配多數人行爲的社會，就是肇因於這樣的照顧結果；正如藍斯．摩洛（Lance Morrow）所做的貼切描述，我們正在變成一個「忙碌的身體和哭泣的嬰兒」的國度！[1]

在精神官能性解決之道中，人們固著在時空交錯的某一點上，喪失了在兩條軸線之間來去自如的自由。他們把世界變得更小更容易控制，卻很少表達出他們的眞實生命。他們的現在被過去給污染了，他們的內在空間極少被呈現到外在空間來。雖然最常見的模式是固著在過去與內在空間上，仍然有少數人會固著在未來與外在空間上。這些只是不同的精神官能性解決之道。

很明顯的是，有許多人藉由受苦來定位自己。慢性身體疼痛或情緒苦惱雖然令人不舒服，卻是人可以預知的。於是，非常諷刺的，這些人能替自己定位，並透過生病、症狀或各種形式的痛苦來得到安全感。因爲不斷的跟痛苦打交道，以致於他們的本體焦慮是朦朧不清的。罪惡感跟痛苦最接近，罪惡感是情緒痛苦的一種形式，有些人（或是文化）從長期的罪惡感中找到安全感來給自己定位，這樣一來，罪惡感就變成他們認定的重要主體。

如果人們發現外在空間非常危險而無法眞正進入，著迷、強迫、成癮就會變成他們主要的日常行爲。他們不去發展可以接觸的敏銳的界限，反而企圖建造孤立、厚重與防衛的牆。他們在牆後覺得有安全感，不過內心是無助的，固著在不同的時間點上，無法活在當下。發展到極端時，他們可能會完全忽視現實世界；這就是精神病發作了。

遠離眞實世界：精神病性

如果精神官能性解決之道仍然無法充分的掌控焦慮，人們可能會更遠離人群和周遭險惡的環境，而躲進自己更深的內在世界。在那裡他們是不被挑戰的權威，因爲他們擁有雖然小卻可以完全掌控的空間。由於感情上的麻木，他們不與外界接觸，對日常生活無動於衷，因爲他們連日常生活都無法負荷。由於他們是那個內在空間的主人，所以一切都變得可能；他們可以自由的體驗自己變得更有力量或是更爲無助，都跟眞實的世界無關。從他們的角度來看，他們是安全的；從世俗社會的角度來看，他們是病態的遠離人群，會被診斷爲精神病患者。

處理焦慮

最近，針對伴隨精神官能性或精神病性反應而來的焦慮，常見的治療方式是採用鎭靜劑和興奮劑。雖然這些藥物在緩解焦慮上起了作用，但是藥物本身並不能解決由於在空間和時間中固著而產生的人格問題。事實上，這些藥物反而會助長個人的無力感，鼓勵個人在尋求他人的幫助上成了癮。個人的經驗是在內在空間裡失去了信念，就更需要相信在外在（過渡）空間裡的權威，同時，這權威通常是他們憎恨和害怕的。就是在這種矛盾的「愛／恨」關係中，心理受損的個人感到在時間和空間中都陷入了困境，過著一種沒有歡樂和缺乏意義的生活。難怪自殺變成一種選擇，日益盛行。

在時空中找到自由

每個人都會在空間與時間延續體交會處的某一點上，爲自己找到位置。健康成熟的個人（並不多見）有能力在兩種延續體上，視狀況自由的移動。這樣的人可以退回到童年，像一個六歲的小孩一樣，與一群同齡的孩子們遊戲，淋漓盡致的抒發自己身上那股六歲兒童的能量。透過遊戲，他們可以自由的從豐富的幻想和情緒的內在空間走出來，在外在空間裡表達自己，跟玩伴們分享一切。遊戲終了時，他們也能欣然回復成現實中的成人，整理玩具和凌亂的房間（外在空間），內在空間中的仙女、毒龍都曾跟他們在房間裡玩耍；他們甚至會把玩具預備好，以便在下次玩耍時隨手可用。他們的現在包含著過去的回憶與將來的期待，不是固著的。

在時間和空間裡固著的狀態是有害的，爲了擺脫這種固著，個人需要勇氣與當下相連接。在了解和支持的環境中，比較容易讓人學會在時間和空間軸線上自由來往。爲了能更肯定自己，人們必須直接把恐懼說出來，這會激發過去時空中的恐懼自發性的重現（flashback），並發展出維持脆弱*的力量以及跟他人連結。如果人們想要在自我內部找到安全的港灣的話，就必須學著放掉過去固著的劣習，不再把自己的錨拋在他人照顧的港灣裡。

時間

過去，是個靠不住的妓女
騙我們陷入
後悔與失落的欲望的痛苦中
未來，是個浪漫的男孩
迷失在夢境一般
模糊的風景裡
現在，是生活的光榮
感官、感受、熱情
活生生的奇妙與恩寵

我們必須找出
全新的詞句
健全的語言

從束縛之中
從約束心靈的規則之中
從習慣的幻覺之中
解放

表達我們自己
不需要浪漫主義
不需要感傷主義
不需要犬儒主義
不需要懷抱希望

最重要的是
不需要後悔

——麥基卓[2]

想一想：

1. 回溯一下自己生命的初期，在什麼樣的情境之下給自己定了什麼樣的位？
2. 你在什麼時間、什麼樣的碼頭上，還有著多少未曾解開的結？
3. 你曾經耽溺在過去的某種創傷或不舒服的經驗中，而讓自己的世界變小了嗎？你在害怕什麼呢？
4. 當你處在焦慮中時，你通常是以什麼樣的方式去解決的？

第十四章 黑洞——內在的深淵

大多數人似乎都陷在想放下卻又害怕放下的兩難之中。能夠放下是一種從緊張與煩惱中令人愉悅的解脫，是歡愉甚至是狂喜的體驗。可是如果眞是如此，爲什麼人們大多還是害怕放下呢？他們常常會害怕「瓦解」、會「失去**自我**」或「墜入坑洞」。我們認爲這呈現了人們與自身內在深淵之間的關係。人類許多內在與外在的行爲跟「逃避」有關，莫里斯・伯曼（Morris Berman）對這種「逃避」是這樣描述的：

> 人們因爲無法解決空虛的問題，發展出了「逃避」的模式，這其實是一種替代性的滿足，因爲無法達成主要的滿足——追求生命的完整感，於是人們迷失於過程中，並在兩者之間留下了巨大的鴻溝。英國小說家約翰・福沃斯（John Fowles）把這種空虛的感覺稱之爲「黑洞」，他描述它是反自我的，一種「無名小卒」的狀態。[1]

人類在體驗到空虛、無意義，或是發現自己無法成爲一個特殊的人時，就陷入了困境。

人類許多的努力都跟彌補這些體驗有關。在發現失去生命的完整感，其中並存有著巨大的鴻溝時，人們試著去找尋能填補這鴻溝的替代品。約翰．福沃斯在寫到黑洞時，是這麼說的：

> 沒人希望自己是無名小卒，……我們所有的行爲多半是爲了填滿或標示出我們內在核心所感到的空虛而設計的。[2]

未分化的階段

從受孕到出生，胎兒是在一個幾乎十全十美的子宮環境中生長。有些人推測，這個階段的胎兒完全無法體會自己跟環境是分開的。對新生兒來說，母親是自己的延伸，是提供食物和舒適的主要來源。這個十足的的原始自戀期（一切皆「我」）很快的又有了新的進展。嬰兒開始認知到某些部分的「我」是他無法控制的，因此攪亂了他內在的平靜。乳房、奶瓶和母親似乎有自己的意志，他們出現和離開的時間似乎並不符合嬰兒的期待。

他人

在不情願的情況下，嬰兒了解到這些不能控制的部分跟自己是分開的，因此他們築起一道牆，以便區分出自己與他人。此時，兒童仍舊處於相當自戀的狀態，牆內所有的事物都是他自己，越過這道牆，所有在空間裡移動的物體都是「他人」（母親、父親、兄妹及寵物）。兒童渴望這些物體，因爲他們能提供舒適、愉悅和安全感；然而因爲他們是有自己的意志的，所以也是危險的；爲了這兩個原因，這些在「牆外的物體」必須要按照兒童的意願來控制。

過渡空間

在初生的頭幾年裡，兒童的主要學習是區分自己跟他人。雖然出生時他們已經是與母親分離的個體，但有好長一段時間他們並不清楚這個事實。隨著兒童逐漸成長，這些在他們空間內的物體變得越來越難以駕馭了。而且在這個空間的外圍出現了越來越多的物體，持續擴大的外在空間現在被一堵牆分開來了。爲了保護自己，兒童從那些物體中退縮回牆內來，於是出現了一片廣闊而虛無的空間。這個由於退縮而形成的空間，變成了虛空（過渡的空間、深淵或黑洞）。

> 人從三歲開始，便一直感覺到分裂或空虛，這就是黑洞的實際面貌——失落了某些東西的空虛感。[3]

此時，兒童的空間是由牆來界定的。他們跟「他人」之間，被黑洞分離開了，「他人」就是在兒童的空間中最早出現的物體。由於物體在這個虛空中不受控制的移動著，所以兒童就會害怕黑洞和其中的一切。這些有著父母形象的人物似乎控制了這個虛空裡的全部活動，兒童非常看重他們，並且相信他們的力量強大。他們對兒童越和善，就是越可靠的盟友，兒童也就越覺得放鬆。那些無法控制的物體讓人害怕，並且被看成是「野蠻的」。[4] 比如作為寵物的動物如果能夠被控制時，牠們就是很好的盟友。而類似玩具熊這樣既象徵野蠻又能完全控制的物體，是最令人感到舒服的盟友。這種所謂過渡性的物體能幫助我們應付虛空中的恐懼。[5]

> 如果世界被切割為**自己與他人**，只能用**過渡性物體**來處置其間的裂痕，其危險在於，在其中的動物或物質可能霸佔過渡空間，如果不加以控制，我們便害怕會陷入一片混亂之中。[6]

黑洞的特質

魔力（magic）從黑洞之中產生，這是創造力和想像力的所在。對於兒童來說，這裡同時棲居著黑暗的勢力，以及光明的力量與創造力。因為在孩子的黑洞之中（通常是他們的床底下或是衣櫥中）會出現無法控制的怪物。這黑洞同時也是神仙、天使、小精靈和巨人的住所。任何從黑洞中出來又能在其中自由移動的人（比如魔法師、術士、父母或牧師）都擁有強大的力量。它是神奇與傳說、神聖與污穢的總和。在某些文化裡，能與黑洞妥協（對付黑洞）的野生動物，比如蛇、熊、老虎，會受到崇拜，爲的就是要控制牠們或安撫牠們，這樣牠們就不會傷害人類社會。

應付恐懼

在生命的極早期，我們就藉著重複的儀式來處理對黑洞的恐懼。在黑洞成爲我們的課題之前，我們把身體的排泄物當成自己的一部分。那時對於自己的糞便就像對自己的手指和腳指一樣的好奇。然而一旦黑洞的牆被界定之後，把身體的廢物排進黑洞中，就像失去身體的一部分而讓人感到焦慮，當排泄物離開已經界定的牆，墜入黑洞之中變成分離的物體時，它們就不再由我們控制，也因此而改變了我們對自己原有的自信心。從此我們看到人體排出的廢物就會覺得厭惡或焦慮。

假我

在生命的第一年裡，個人透過築牆、體驗黑洞而學習分離。在這個階段，兒童建造了一個稱之爲「假我」的社會結構，馬斯特森（Masterson）形容假我爲：「這些行爲、思想與感受，是因爲攀附外物的需求而激發的，並伴隨著逃避及壓抑個體化的刺激。」[7]這時「眞我」還沒誕生：

> 這時眞我還沒出現，眞我還在一種過渡期或萎縮的狀態，只是一種潛在的能量。假我的防衛功能，是爲了要提供一個假的自我認同感，並合理化那些爲應付現狀而產生的退化及強迫性的行爲……爲了防衛因拋棄而產生的沮喪，這樣的功能是必須的。[8]

自我的孕育與誕生

許多理論指出，兒童大約在兩歲時會開始孕育「自我」；三歲時自我終於誕生。[9、10]在兩歲到三歲的重要階段，兒童完成了自己與他人以及與環境分離的過程。大約兩歲時，兒童初次體會到自己是個分離的實體，這就是分離的自我的「孕育」。兩歲到三歲之間，當兒童出現自我的概念時，他們除了築牆的能力之外，也有了創造界限的能力，以界定內在的自我，這正好對比出爲了反應外在世界而築牆界定出的假我。滿三歲時，兒童有了設定界限與區別自我的完整能力，一個恆久的實體自我就誕生了。

從這個理論來看，自我的界限是每一個人與生俱來的能力，是生物的機能與生長的基礎。然而父母卻都傾向鼓勵孩童築牆，培養一個假的自我，而不是容許孩童透過建立界限來完成個體化。當一個人不訓練自己透過個人抉擇來設定界限的能力時，他的自我堅持與自我負責的能力就會開始萎縮。通常，人們在生命的初期便遺棄了自我（見第五章〈理想我——努力追求完美〉）；幸運的是，正像許多人在他們生命中後來所嘗試的那樣，重新找回自我是永遠也不嫌晚的。

持續的假我

跟所謂「現實」世界打交道的任務主要是交由假我出面，這假我是爲了跟家庭及社會中的權威人士互動而形成的。假我在牆內發展出來控制、操縱與運用策略等等它認爲生存必需的防衛工具。假我很需要被認可，又害怕被拒絕，於是變得永無止境的外在依賴。眞我在牆的背後生長，當它看到他人如此重視假我時，就要面對許多自我懷疑。

每個人終究都得決定自己該走哪一條路——是更眞誠的面對生命，因此而更負責任、卻也更孤獨；或是發展假我，變得更安全，更容易被別人接受。在兒童三歲或四歲時，假我的面具已經發展得相當完善。用我們的術語來說，眞我是跟**真實我**相關的，而假我卻是跟**理想我**有關的（見第五章〈理想我——努力追求完美〉）。大多數人選擇了繼續把**真實我**藏起來，而呈現他們的**理想我**。於是他們就跟自己的天性越來越遠了，老是戴著面具、扮演著角色。

亞瑟．堅諾夫（Authur Janov）把**真實我**被遺棄的那個點稱之爲「最初的場景」：

> 不論這分裂是因爲主場景的一場戲劇性的改變，或單純的只是一些副場景累積而成的結果，總有一天，這孩子會變得越來越不眞實。[11]

傲慢

當人們相信假我所建立起來的牆，又投入情緒的能量在其中的時候，就很容易變得傲慢（因過度的自滿而產生的傲慢與自大；誇大了的自信）；若有人以誠實的回應面質他們時，他們多半聽不進去，會用合理化、否認、含糊其詞、轉移注意力或是岔題等手段來防衛假我。除非他們已跟自己的傲慢達成協議，否則就算有機會可以呈現眞我，大多數人仍會選擇防衛假我。最早是因爲生存和被接納的需要而產生的防衛，到了後來這些防衛只是爲傲慢服務。

強迫思想——常見的防衛

強迫（obsession）思想是種一再反覆、極難作罷的**想法**；由於強迫思想而產生的反覆活動則是強制**行為**。[12]人們之所以會有強迫思想，其實是爲了處理黑洞中的空虛；心中若是充滿了反覆的想法，就會覺得安全有依靠，因爲被強迫思想所支配的行爲是人所可以預測的。也就是說，儘管黑洞中潛伏著混亂，但由於生命變得可以預知，人們還是覺得有相當程度的安全感。

很明顯的，大部分人的生命中是有強迫思想與強制行爲的。人們會陷入強迫思想（迷戀）的關係中，也會在家庭或工作上出現一些強制性的行爲模式。我們在另一本書《關係花園》中討論過關係中強迫思想的本質，建議人們把自己強迫思想的經驗告訴一個親密夥伴，在分享這個禁忌的過程中，人們會覺得更自由。不過，讓自己從強迫思想中釋放出來會有正反兩面的結果，已經做到的人會覺得更有能量、更有創意，但同時也會有更多的焦慮和不確定感。[13]

許多人不想面對本體焦慮，最順手的逃避工具便是強迫思想與強制行爲，他們因此成了其俘虜，把能量消耗在看起來重要的反覆行爲上。這樣的模式使人覺得安全：自己是如此忙碌以至於根本沒空擔心生命中會有的焦慮。他們已經把本體焦慮轉換成可預見的「神經質過程」。生命雖然變得沉悶無聊，但卻是自己熟悉的生活方式。他們放棄的是選擇的自由，是面對生命的每一個當下，與存在的不確定性。

黑洞基本上是築牆的產物。因爲他人都在鴻溝的彼岸（見第十六章〈架橋於鴻溝之上〉），所以產生了控制、物化（見第十五章〈物化〉）、依賴、指責和成爲受害者等需求。透過拆除築起的牆，假我可以縮小；發現有更多的選擇與堅持後，可以訓練眞我的界限。唯有重視這些問題，眞我的最大潛力才得以發揮出來。對許多人來說，這眞是個巨大的挑戰！

很多人從未活出完整的自己，他們最深的眞實面貌。他們只活在表層，但由於人性土壤是如此肥沃，以至於最表層的貧瘠收成竟給人眞實生活的假象。……多少人完全不懂什麼是「超自然英雄氣質」，不了解這點的人不會有內在的生命！然而他們也因這內在生命而被批判……於是，當死亡降臨，剝奪了社會提供的虛假支撐時，他們至此才發現自己的眞實狀態——那可怕而未開發的怪物，那殘缺不全的人。

——喬治．波那諾（Georges Bernanos）14

想一想：

1. 你目前生命中最難放下的是什麼？
2. 想一想，在關係裡你是如何「控制」對方？是「關心」還是「照顧」？
3. 生命的魔力（包括創造力與想像力），好像與黑洞有關，你又是怎樣去運用這樣的魔力呢？
4. 你所認為的「假我」有哪些？你現在感覺到的「真實我」又是哪些？

第十五章 物化【譯註】

嬰兒在出生後便與母體分離了，不過身體上的分離並不表示心理上也會分離。新生兒在經驗上和心理上與整個環境是混和在一起的，任何東西都看作是自身的延伸。由於知覺感官還沒發展完成，這些早期經驗便很難去界定清楚，在他們的生活領域裡，對飢餓或飽足、冷或熱、疼痛或愉悅、黑暗或是光明的體驗，不是完全有反應就是完全無反應，所以是一種整體式的反應。

爲物體命名

隨著知覺能力的增加，兒童逐漸能辨別身邊所有形體的大致模樣，並且爲這些形體貼上標籤。他們學會了識別一個來來去去的，看起來能減輕自己煩惱的巨大形體，最後他們把這

【譯註】Object一詞，在精神分析客體關係理論中譯爲「客體」，本書爲求減少專業術語，視上下文譯爲較口語之「物」、「物體」或「對象」。同理，Objectification在本書未使用專業術語的「客體化」，而譯爲「物化」。

個形體叫做「母親」（無論男女，能負起主要「照護者」功能的人）。在生命最初的十八個月裡，是知覺能力迅速發育，同時給物體命名的階段。這是孩子成長的必要過程，經由命名，兒童把經驗予以象徵化，把所知所覺組織起來，成爲可以再生的現實。透過區別與命名物體的過程，兒童學會辨認周圍的世界，並且賦予這個世界意義，他們逐漸發展出控制周遭環境的能力，這個過程對兒童的成長是十分必要的。

在命名過程中，兒童物化了身邊的世界。物化使兒童更容易理解、便於重複、並且易於控制這個世界。成長中的孩子在許多物體間出入，甚至玩耍。他們會離開主要的安全物體——「母親」遠一些，向四周移動。當他們爬行時，他們會回頭看，確定母親是否依然在那裡。當他們更有信心時，甚至願意跑到隔壁屋子玩耍，再不時用聲音跟母親保持聯繫。於是，兒童組裝了一個母親的形象——「內在的物體」（見第九章〈理所當然的態度〉）。[1] 當這個物體更加穩定時，孩子學習進入世界，安全的知道父母（還有其他與父母相關的保護）是存在的。因此，爲求心理上的控制和穩定性，把他人象徵化是很重要的方法。[2]

兩歲時，就算孩子爲物體命了名，卻沒有把自己和其他物體分開來，他們把不時來來去去的母親，當成是自己的延伸。常常抱在手中的玩具熊，仍是自己的一部分，而非不同的實體。確切的說，兒童看待所有命了名和物化的事物爲自己的一部分。這是嬰兒時期的「原發性自戀」。就算他們正在辨別分離的物體（因而強化了他們區分的能力），可是仍然把物體當作自己。所以兒童所擁有的物體是：我—母親、我—玩具、我—食物。

自我的孕育與誕生

正如我們提過的（見第十四章〈黑洞——內在的深淵〉），嬰兒在出生時身體與母體就分開了，但在兩歲之前還不會覺察到自我。通常在三歲左右，孩童的自我覺察能力建立之時，**自我認知**就誕生了；這時，兒童會眞實的認知到「我在這裡」！在「可怕的兩歲」時，孩子們著手試驗著運用自發性的意志，去建立一個屬於他們自己更穩定的經驗。這樣的情形大約在三歲時達到高峰，然後自我就誕生了。從此，個人就不再只是個固定不變的生物體，個人的意志和選擇躍升至顯著的位置（從背景變成前景），個人能夠開展個體化的生命。正如之前（見第七章〈成就或是掌握〉、第十章〈力量與權力〉）所論述的，個體化的個人有自主的行爲能力，生活在力量與自我覺察之中；這與「個人化」並發展出「假我」的人相反，這些人的動機是「權力」，他們想要的是「突顯自己」而非「挺身向前」。

與物體建立關係

這是和關係發展相關的有趣的支派。正如貝克（Becker）所描述的那樣，在兒童眼裡，父母是巨大而有權力的，是防止世界毀滅的保護者。[3] 然而他們也會開始認知到，若得罪了權力強大的父母，可能對自己會構成極大的威脅！因此，兒童的心裡便產生了矛盾的情緒：父母擁有足夠的能力來保護他們，以免他們受到世間的威脅，但父母也可以使用這股相同能力來毀滅他們。父母比生命還要巨大，是必須被崇敬、感激與畏懼的。於是，兒童學會了去預測這些大人的需求，並竭盡所能的取悅父母，爲的是掌控這些被他們物化的父母。兒童非常害怕會被拋棄，所以他們需要去控制那些被物化的照顧者。一開始，他們學著用蠟筆塗鴉和躲貓貓遊戲來誘惑大人，這種取悅行爲是相當簡單粗糙並且沒什麼作用的。然而很快的，這些取悅的行爲不但變得更熟練，並且還結合了外在依賴；在這個重要的過程中，人們面對自己臆測出來的外在世界對他們的要求時，會壓制自己的渴望。兒童建立起**理想我**（築起牆的自我），試圖要得到控制權，以便建構起安全感來對抗黑洞。就這樣，爲了發展一個築牆的自我，兒童選擇控制與操縱的模式，因此失去與**真實我**的連結，背棄了才要開始發展的**真實我**。這樣一來，爲了得到能夠控制外界物體的安全感，兒童否定自身的自主性與自我成長，他們被囚禁在一個物化的世界中。因爲無法學會與他人的人性連結，於是眞實的對話便不可能發生。這是布伯所描述的「我—它」關係。[4] 布伯認爲，要讓「我—你」關係開花結果，個人必須面對我可能不會永遠在此的恐懼，並且接受孤獨與自己無法控制外界物體的事實。這樣一來，眞實的個人關係才有可能產生。

持續的物化（它—它關係）

物化的過程是，剛開始先有知覺，然後用語言有系統的加以編譯。兒童對周遭的物體發展出態度與信念，然後與這些概念產生關連。這是大腦心智的專制特質，它創造了一個充滿象徵的世界。語言假定我們周邊的物體是眞實的，而且是有必要加以支配的。語言中同時還存有道德結構（對與錯、適當與不適當），用意是協助個人化的人遵循文化中的道德指導原則。[5] 照布伯的說法，這種以語言來維持的關係是「它—它」關係。在這樣的關係中，自我是個物體，周圍的世界也充滿了物體。[6]

幻想的權力凌駕物體之上

兒童面對周圍的物體會感到無能爲力，在體型與發展（甚至時間）上，他們看起來像是受害者。早期童年的幻想大抵是與「權力逆轉」相關連的，在孩子們的幻想裡，他們成了所有事件活動的中心，控制著其他人。去聽聽一個小孩玩洋娃娃或是玩具卡車時所說的話，你就會看到他們對權力、支配與控制的幻想，那些玩具便是幻想中權力逆轉的具體化。這也發生在人們作夢和對未來的想像中。「等我長大，你就變小了」，這句話透露出許多年輕人一旦得到朝思暮想的權力時，對事情發展所有的想像。當然，這些幻想也是奠定生命目標的基礎。我們之中有許多人都選擇了與我們早年幻想一致的職業。

性衝動與物化

由於體型和權力不足的關係，兒童無法實際體驗或實現他們有關支配的夢想和幻想。到了青春期，因爲性的發育與變化，帶給身體非常多的活力與興奮感，這是他們第一次透過肉體感受到權力的經驗。這樣的感受帶給他們支配與控制他人的可能性。通常，這股性的動力與早期無意識的幻想有關，也形成他對「性物體」（性對象）的特定選擇。這樣看來，物化是性衝動（sexual charge）的關鍵要素（見第二十四章〈性欲〉）。

超越物化（我—它關係）

在人與人之間眞實的關係裡，每一個人都必須去覺察、去認知，並且在過程中接納物化他人的事實。這些訓練都可以在溝通模式中實踐（見第三章〈溝通模式〉）。在關係中，即使他們捲入物化的權力，也還是可以分享幻想。確實，人們常常不是以人爲本的方式來與他人連結，而是以「它—它」的關係來物化彼此。當人們分享批判時，他們開始走出物化，和另一個人對話。承認物化就能把互動轉化爲「我—它」的關係。[7]

融入（我—你關係）

當雙方都發覺彼此的人性時，他們的關係就變成眞實的對話，這就是包含（inclusion）

的過程。

包含——是一個盡可能以最眞實的角度，想像對方是個獨特而完整的人的方法。這個行爲意味著去思考，你最渴望與之對話的伴侶，他在想什麼、要什麼、感覺到了什麼、或是意識到了什麼。[8]

在馬丁·布柏的說法中，人與人之間的關係是「我—你」關係。在這樣的對話中，雙方都是以人性的態度來對待彼此，而不只是把對方看作是物體。[9]在「我—你」對話中，布柏對包含的說法是：「包含是一個大膽的放任，要求一個人用最能激動人心的存在方式，進入他人的生命裡。」[10]

包含是指看到伴侶最明確的相異性（otherness）與其獨特性。也就是眞眞實實的看見對方，不簡化也不失眞。[11]

不確定的對話

當兩個人在不同的狀態中要彼此交流是非常困難的，比如說：一個人在「我—你」狀態中，而她的伴侶可能是在「它—它」狀態。缺少了親密的回應，她會不確定她對伴侶的覺察是否正確，於是會有一種緊張與不穩定感。要怎麼通過這一關呢？**好奇心**。當雙方都願意用坦承與開放的態度互動，用五個A（覺察、承認、接受、行動與欣賞，見第五章〈理想我——努力追求完美〉），就能讓雙方克服物化的限制而變得更能對話。[12]

物化是正常的

物化是正常的，也是早期心理發展階段必要的過程。不幸的是，人們傾向固著在物化的過程中，而阻斷了親密關係與揭露自我的進一步可能性。就積極面而言，物化在兒童時期提供了安全感，並且在後來追求權力和性興奮時產生刺激。

物化並非壞事，因此沒必要去阻止，但是，人們應該要認知到物化的限度。物化對人類而言非常有助益，能提供安全、維持社會習俗與日常秩序。然而，在親密關係中，物化必須被認知爲是自己個人的狀態，而不是「眞理」。如此，才能透過五個A（覺察、承認、接受、行動與欣賞）的過程分享對彼此的批判（物化）。

在對話時，所分享的任何事都可能增進親密——包含分享幻想、批判與物化。[13]當人們願意爲物化負起責任，並承認是他們在物化別人時，他們就建立起個人的界限。如此承認之後，個人會覺得更焦慮，但是會減少物化的程度，因此打開**真實我**的世界，跟他人做眞正人性化的溝通。

開始時，初學者常認爲他們應該單純的停止物化行爲，但是這樣做只是一種否定，只會更加的固著。如果試著擺脫物化行爲，人們只會繼續的被卡在其中。人們可以學習嬉戲於浪漫情調與其他物化的事物中，而不是把它當作最終的意義。同樣的，人們可以在因物化而產生的性衝動之中玩耍，而不是非要有結局不可。就像走進電影院，享受一場電影，然後再回到大街繼續生活。

在臣服於物化時，沒有抗拒的去揭露它們，人們就會放下對自己的妄念，逐漸和自己的眞實本性有更多的接觸，這是物化的靈性層面。人們一旦承認自己是在物化的「它—它」狀態，就能進入到「我—它」的互動中；當他們對別人的世界產生好奇心時，將再度轉化進入「我—你」的領域，這時就能允許彼此之間產生眞實的對話。

不與人連結的人，是不夠完整的。只有透過靈魂連結，人才能變得完整。在失去了它的另一面時，靈魂是無法生存的。而那失去的另一面，總能在「你」之中找到。

——榮格[14]

想一想：

1. 請分享對別人或自己貼標籤的經驗與感受。
2. 請分享被別人物化或去物化別人的經驗。
3. 如何平衡生活中必須扮演的角色與真實我？
4. 請分享親密與真實對話的困難與經驗。

第十六章

架橋於鴻溝之上

物化

在自我之外只是一片虛無，是一個**過渡的空間**（transitional space），每一個人都需要在其中創造自己的世界。我們用知覺器官創造了一個物體（object）的世界，透過感官所覺知到的都是這些物體，之後我們賦予它們意義。嬰兒注意到有些物體會移動，有些則是靜止的；有些可用來滿足自己的需要，其他的則可以不予理會。與讓人感覺舒適和愉悅的物體互動時（比如父母），經驗到的是正面的情緒；任何會造成不適與痛苦的物體，都讓他們產生負面的情緒。當正、負面的情緒反應都源於同一個物體（例如父母）時，嬰兒就會產生混淆，這些物體就變成既令人渴望又讓人害怕。一個活生生的、有反應的、還有自由意志的生物（比如人或者動物），通常令人又愛又怕，與其互動時，可能會受到傷害。在過渡空間裡充滿了讓人想要得到的物體，同時也充滿了令人恐懼的物體；而兩者通常是相同的東西。怪不得「控制」的議題對生命初期而言如此重要。

當全力在過渡空間內與許多物體角力時，我們不但要弄清楚彼此的關係爲何，還得決定這個空間內有多少是屬於內在的，又有多少是屬於外在的？我在何處終止？而另一個人又從何處開始？過渡空間內有多大的空間可以歸屬於自己的？我要在哪裡並且如何設下一道自身的界限？我跟我世界中的物體接觸時，應該是以靈活的方式，或是處處築牆防衛，而不建立界限？哪些是眞實的、哪些是出於我的想像？他人眞實的想法和意圖是什麼？我自以爲知道另一個人的眞實想法和意圖，但其中有多少是自己的投射？這些都是我們一生中永無終止的議題，也是絕大多數困惑的根源；它跟我們思考與連結的方式緊密相連。

內心自語・個人獨白・相互對話

湯瑪斯・薩茲（Thomas Szasz）認爲，「思想是自我的交談」，[1]「它出現在我們稱之爲『心智』的隱喻性（metaphorical）的空間」。[2] 這樣說來，所有的思想都跟語言相關；薩茲說，「現實就是自己跟自己說話的普世經驗」。[3] 因爲這種自我交談（即思想）是在私密的心智中，自我和自我進行著，它被稱作爲**內心自語**（autologue）。[4]

當兒童的身體與心智成長時，他們也會經驗到將自己和他人分開的「鴻溝」持續擴大。一開始，他人的接觸與聲音使兒童感到安慰，但是，當被要求分離的聲音越強大時，在記憶中由照顧者內射而成的形象，一個穩定的內在物體（見第九章〈理所當然的態度〉與第十五章〈物化〉），幫助兒童學會自己獨自往前走。在語言能力快速發展時，這個內在物體是兒童在他們心智裡最初談話的對象之一。這樣一來孩童會認為自己不是孤單的而感到安慰。隨著年月的增長，這個想法幫助孩子發揮出各種複雜的功能（包括解決問題），這些功能在處理鴻溝與過渡空間的問題時，是很有用的。（見本章下節「過渡空間」與「鴻溝」）。

不幸的是，只靠獨自思考而要在鴻溝上架橋是不夠的，通常只會導致誤解與自欺。小時候，兒童發現可以用語言來引人注意與控制他人。在過渡空間裡，除了用語言來**思考**（如同內心自語）之外，**表達**自我的存在也能成功的引人注意。透過這種表達，兒童揭示自己的需求，並期待可以從「物體」（最初是照顧者）那裡得到滿足。因為小孩還不懂欣賞他人，於是他們採取「個人獨白」（monologue），這種表達方式就好比舞台上的演員一般，他告訴觀眾這個角色內心發生的種種，卻無法得知觀眾內心發生了什麼事。由於大多數人的發展未能超越此溝通階段，彼此的互動是由**相互的個人獨白所構成**，雖然暫時填滿了過渡空間，卻只有少許的或根本沒有充實感。

當人們專注於去認識自己與他人，並且向他人承認時，就會從「物體」轉為發現他人（以及自己）的世界。在這之前，要先對他人產生興趣，並將之視為獨特的、自發的、能自己做主並且負責任的人，可以感受與欣賞此人的種種內在經驗。這些都是「包含」的自然本質（見第十五章〈物化〉）。這時候就能分享彼此的內在經驗——真正的**相互對話**（dialogue）。如此才可能把被物化的人轉化為真實的人，**生活並感受**到與他人的連結與自己的生命定位，於是「鴻溝」就淡出成爲背景了。

嬰兒早期的心智經驗是「前語言」（原始母語），內心自語，根本不曾覺察到他人。當人在個人獨白時，他人是被物化的。只有在相互對話時，才會眞正欣賞到自己與他人的特質。

過渡空間

簡而言之，每個人都在與過渡空間角力，去體驗自己與他人、物體以及社會習俗（另一種物體的形式）之間的鴻溝，而其中最令人擔憂的是我（I）與自我（self）之間的鴻溝。我與自我之間的鴻溝是源自於另一種物化的行爲。生命的重要目標是在個體世界中，透過與各種事物建立關係來成爲一個獨立自主的人。在個人的世界中，到底物化或是人性化周遭的事物到什麼程度，是人們可以選擇的。物化他人就是忽視其人性特質，也就是**一概而論**（比如：「大家都那樣認爲」）、**政治化**（比如：「男人在表達自己的感受時都是有困難的」）。人們可以透過自我負責，與**人性化**的方式（比如：「我是這樣感覺的」）來超越物化。

道德

過渡空間的混沌所引發的焦慮似乎難以控制，人們覺得需要去組織與控制這個空間，於是便創造出意義，也就是用「對」與「錯」、「好」與「壞」來評斷事情。這樣一來，人們就建立了道德規範來指導自我與他人的互動，以提供個體與文化的延續性與安全感。不幸的是，道德的重要性已經超出了它的基本功能；它被僵化成法典，並被賦予過多的意義。各種宗教、文化的創建常常就是依此方式形成，個體的愉悅也因爲持續性的集體理想而被犧牲了。[5]「文化改觀」（acculturation）意味著集體大量的物化行爲，歷史上，數百萬人因爲文化與道德因素遭到屠殺。「物化」他人幾乎就等於掠奪他人的生命（像：「敵人」、「異教徒」或「野蠻人」）；在戰爭中，因爲敵人早已被去人性化，所以眞正對肉體的殘殺只是更加物化他人的一小步而已。這是軍事訓練中教導士兵將「敵人」去人性化的原因；一個有小孩的父親要去殺另一個有孩子的父親是非常困難的，但「戰士」殺死「敵人」，「征服者」殺死「土著」，「信仰的捍衛者」殺死「持異端邪說之人」則要容易得多。

壓抑與否認

跟過渡空間相比，人們內在空間裡的混沌較接近自我，因此要更令人恐懼。許多發自內在的衝動和感覺（如殺人的欲望）是無法被接受的，這時最方便的解決方式就是壓迫和否認，並把它們投射到過渡空間去，使外在世界變得比以往更可怕。這類投射的對象通常是他人與「野生的」動物——一些有著自由意志，而難以控制的物體。大多數的兒童在幼年時便開始這類的投射，這就是爲什麼他們會纏黏著他人並且在他人面前「顯得羞怯」；他們在可以控制的物體中因有保障而才有安全感，例如母親、玩具熊或奶嘴。如果人們在過渡空間裡無法有效的控制物體，他們很容易經驗到焦慮，並可能引發恐慌。他們所壓抑的是：他們無法接受自己是壞的，這種恐懼源自於內在空間、並被投射到過渡空間。如果沒有一個可以投射的物體時，個人會感受到普遍性的焦慮；被投射的物體則被認定為「敵人」、「野蠻的」或「瘋狂的」。除了個體之外，似乎整個的文明都需要這些投射的物體，甚至為它們建立起永久的體制來。

鴻溝

因此，在過渡空間中，個人在自己與他人之間建立了一道鴻溝。一切未知都被解釋成是不可控制的、具有敵意的。許多男人和女人，文化與社會，宗教與制度，都是以這樣的方式來對待彼此。在關係中，這正是孩子與父母之間變得疏遠、伴侶之間離異的過程。鴻溝得以持續是由於道德的建立，一些人總認為自己是「對」的，而其他人是「錯的」。人們結下怨恨是為了支撐鴻溝，懲罰他人。消除鴻溝意味著不要再基於方便而隨意拿些物體去投射；這樣一來，人們不得不面對內在的恐怖，去處理那些源自內在空間的不被接受的衝動與感覺，最後願意對自己**負責**。以同樣的方法，社會體制也可以負起責任，而不是指責和迫害其他的體制與個人。然而，負責任的狀態實在是不常見的，因為伴隨責任的是巨大的恐懼與焦慮，這就說明了爲什麼個人與社會不惜一切的黏附於僵化的道德是非之上，而不是選擇放開控制並體驗幸福。

通常，擁有權力與控制權、總覺得自己「對」的人，是不會關注鴻溝的問題的，他們將之視爲那些權利被剝奪者的問題；這些「受褫奪公權者」是被社會體制或家庭遺棄的，很難有機會參與決策，但決策結果又對他們的行爲、生活方式或生計都有影響。另一方面，處於支配地位的社會體制或家庭成員，對上述被邊緣化的人不感興趣，因爲這些所謂邊緣人的「桀驁不馴」，常常是最有創造力的。然而遺憾的是，這些受褫奪權利者經常會與有權勢的一方（社會或家庭成員）處於敵對狀態，而在這樣的對峙中浪費了自己的創造力或資源。而通常損失最大的往往不是那些身陷其中之人，而是間接被牽連的人。兒童在父母婚姻破裂的訴訟過程中，受的苦往往比父母多。社會機制間的爭戰中，案主往往因此而無法受到更妥善、對他們的福利關係重大的服務。在戰爭中，百姓被屠殺的狀況經常要比戰士更爲慘重。

否認身體

在自我與身體間所形成的鴻溝就更值得討論了。由於人們常常認定自我與覺察、意識是一起的，因此通常會認爲自我就是心智，獨立於身體之外。由於身體內發生的許多狀態是無意識及不可控制的，於是人們將之視爲一件物體，貶棄到過渡空間中、自身以外的地方。由於身體總是與他們同在，人們就把身體變成了一道便利的帷幕，可以隨時在身體上投射他們的焦慮、恐懼、憤怒、怨恨和愛。於是許多人把自己的身體看成敵人，切斷和身體的關係並且跟它保持距離。與自己的身體分開，許多疾病便會開始滋生，遠超過人所能控制的範圍。

我們本來就可以與自己的身體友好相處，擁有感受並且跟自己的身體很親密。人們若與自己的身體越疏離，就會越加的害怕與防衛；與自己的身體分得越開，與別人的距離也就越遠。

架橋與療癒

在自己與他人之間的鴻溝上架橋時，人們能學會讓自我與物化的自我達成協議。在療癒與他人之間的裂縫時，自己內在的分裂也會療癒。一般都相信，在你能夠愛人之前，應當先學會愛自己；不過更有可能的是，**當你學習愛別人的同時，你就學會了愛自己**。帶著你自己往前並向另外一個人揭露自己時（親密的行爲），你會發現自己與他人的距離曾經多麼遙遠，而自己和自我之間又是何等的分裂。對此分裂的覺察可提供療癒自己與他人、自己與自己這兩道鴻溝的機會。當人們把自己揭露給他人時，他們會覺察到物化其實是對自己洩恨；在如此親密的交會中，自我與他人都得到了認識。

從依賴到自我負責

最原始的愛（loving）是「照顧」他人；嬰兒不顧一切的需要得到「照顧」，而母親則以照顧孩子來表達她對孩子的愛。成年人用類似的方式照顧他人，特別是那些無助者和任性的人，這樣做時，他們可以忽視自己內心的無助和野性。需要幫助的人則需面對信任的問題——別人是否値得信任？是否眞能提供我所需要的？此外，幫助者常常控制被幫助者，因此會將更多的過渡空間佔爲己有。助人者與照顧者若一直要別人愛慕他，並需要被幫助者的依附時，他們就更加的物化了他人，並且擴大了鴻溝。

認識（recognition）是一種更加成熟的**愛**（loving）的形式，在這當中人們認知、尊重、接受自身和彼此的生命及其獨特性。當每個人都能爲自己負責時，那麼人們在相互照顧中就不容易產生物化。在這種**愛**的狀態中，人們會意識到自己所建構的鴻溝是不必要的。於是他們的力量與自信就開始增長了。他們還會慢慢找到個人信念(確定生命可以延續的感受）——一種在個人內在資源裡，自我定位上，面臨非存在時的存在的信念。

一起回家

一旦認識到是自己創造了鴻溝，並承認它在各方面對我們曾經有過的幫助時，就可以開始對自己的生命負責。我們不會在鴻溝的岸邊盯著他人——看別人能夠提供什麼，是否値得信任——人們開始有一個信念，相信自己可以盡情展現生命，可以成就自己，進而能夠承認並接受自己和他人的存在，還有，對彼此的獨特性感到好奇，學習雙方可以貢獻出什麼，以創造絢爛的過渡空間，因爲我們會在其中一起成長茁壯。

我們也將學會尊重所有的生命和萬物，因爲當鴻溝不復存在，**生命和萬物就是我們**。

> 如果所有的野獸都消失了，我們將在靈魂巨大的孤寂中死去，因爲發生在野獸身上的，必定會發生在我們自己身上。萬物皆相連。地球所遭遇的，地球的子女也必將遭遇。——西爾司酋長（Chief Sealth）[6]

想一想：

1. 請分享在長大的過程中與照顧者（父母）分離成為獨立個體的經驗。
2. 請分享用道德、宗教、文化的法典來規範自己與他人、解決內心的焦慮、建立安全感的經驗。
3. 請分享自己的投射。
4. 請分享自己生命中從依賴到自我負責的經驗。

第十七章 道德

本章中的許多內容曾在前面討論過（見第十二章〈焦慮——朋友還是敵人〉與第十六章〈架橋於鴻溝之上〉），此處是這個最重要議題的摘要。

存在的焦慮

人類在「本體性」或「生存性」焦慮之中出生，這種對非存在的恐懼根植於人性之中。根據保羅·蒂利希的說法，所有焦慮都是這個基本焦慮的不同表現形式。[1]在靈性層面上，人們在面臨生命與生俱來的無意義和虛無的同時，也體驗著焦慮。我們大多數人都太過恐懼於體驗生存中本體或靈性的層面，所以就很自然的把道德拿來做擋劍牌。但在道德的層次上，由於人們生存在絕對的恩典與譴責的緊張狀態中，他們每天都會有罪惡感（guilt）。一言以蔽之，人們通常會選擇生活在道德規範的情境之中應付基本焦慮，而不是選擇去面對非存在的焦慮。這樣做時，他們的生活是受限的，是充滿罪惡感與缺乏生命力的。

道德的規範

道德涉及的是一個「對與錯」的體系，在這之中某些行為和態度是「對的」，另外一些是「錯的」。生活在「對的」規範尺度上就是好的，生活在「壞的」選擇中時就不好。因為人不可能完全照這些規範生活（擔心自己會犯錯），所以經常處在罪惡感之中。

道德假定了正確與錯誤，眞實與虛假的二分法。當人們說這是眞的、假的或對的、錯的時，呈現出來的正是一種道德立場。

道德的立場是去人性化並且是物化的。當我用非好即壞來看待自己時，我就是一個「物體」；當我說你是對或錯的時候，我並沒有欣賞你這個「人」。若要與人建立人性化的親密關係，人們就必須放棄用道德的眼光來衡量事物，不幸的是，這樣等於是向自身的虛無、孤獨和無助所引起的焦慮敞開大門；但是如果有勇氣這樣做的話，人們也有眞正體驗自己與他人的可能性。

嬰兒的黑白世界

新生嬰兒被架構在道德的框架上行事，他們的世界是全有或全無、黑與白、苦與樂、好與壞的兩極對立世界。客體關係理論學者說，孩童企圖一次體驗一個極端，不是全有就是全無的感受，[2] 比如，「好的」感受是由乾燥的尿片、溫暖和飽足所帶來的愉悅，「壞的」感受則是疼痛、飢餓、太冷或太熱。媽媽對孩子有求必應時，就是全好，否則就是全壞；兒童也會以同樣的方式來看待自己，要麼全好，要麼全壞。從很早開始，兒童便與周遭的人融爲一體，因此，嬰兒期的自我—他人的共生現象，在他們的經驗中不是全好就是全壞。

兒童在物化的過程中，學會把自己跟他人分開來，同時也學會了給自己及他人貼上標籤。於是，媽媽可能是好的而孩子是壞的，或者相反。這個範例在孩子往後的成年關係中與人互動時會一再出現。當你不同意我時，我就總會想我是全對的而你全錯了。這其實只是運用好與壞的道德框架所做的嬰兒式思考。

生命的抉擇：個人化或個體化

在兩到三歲之間，自我逐漸「孵化」成一個自主的、分離的實體（見第十四章〈黑洞——內在的深淵〉與第十五章〈物化〉），隨著自我覺察，身體也開始有了感覺，正如伯曼（Berman）所描述的發展出動覺的身體。[3]在那麼幼小的時候，我們每個人就得做出生命中重要的抉擇了。小孩可以選擇面對焦慮與分離，臣服於生命；或是試圖控制周圍的環境，避免因分離而產生的痛苦與焦慮。絕大多數的孩子選擇了控制，使周遭的一切都在掌握之中。當然，父母也可能選擇了一個順從和個人化的生活，讓自己覺得舒服，所以孩子沒法有個體化的模範角色可供追隨。於是，人們透過尋求認可、操弄、注意外界與外在依賴（見第五章

〈理想我——努力追求完美〉、第六章〈界限〉、第十章〈力量與權力〉）而發展出築牆的自我。在這個成長階段裡，物體被看作「非我」，這些物體必須能在掌握之中，才能保護牆內的自我。

道德的功能

隨著牆內的自我（假我）的建立，道德成了提供行爲準則最方便的工具；它也提供了安全感，孩子需要學習符合道德的適當行爲才不會被拋棄。於是，規條與罪惡感成爲有力的控制，使他們一直有強烈的傾向要做「好孩子」，甚至成年之後依然如此。很多人的一生都是活在角色裡、規條中或是社會習俗之下，目的是爲了取悅他人。許多人選擇過著以外在世界爲準的、安全的、傳統社會習俗的生活，而不去勇敢面對發展眞實本性的風險。個人經常爲了取悅外界而累積出一些行爲規範，爲了生存而掙扎著依循這些規範。在這樣的框架上，當一個人逾越了道德規範而要懲罰自我時，**罪惡感**就變得很重要了。罪惡感是內在的警察系統，是使假我覺得安全的方式。難怪我們很容易就會有罪惡感，而一旦知道自己是在贖罪就覺得心安理得，因爲這樣就不會被逐出王國了。

罪惡感與羞愧感

理想我是道德（規條、指令、限制）的呈現。外在依賴的外化過程實際上是爲了**理想我**（假我）而放棄了**真實我**。拒絕個人本來眞實面貌所付出的代價就是自恨，而權力則是它的報酬。因此，**理想我**就在罪惡感與自責中運作起來，產生功能。羞愧感是隨著一個人對自我的認知而生出來的，因此羞愧感是通向**真實我**的途徑。在羞愧感中，我呈現出來的就是我本身。

回家之路

奇怪的是，身體常被看作是「壞的」，所以人們失去了與生俱來對肌肉運動知覺的體會。對於跟自己身體失去接觸的人來說，「回家」之路是去熟悉自己身體裡尚未發展出來或是已被遺忘的知覺與感受。當我們能對**自己身體裡**的知覺與感受有所覺察時，喜悅就會油然而生；同時，一個人也會同樣敏銳的覺察到自己與其他生命是分離的，覺察到非存在的焦慮——本體焦慮（見第十二章〈焦慮——朋友還是敵人〉）。當人們越是變得自主，就越認知到自己是孤獨的，而去面對非存在的黑暗恐懼；同時，他們越能深深進入身體知覺與情緒的經驗，就越能面對焦慮與罪惡感。

超越道德的個人倫理

社會是由「對」與「錯」的規條所構成，法律代表了道德的規範化，並且提供了行爲指南。在法規與道德規範之下，民眾不是以人性化（personal）的方式被看待，而是必須服從於它。要變得人性化，人們必須把道德轉化爲個人情境倫理，在任何狀況下都能依循個人倫理做出決定，而不是依據法律。當人們開始爲自己著想，並且質疑法律、社會習俗與既有的角色時，他們就會從社會秩序中疏離出來——更能跟**真實我**接觸，而不再是受到制約的道德化的人了。常跟自己的**真實我**接觸的成熟之人，會根據對自己、對他人，以及整個社會背景的敏銳覺察，做出合乎倫理的決定。因此，這不是一個不夠敏銳的自私行爲；這樣一個合乎倫理的狀態需要高度演化的、跟生命之間極爲敏銳的關係。[4]

這並不表示一個眞實的人就全無原則。這樣的人會在與環境的對話中，不斷根據情境倫理做出敏銳的決定。爲了能成熟的跟**真實我**進入深層共鳴的狀態，他們必須摒棄方便的、傳統規條的引領，而以情境倫理取代之。在情境倫理中，他們做決定是因爲整個生命存在的呼喚，他們依憑的指南是自己的良心與榮譽的法則。

宗教與靈性

宗教與靈性都是處理生命的空虛與無意義的手段。宗教大都有既定的行爲規範，因此是道德的。但靈性是尋求普世原則的個人經驗，是非道德的，需要眞實個人當下的展現。

政治化與個人化

政治化（politicization）是把經驗物化了，是把自己的道德強加於他人身上的過程。當一個人認爲其他人是「錯」的，並且加以指責時，就是**政治化**。當人們分享自己的感受（不論正面或負面），並且不堅持其評斷是「正確的」時，他們是**人性化**的。在任何的互動之中，我們可以選擇「人性化」或是「政治化」，任何時候當人們堅持他們是「正確」的（或是「錯誤」的，感覺有罪惡感並自我指責）時，他們就是屈服於道德了。道德可以是一種逃避生活的懦弱方式；呈現個人則是勇敢的邁向未知，以及回應式的與他人及環境互動。

指責與正直

指責使一個人無法負責任的成爲自己。當人們指責他人或是在罪惡感中指責自己時，他們就是從生命中退縮。當他們接受自己與他人，也不強迫自己與他人必須一致時，他們才能進入使生命豐富的對話。爲了與另一個人契合，他們經常必須放掉自己對「正確」的需要。許多政治化的原因，開始時是基於個人感受的，但是往往很快的就無視於他人的生命，而從個人感受降爲好戰式的激情；原本可以對話、結盟或是相互學習的，卻只剩下指責與找碴。在試圖「正確」的時候我們失去了自己與對方。在確信我是「正確的」以及我知道「眞理」時是無比的傲慢；正義引發的傲慢是緊繃的，缺少了生動對談時重要的包容與接納。認爲自己是正義一方的人常常鄙視與自己見解不同的人，認爲對方是不夠好的，或根本是錯的；在鄙視的同時，他們從生命中退縮了，變得容易生病，變得不夠充實。指責物化了他人，也失去跟他人對話的機會。不幸的是，對大多數人來說，人們常常會像下面的描述一樣：

人們通常寧願是正確的而不願是幸福的。——黃煥祥

想一想：

1. 你在看待事情的時候，有沒有一定的標準？其規範尺度為何？
2. 回想一下自己為了追求理想我的「正確道德感」而放棄真實我的往事，此刻的感受如何？
3. 你能分辨個人倫理與道德的差異嗎？請舉自己的例子，說明你同意或不同意這兩個觀點。
4. 為什麼作者會說只要你認為自己是「對的」，或是只有自己的意見才是「真理」時，就會被解讀成是「無比的傲慢」？

【第三部】

感受

我們每個人都知道他是活著的，我們也想要更有活力，因爲眾所皆知，他一直沒有活出他應有的、想要的活力；不過這也是我們的狀態。有些日子我們是那麼有活力，也有些日子我們感覺自己滑入內心無情聚集的死亡浪潮。然而我們一而再、再而三的裝聾作啞，忽略了可以活得更充實的機會，這是人類經驗中的大悲劇。

——詹姆斯·布堅塔爾（James Bugental）[1]

第十八章　罪惡感與羞愧感

罪惡感（guilt）與羞愧感（shame）的概念常常被誤解或相互混淆，其實這兩者是非常不一樣的，有著不同的感受、結果與意義。因此，給出明確的定義是很重要的，這樣才能更清楚的分辨與了解它們。[1]

西方的心理學與哲學著述幾乎清一色著重於罪惡感，卻很少提及羞愧感。西方神學和主流宗教也基於同樣的脈絡，把罪惡感看作是人類共有的狀況，很少提及羞愧感。當人類認知到羞愧感的時候，多數傾向於負面的評價，因爲人類寧願不要感受這樣的狀況。常見的訓誡「你眞不知羞恥（shame on you）」，一語道出社會文化對這個現象的偏見。像個詛咒一樣，當一個人被觸犯時，就會希望彼此雙方都蒙羞。

評價罪惡感與羞愧感

「你眞不知羞恥」這句話是錯誤的用詞。人們這麼說的眞正意思其實是「你是有罪的」。罪惡感被視爲社會必需品。尼采說罪惡感是人在「債主」與「負債者」關係中，必須償還的款項，罪惡感的流通就像布匹中的經緯線一般撐起了社會結構。[2] 雖然尼采本人並不重視罪惡感，但是他承認就整體文化層面來看，人類的確傾向以正面的觀點來評估罪惡感。當一個人的行爲妨礙了另一個人時，他會以覺得有罪惡感來爲自己贖罪。罪惡感是一種貨幣，一個人可以憑藉它，爲自己施於他人的不良行爲做出補償。西方文化中有相當大的一部分是建立在以罪惡感作爲報償的基礎上，而非西方文化中也常出現這種狀況。

在某些古代亞洲文化裡，羞愧感是被極爲珍視的情操，是十分重要與寶貴的。在佛教中，羞愧感與信、定、愼、無我和慈悲，同樣被視爲對健康有益的意識狀態。[3] 雖然某些東方的文化傳統是重視羞愧感的，但是西風東漸，目前東方幾乎與西方一樣極爲重視罪惡感。此刻這個現代化的世界，罪惡感被高度重視，羞愧感則是被貶低。

定義罪惡感與羞愧感

我們把罪惡感定義爲一種涵蓋懊悔、自我譴責、沮喪、焦慮和害怕懲罰的複雜情緒；在我們違背了某些行爲規範時，這些情緒會被引發，而這些行爲規範最初是由外在界定的。羞愧感的定義則是包含了困窘、暴露、痛悔和焦慮的情結，源自於對自己並非完美的認知。沙特對羞愧感有此一說：

我對自己是怎麼樣的人感到羞愧，因之是自己與自己的親密關係的體認。藉著羞愧感我發現了自己存在的面向……羞愧感的本質是一種認知，我認知到我就是他人看我的樣子。4

罪惡感是因外在的因素而產生的，是非人性化（impersonal）的。在感到罪惡時，他就把自己看成是違背了某些道德規範；因此，罪惡感涉及一個人的自我日漸遲鈍與物化自己。另一方面，羞愧感則是個人內在覺察到自己可以做到而未能做到時產生的感覺。在羞愧時，他是脆弱*的、暴露的，也是非常活在當下的。這情況跟存在主義作家所稱的存在主義的罪惡感相似；羞愧感跟自我相關，並且是十分人性化（personal）的。在有罪惡感時，人是冷淡的、退縮的、物化的，並未處在當下；感覺羞愧時，人會是溫暖的、臉紅的、處在當下的，是個眞實的人。

因此，**罪惡感是非人性化而羞愧感是人性化的**。在感到罪惡時，一個人的眞正本性是被否定的。罪惡感是基於社會的便利，一個人心裡覺得罪惡是爲了避免對自己的所作所爲負起責任。有人說罪惡感是在不覺察或不願改變時，繼續依照過往習慣行事的藉口；這時罪惡感就是逃避。只要說一聲「我很抱歉」，個人就能對他的罪過付出代價，而不用對此事更進一步的內省。羞愧感則是對自我的認知，因而奠定了改變的可能性。概括的說，羞愧感是跟個人負責有關的，罪惡感則是避開個人的責任。

這些對罪惡感與羞愧感的定義，跟約翰．布雷蕭（John Bradshaw）提議的很不一樣，他認爲羞愧感的濫用導致的「有毒的羞愧感」，是一種做了錯事而對其感覺抱歉的狀況。在我們的界定中，布雷蕭所提的「有毒的羞愧感」可能只是另一種形態的罪惡感。[5、6]

本體焦慮

存在主義的作家們曾提出，人類最終要面對的是自己的非存在（本體論或本體的狀況）；在活著時，我們要面對自己不可避免的死亡。本體論的課題是：**存在面臨非存在**；這是人類生存最底層的一個絕對狀態。因爲這樣，在我們生活的底層潛伏著一種巨大的、無處不在的焦慮感（通常稱之爲憂慮、畏懼或是存在焦慮）。換句話說，這是我們面對自己命運時的體驗（見第十二章〈焦慮——朋友還是敵人〉）。

這底層的焦慮是我們存在的基礎，但是要分分秒秒去面對它就太可怕了，所以人類就把這種基本的焦慮，轉換成更容易駕馭的形式——用靈性焦慮和道德焦慮取而代之。從靈性的觀點來看，人們之所以會焦慮是因爲認知到目前的生命明顯缺乏意義，而感受到的一種深深的空虛感。

道德焦慮與舉止合宜

通常，人們不願意去面對非存在與無意義，而選擇在對／錯的道德框架內、在舉止合宜的範圍內過日子。從道德的角度來看，我們把底層的焦慮用好與壞、對與錯的形式去體驗。認爲自己做錯時就會感到焦慮（罪惡感），認爲自己做對時焦慮感就得以減輕。這種道德立場的根源即是對能否存活的恐懼。

人們很早就懂得了這個道理。當兒童覺得不安全或不確定的時候（本體焦慮），他們會有被拋棄的恐懼。也就是說，家長（父母或照顧者）似乎是站在兒童和強大的威嚇力（可能會死掉）之間。如果家長被取悅了，小孩就會繼續感到安全，因爲他是在被保護的狀況下；如果家長沒被取悅，也許就會棄孩子而去，小孩就可能會死掉。簡單的說，孩子會盡力取悅父母，爲的是保障自己持續得到支持與保護，如此一來，孩子養成了一種盡力符合他人期待的生命模式，並且開始發展外在依賴的態度與行爲。在這個過程中，個人把注意力從自己的內在轉向外在的權威。如果孩子能取悅家長，就不會被父母拋棄，因此得以存活。這個取悅他人的態度會持續到成年。深究舉止合宜的根源，是想要得到安全感的渴望，是生死存亡的課題：爲了避免被拋棄而無法生存，個人需要被別人接受。

理想我

在兒童長大時，他們漸漸勾畫出一個父母對他們的期待的圖像，並內化成「超我內射」（the superego introject，精神分析學家用語），或是我們所說的「理想我」（見第五章〈理想我——努力追求完美〉）。這個內在的聲音變成了一個嚴厲的監督者，是這個人隨身攜帶的內化的法官。這個內在權威的要求甚至比當初父母的標準還要嚴格。當這個內在的法官沒有被取悅時，它會厲聲批判當事人，斥責他們很壞，必須被處罰，而這處罰的形式就是罪惡感。當個人感到罪惡時，監督者就稱心滿意了，因爲奴隸受到控制了。因此，罪惡感的作用就是讓這個人在控制之中，用內化了的**理想我**來加以指揮。所以，有罪惡感的人是去人性化（depersonalized）與物化的，個人的體驗漸漸消退，被物化的囚犯必須用罪惡感來爲自己不端正的品行付出代價。

罪惡感是去人性化與物化的

罪惡感意味著非存在，是對自我的否定。然而人們似乎寧願爲所做的錯事感到罪惡（道德面），而不願意面對無意義與空虛（靈性面），或是生命中與存在時時相隨的非存在（本體面）。罪惡感是向權威的力量屈服，是去人性化的。在這過程中，人們跟自己的本然失去了聯繫（因爲其中有著個人不願意面對的焦慮）。

生理學觀點的罪惡感和羞愧感

罪惡感與羞愧感的感受，是由管理身體生長功能的自主神經系統來調解的。一般來說，罪惡感是一種趨向關閉和收縮的活動，因爲它是譴責與自我物化的表現，因此生理上會產生緊繃、收縮和感覺遲鈍等現象。羞愧感則相反，它是一種自我開放，隨之而來的是對自我的認知。處於非常人性化與脆弱*的狀態，感到羞愧時會有一陣身體存在的奔流、臉紅。要區別罪惡感與羞愧感，簡單的問法就是：「你感到熱還是冷？緊張或是放鬆？」感到罪惡時，人會覺得緊繃、寒冷、伴隨著孤立、退縮或距離感，還有一種沉重、不舒服或麻木的感覺。感到羞愧時，人會覺得發熱、臉紅，並感到脆弱*和暴露。覺得難爲情是羞愧感的一種方式。有羞愧感時，個人覺察到自己的行爲，並且願意在自我認知的狀態下對自己的參與負責。

心理觀點的罪惡感與羞愧感

在物化和自我定罪的罪惡感中，自我被深深的隱藏並且去人性化了。在罪惡感中，個人自環境中被剝離出來，並且處於一種非存在的狀態。在感到羞愧時，那種感受是高度內省與人性化的；自我得以呈現並且處於存在的狀態。罪惡感存在於道德的層面，羞愧感則是個人生命的體驗。

罪惡感與羞愧感的參考對象

當人們覺得罪惡時，是把重心放在自己之外，而為了要得到社會的接納，人們試圖生活在道德規範之下。在罪惡感中，焦點是在外頭，其他人是參考對象，人們是自我定罪的。當人們有羞愧感時，他們就在自己心中，自己是被參考的對象，處於自我認知的狀態。

伊甸園

西方哲學一向是架構在罪惡感上並貶低羞愧感的。這種態度在伊甸園的神話故事中奠定了更清楚的基礎。「創世紀」中說亞當和夏娃是做了錯事的人，他們因為聽信代表邪惡的蛇而墮落。上帝以祂的「善」制訂了一條律法，而亞當與夏娃卻違反了它；上帝懲罰他們，把兩人逐出伊甸園。亞當和夏娃是有罪的，身為人類的原型，他們替人類的經驗定調為：每個人都必須生活在原罪的罪惡感中。上帝是善的，是嚴格實施懲罰的公正審判者。亞當和夏娃因聽信邪惡的蛇而失足，從道德的角度來看，兩人當然要以背負罪惡感來為自己的過錯贖罪。

然而關於伊甸園的故事還有另一種看法。一開始，亞當和夏娃在自己的**認知**上是深覺羞愧，而不是有罪惡感。他們後來才有罪惡感，是盛怒的上帝對他們懲罰而生的掙扎。換句話說，他們根據參考自己而感到羞愧，罪惡感是後來跟他人有關聯時才產生的。在感到羞愧的時候，他們是在脆弱*的狀態中承認自己的。當羞愧變成罪惡感時，他們成為依賴外在環境與物化了的犯錯者。他們「人性化」的羞愧感變成了「非人性化」的罪惡感。西方文化中的這個伊甸園神話，使人們處於依賴外在環境並且去人性化的狀態。我們每個人都面臨著喚醒羞愧感，並且超越伊甸園原罪（罪惡感）的挑戰。

神學觀點的罪惡感與羞愧感

感到罪惡時，自我是被分離出去的，這是罪的範圍（拉丁語中的罪sine是「之外」的意思）。[7]而羞愧感中是沒有罪過只有無辜的，這是合一的條件。克里斯多福．李克斯（Christopher Ricks）是這麼說的：

> 羞紅了臉是極其重要的靈性經驗。[8]

關係中的罪惡感與羞愧感

在人際關係中罪惡感通常代表了一種控制機制，無助於親近或合一，也可能導致分離。它因為與支配、權力相關而會提高人的性衝力（sexual charge），可是它不會帶來親密。罪惡感使人不思悔改、我行我素，一點都不想改變；它是債主與欠債者之間的貨幣，因此是跟權力與控制相關的。

羞愧感是當自己非常處在當下，在自我覺察的情況中而產生的，因此羞愧感出現時應該要心生尊敬。如果人們對彼此都很接近，罪惡感是必須放棄的昂貴嗜好。在親密關係中，羞愧感是值得慶賀的珍寶；當人們覺得羞愧時，他們是處在當下並互相揭露的。

揭露與分享罪惡感可以作爲引起羞愧感的開端。罪惡感之道通常是由退縮到分離與物化；經過分享，這個過程就能逆轉，覺得罪惡的人就能處在當下而感受到羞愧。[9]

在罪惡感中人們經常有控制他人的企圖，他們提供的是物化的角色，而不是他們自己。在羞愧感中人們是脆弱*並且願意自我負責的。自負（以及常常伴隨而來的絕望）因罪惡感而產生，而在羞愧感之中，我們有體驗謙卑和加強自我覺察與自我接納的可能性。

罪惡感與羞愧感的不同後果

在罪惡感中人會變得僵化，沒有成長。而成長是隨著羞愧感中的自我認知而發生的。罪惡促使個人依賴外在的環境，羞愧則是培養出一份自由和自信的感受。罪惡感通常與沮喪共生，而羞愧感則帶來對自我感覺充實的痛悔。罪惡受義務的支配，而羞愧是自我負責的。罪惡引領懲罰、報應和來自他人的寬恕（因此培養了依賴），羞愧則喚起悔改而容許自由與個人成長。

想一想：

1. 你最容易在什麼樣的狀況下產生罪惡感？什麼時候產生羞愧感？
2. 通常你在什麼狀況之下會利用罪惡感達到目的，控制他人？
3. 在你的成長環境、童年經驗中，曾經有誰會利用罪惡感來控制你？現在還有嗎？
4. 你自己「內在的法官」最常和你說什麼？

第十九章 憂鬱

能量

人類是各種不同形式的能量呈現，包含了靈性、心智、情緒與身體的層面。這些不同層面的本質有：感官知覺、判斷、想像、思考、言談、行動、愛等廣泛的樣貌。整體來看，每一種能量形式都是相互連結著的，在一個能量形式中，能看到其他的能量形式，並且能呈現出整個宇宙的樣貌。此觀點與中國的道家思想是一致的，也和其他的自然主義的哲學觀點互通，這個觀點呈現出人類跟自然是緊密相關的，因此人類的體驗與自然界的變化是有其互通性的。每一種能量形式都是從另一種能量形式轉化而來（每一種能量形式**就是**另一種能量形式，只是以不同的形態來呈現）。人類能量的運轉狀態是具有循環性的，正如生與死、擴張與收縮、熱與冷、光明與黑暗、喧譁與安靜、秩序與混亂、靠近與疏遠等（見第二十六章〈同理心、共鳴與能量〉）。這些互通性常常是難以形容的。

大自然的神殿裡存在著許多有生命的樑柱

這些樑柱上有時會浮現出令人困惑的言詞；
人類穿梭於這些如林的象徵符號中
這些符號以熟悉的眼神注視著人類。

——波特萊爾（Charles Baudelaire）[1]

悲傷

人類內在世界的各種感受，正如同於外在世界溫度的各種變化；外在世界的溫度變化有不同的週期，正如同**人的內在會有感覺與情緒上的變化**。通常，人們在感覺與情緒上體驗的幅度，會在兩個極端之間轉換交替著。夏季的炎熱與光亮相當於擴張的溫暖與愉悅的樂觀。冬季的濕冷與易碎則相當於一種孤寂與貯藏情感的退縮狀態。春天充滿了各種新興的成長與迸發的新生命，於是一個人的內心也會充滿期待、希望與行動，有時是具有侵略性的。秋天時，因爲來年的播種而必須收割，空氣中瀰漫著哀傷的氣氛。這類似人們心中自然清淡的哀愁，它令人體驗到情感的深度與生命的意義。

每一個人內在的哀傷週期都是獨特的。個人的成長與發展，意味著在繼續不斷有新成就的同時，放走舊時的斬獲。哀傷即伴隨著這放手的情節而生——這股哀傷感受是生物性的、存在的、也是不可避免的。正如季節氣氛的改變，由寂靜的秋天變成快活的春天，人的感受也會轉化，除非此人失去了信念，變得焦慮不安、抓緊不放，否則春天帶動的復甦就會成爲行動、有意義與成長的變化。當人失去信念，他們通常會依循**精神官能性**的途徑找出解決之道，一旦選擇了**精神官能性**的出口時，也就開始爲未來的憂鬱症預留道路了。

憂鬱症

精神分析學家梅蘭妮．克萊恩（Melanie Klein）認爲，成長過程中，無可避免的一定要學會放手，不放手所導致的「孩童發展的中心位置」，會持續演變成「嬰兒期憂鬱心理狀態」，這現象相當的普遍。隨之而來是對所愛戀的對象的渴求，必須要「努力練習（修通），逐漸克服」這一點，才能完成整合性的成長。[2]悲傷是伴隨著放手經驗自然產生的體驗。

人類在生命發展初期就會遇到困難。新生兒需要刺激才能生長（人的碰觸、眼神與適量的聲音），沒有這些刺激，嬰兒會退縮到「**倚賴型憂鬱症**」（anaclitic depression，[3]與嬰兒期依賴有關的憂鬱症）[4]而停止生長。就算這些嬰兒存活了，仍然會帶著這些核心的空虛與無助感直到成年，他們一生的經驗都會染上這些色彩。這個在內在蔓延的荒涼與無能的感覺，在在影響著他們未來的關係，個人生命以及在工作中會如何做決定。這些人的成長可視爲被固著在「嬰兒期憂鬱心理狀態」上，他們甚至會退縮回更早期的（克萊恩式）「偏執—分裂心理狀態」（paranoid-schizoid position），[5]並同時伴隨著與被迫害意念相關的焦慮。

在這些階段中，若出現了不適當的解決方式時，焦慮或是固著的模式可能立即引發兒童期的憂鬱症狀；或者更常見的是，把焦慮與固著壓抑下來，到成年後才呈現出來。兒童期最常見的憂鬱症狀是：纏黏或是完全不依附父母親的形象。兩種狀況都是「外在依賴」；如果嘗試要發展任何關係，在本質上他們傾向於發展共生的關係——「他人」被當作是此人生命的一部分。這種依賴關係的特徵是：有取悅與順從他人的需要、想要「照顧他人」的渴望、希望成功或追求完美、低自我評價、缺乏創意與自發性、有迷戀及強迫思考的傾向（這是成癮人格的基本要素）、對他人的人格特質沒有好奇心（雖然投入了許多的注意力去取悅他人）、渴求得到他人的注意與讚揚、對挫折失敗的忍受度很低。

固著在「憂鬱狀態」的人，可能會在個人生活與工作上做些調整與補償，所以他們在表面上看起來是快樂且成功的，然而仔細檢驗之後，會發現固著的徵兆：他們可能是工作狂，或是無法體驗被愛的經驗，或是過度依賴伴侶，或是明顯出現對人的強迫性症狀，或物質濫用（藥物、菸酒、毒品等）。這些行爲的背後通常潛藏著憂鬱症。這些人不會體認到這種深沉的惡化過程，直到他們生命中發生了重大的變化（比如跟伴侶分離、失去工作、被迫退休、生意失敗），這才明白他們內在資源是匱乏的。只有在這些時刻中，這些人才可能經驗到典型的憂鬱症症狀。

憂鬱期的特性

憂鬱期意味著生命能量的收縮。憂鬱的人會對曾經非常珍視的事物失去興趣，不論是工作、伴侶、家人、休閒活動或是參與教會、學校等社交活動。引用莎士比亞在《哈姆雷特》中的話來說：

> 上帝啊上帝！在我看來這世界所有的事物是多麼的無趣、陳腐、平淡與沒有效益。[6]

這個人的世界，已沒什麼樂趣，缺乏自發性，感覺平淡，所有的經驗都覆蓋上了憂鬱的布幕，喪失了希望與樂觀；有強烈的孤立感，缺乏意義感，同時長期處於厭倦的狀態。因爲他們的能量很低，所以對他們而言，所有的工作都很龐大而難以達成，或覺得不値得去努力。睡眠障礙也會是他們最主要的問題——無法入睡，太早醒來之後無法回去再睡，或成天只想睡覺。有時候，以前所經驗過的補償性機制會再度啓動，諸如飲食失調（體重不是大幅增加就是減輕），或是成癮行爲會更加嚴重。整體的影響就是這些人會一步步從生命中退縮。

了解憂鬱症

在心理學界，對於憂鬱症的病因有許多激烈的爭論。目前，普遍性的假設是認為憂鬱症是**基於生物性病因**（organical based）【譯註】。這個假設認為所有情緒與感受都是直接經由神經學與神經化學而決定的。依照這個觀點，某些人遺傳了某些因子，因此注定在生命中的某些時刻出現一段憂鬱期。這個宿命的觀點，非常機械化的將人看作是無助的受害者。接受這個論點的人就可以不用為自己負責任了，反正憂鬱症是無法避免的遺傳結果。

雖然在憂鬱症的成因中，神經學與神經化學是極為重要的因素；但是，我們認為在生命中主動（雖然經常是在無意識中）做出**抉擇**才是主要因素，神經學與神經化學的影響只是次要。我們相信在某些抉擇中，基因確實會有所偏好，但是，最後仍是依個人的意志與感受來做出決定的。因此，生物性因素可能製造了憂鬱症的傾向，但是個人製造的環境則會刺激生物性成分，而在神經化學方面做出反應。這樣看來，神經化學是跟隨抉擇與行為而發生的，不是形成憂鬱症的決定性因素。

【譯註】Organical based，「生物性病因」，含括了身體組織、內分泌系統，腦內神經化學等等而引發的病症。一般醫學直譯為「器質性病因」。為避免與「器質性精神病」（如腦部受傷所造成的精神疾病）混淆，我們在本書中把它譯為「生物性病因」。

確實，個人抉擇與基因傾向總是相互影響著，雖然這兩個因素經常交互作用，持生物性觀點的人看待自我是次要的起因，而我們則傾向認為自我是主要的因素。問題不在哪一個才是正確的；對我們來說，重點是，在過程中從哪裡介入是最**有效**的？現代醫藥提供了血清素或是正腎上腺素等等可以主導人們情緒的化合藥物，以改變神經化學的平衡。[7] 而我們則建議人們學習去**面對**那些因為做了不成熟或不適當的生命抉擇後，所引發的**議題**；許多憂鬱沮喪的人嘗試這樣的作法之後，神經化學便自然的改變，他們很明顯的從憂鬱沮喪的束縛與幽禁中掙脫出來。要幫助他們做到這點，必須廣泛且充分的了解憂鬱症的精神動力學。

憂鬱症的精神動力學

這是一個相當複雜也是很少被了解的議題。想要全面性的闡明其義理，必定會讓人產生混淆與困惑。但若簡化說明，又可能會被誤解。現在我們願意冒險，試著簡單說明，但同時也提醒讀者，不要驟然做出任何僵化與偏袒的論斷。

需要刺激

我們相信，基本上，人類彼此以及與世界都是連結著的。然而，人與人之間並非總是**感覺得到**這種連結。這樣的情境使得他們判定自己是與人隔絕和孤獨的。[8] 就存在層面而言，這就是胎兒與新生嬰兒所面臨的情境。充滿焦慮的孩童，得面對生命中最早也是最重要的抉擇之一——是要連結或是要退縮。一旦照顧者提供的是**對嬰兒適當**且足夠的刺激，那麼兩人之間會產生正向的吸引力，朝向於建立眞正**熟悉**的結合感（bonding）。請注意，我們並不認爲孩童需要「愛」，他們需要的是**刺激**，這是孩子們唯一的需求。這可以說明有些「自閉」或是「發育不足」的孩子身上，會缺乏明顯的連結；通常，同樣的照顧者給另外一個孩子相同品質的照顧與刺激，這個孩子就能健康的與世界產生連結。

倚賴型憂鬱症

如同前面曾描述的**倚賴型**的狀況，有些孩子看起來缺乏刺激，有些則沒有能力接受照顧者所給予的情緒或是身體上的刺激。正如植物在沒能得到陽光和雨這些要素時，就不會發芽，這些孩子傾向於退縮到像殼一樣的牆後面，以保護自己。缺乏這些早期健全的成長條件將會造成一些缺陷，並一直持續到成年。這些「發育不全」的孩子會長成一群「發育不全」的大人，沒精神、不大方、沒熱情、無自發力、無彈性、心理不健康。用以前的精神醫學術語來說，他們會被診斷爲「不健全」、「類分裂」的人格疾患。如果他們的適應能力較好，表面上仍然可能達到有效的關係和工作，然而他們倚賴性的基礎結構，使他們無法面對眞正充實過日子這個挑戰。通常，這樣的人描述自己的感受時會用「空虛」、「膚淺」或「空洞」

等字眼，沒有興奮與歡樂。有時候，爲了避免空虛，他們以物質濫用（藥物、毒品、菸酒等）的方式企圖體驗到生命的「高潮」，甚至事後要付出等量的「低潮」也在所不惜。高潮提供的是活力的假象。

倚賴型憂鬱症的人極度渴望被人接納，也能欣賞別人的感受所帶來的刺激。對他們而言，光是被照顧是不夠的，他們在成長時期通常已經得到照顧了，他們需要的是眞實的「我—你」的溝通交流，眞正的對話經驗。那一直隱藏在牆後的自我，需要一個激發他走出來的理由，但首先，人們必須找到穿越那些牆的方法，透過包容的過程，去體驗這些捍衛自我的人在怎麼過日子（見第十五章〈物化〉與第二十六章〈同理心、共鳴與能量〉）。

自恨型憂鬱症

所有能被辨認的憂鬱症都跟自我憎恨有關。由於自我放棄了眞實與自然的我（**真實我**）而去成就**理想我**，所以自恨型憂鬱症是一種持續、深感內疚的自我循環的結果；而當完美的目標證實無法達成之後，將會導致更深的自恨（見第五章〈理想我——努力追求完美〉）。從精神分析的觀點來看，無情而苛刻的超我，會因爲想呈現自己無法接納的衝動而懲罰自我（包含放棄自我的衝動）。和倚賴型的自我是被放棄或被埋藏的情況不同，自恨型的自我厭惡與自我批判是爲了滿足被懲罰的需求。以慈悲去對待這種被導向自我（self-directed）的厭惡（與憤怒）支配的人，只會讓情況更糟。這些人面對他人的仁慈或同情心，會因爲覺得自己欺騙了別人而更憎恨自己；他們相信仁慈必須留給**高尚且值得**的人，而他們內在的無價值感會指使他們對自己做出更嚴厲的懲罰。因此，仁慈與同情不但無助於憂鬱症的緩解，反而會更加重自恨型憂鬱症。

雖然這兩類的憂鬱症需要不同的因應方式，但是因爲兩者的終極目標都是自我接納，所以同樣都需要人們體諒與富同理心的關懷。每個人的問題是完全不一樣的。**倚賴型**憂鬱症的人需要的情感支持，對自恨型憂鬱症的患者而言通常沒有效，甚至還會帶來反效果。不幸的是，大多數憂鬱症的過程，都會結合這兩種主要的典型，當個案的過程改變時，在治療態度和方法上也必須隨之改變。

區別憂鬱症的類型

感情矛盾心理（ambivalence）是辨別這兩種憂鬱症最重要的核心議題。**倚賴型**憂鬱症患者認爲千萬不能對別人投注感情，由於他們過去跟人接觸時，投注感情的經驗讓他們不滿意，甚至可能受過傷或感到危險。**倚賴型**憂鬱症患者絕不會有「感情矛盾心理」，因爲他們深信與人接觸是不智的。

自恨型憂鬱的人常會跟別人有深入的交往，但是會被正面與負面完全相反的經驗所困惑。一個典型的劇碼是，孩子強烈的依附著一個情緒反應不穩、無法預測的父親或母親，有時他（或她）會對孩子有強烈矛盾的情感。更要命的是，表面上看起來十分「甜蜜」的父母，其實根本拒絕表達對自己的或是對孩子的負面情緒。也因此，孩子在有負面情緒時，從來無法得到支持，當他們眞正感受到負面情緒時，除了將這些情緒導向自己之外，他們不知道還可以怎麼做。比較健康的環境則容許自己不斷的澄清這些矛盾的感受，以減低自恨型憂鬱症的傾向。

憂鬱症與失落

一個健康自主的人不論因爲什麼理由而失去所愛的人時（如離婚、死亡、孩子離家），他們情緒的反應會是因思念對方而哀傷。比較常見的是，當關係是處在矛盾狀態，或是未表達的情緒關係（未完成的完形）而糾纏不清時，兩造雙方都無法變成一個獨立自主的人。有時表面上看起來似乎很理想——兩方從不爭執，總是很講理、行事很合邏輯，甚至可能彼此互相照顧得無微不至；雖然他們曾經有過深刻的關係，但是有許多的壓抑。在分離時，必須要抽離（decathexis）的正向感受之中會伴隨著哀傷。然而，那些從未表達的負向感受會引發出嚴重的併發症。有時它們會向外變成對整個世界的憤怒，或是指責、拒絕他人。更常見的是，人們會把未能表達出來的負面感受導向自己，而引發憂鬱症的症狀。9

憂鬱症在身體上的顯現

當導向自我的敵意被否認或是忽略時，憂鬱症就偷偷地發展起來了。經常，憂鬱症透過身體化的過程，表現出各種身體疾病（包括頭疼、關節炎、心臟血管疾病及癌症）。其他常見的表現途徑還有強迫性或是成癮性的行爲（工作、各類物質、食物、人）、過敏症或恐懼症、工作或關係失常、各種障礙（學習、睡眠及飲食）、喪失性欲、對什麼都了無興趣。如果不採取適當的行動，就會發展成全面性的臨床憂鬱症。

克服自恨型憂鬱症

克服自恨型憂鬱症的目標，是把所有未完成的經驗作一結束（完形治療），焦點放在所有過去未能表達出來的感受上（包括正面與負面）。憤怒是特別重要的。在一些文化中，常見的敲打胸部與拉扯頭髮的憤怒行爲，是典型的憤怒導向自我。西方文化中，毆打自己是悲傷過程中常見的方式，發展到極致時就是殺掉自己（自殺）。這就是我們曾討論過的自我憎恨模式的發展過程（見第五章〈理想我——努力追求完美〉）。在好奇心的驅使下，透過覺察、認知、接受、行動與欣賞，是有可能中斷此自恨的循環的。

週期性憂鬱症

最近，被診斷爲「週期性」或「循環型」（cyclical）的憂鬱症症候群，引起了不少人的注意。其中最嚴重的類型被標認爲「躁鬱症」（manic-depressive）症候群（縱然「躁期」可能從未眞正行諸於外）。有些人認爲這些週期性憂鬱症主要是因爲基因遺傳以及生物性病因（organical based），所以一定要用藥物治療。

一些執業者認爲，最嚴重的憂鬱症就是這種以週期性的形式呈現出來，並且是由生物性病因所決定的臨床症候群。對他們來說，其他不那麼嚴重的憂鬱症，本質上是**反應性**的，跟心理因素有關，終究會自發性的安定下來，所以在臨床上不需要特別注意。就是因爲這種態度，使得很多憂鬱症患者被忽略了，受了許多不必要的苦。最後，可能演變成更嚴重的疾病或社會適應不良，到那時，能做的治療介入就可能太少或是太遲了。

以教育的觀點來看憂鬱症

從教育的觀點來看，讓人們了解並且掌管自己憂鬱症的規則流程（algorithm）或模式是有可能的，不論它的病因可能是多麼具生物性。在一開始謹慎的給予處方藥物可能是有用的，但應該要有時間限制，且應視爲只在危急處境時的一種介入。最終，**憂鬱症患者必定要能和創造憂鬱的內在過程達成協議**。他們可以去學習了解自己以及自己所選擇的生活形態，並且去發現自己如何參與了憂鬱症的過程。有了這樣自我負責的生活態度，在他們核心的生命議題中，就極有可能為自己選擇出更適當的解決之道。

想一想：

1. 在你個人生命起落的歷程中，可曾經驗過內在深層的悲傷感受？你又是如何走過來的？
2. 你曾經跟憂鬱症相遇過嗎？請從生理上、情緒上、精神上、行為上……等各方面描述你所見識到的「憂鬱症」的真貌。
3. 關於自殺這個嚴肅的議題，請談談你的個人體驗和思考觀點？
4. 如果有機會遇到身受憂鬱症之苦的朋友，你會如何看待、幫助他？

第二十章　憤怒

爲感受負責

一個人內在產生的所有感受，都建立在這個人對現實的解釋上（見第三章〈溝通模式〉）。沒有人能使我高興或憤怒，我之所以變得（使得我自己）高興或憤怒，是因爲我對他人所作所爲的感知和解釋。因此，我自己要對我所有的感受負責（但不是指責）。當我徹底的理解這個道理時，我就能跳出受害者的角色，掌管自己的情緒生活，進而培養出成長的力量。在這個過程中，我放棄了因受害者角色帶來的權力，取而代之的是有效的溝通。

感覺的多樣性

感覺是伴隨經驗而來的各種顏色、氣味和聲調，這些感覺是根據過去相關的經驗與聯想而產生的。令人喜愛的感覺，比如歡愉與喜悅，總是促使個人去再造這樣的經驗。而令人不愉快的經驗，比如恐懼和厭惡，則成爲自我防衛的訊號，促使他避開所有會產生這種感受的可能性。如果這些感受與行爲之間的關係變得混淆不清了（當一個人被驅使去重新產生某些會導致痛苦或恐懼等負面情緒的行為時），這個人可能會對自己與他人都失去信任。

憤怒的起源

在助人工作的經驗中，我們假設在人類的經驗裡有一種原始的、潛在驅動力——一種邁向整體和結合的驅動力，回歸到出生時就終止的一體感（oneness）（我們稱之為「愛」）。在人類的生命中，分離的感覺是伴隨著一種對毀滅的基本的、原始的恐懼（見第十二章〈焦慮——朋友還是敵人〉），引發人們深深的焦慮與孤獨。這感覺驅策著我們建立有意義的人際關係，如此，我們才有可能再次去經驗那被稱作「愛」的結合感。當「愛」受到阻礙或是無法實現時，我們會覺得挫折、恐懼、無助或是各種情感上的痛苦，這種種負向的情緒驅使我們採取行動。嬰兒就常想要控制他們所依賴的人，以滿足自己身體、情緒上的基本需求，這樣的行為常常會持續到成人時期。對孩子來說，哭嚎或其他抱怨的形式，是可以控制照顧者的手段，如果這些手段無法立刻見效，他們會感到挫折、會有更多的恐懼和無助感，然後就憤怒了！憤怒是最後一個招式，為的是嘗試克服因延長的挫折所引發的無助感。通常，憤怒會直接指向那些無法滿足他需要的人身上。如果無效，憤怒就可能指向無辜的他人或自己。

憤怒與暴力

社會上常以道德評斷的角度排斥憤怒，因爲大眾普遍認爲憤怒會對其他人產生負面影響。然而，仔細觀察憤怒我們就會發現，憤怒本身並不危險也不具破壞性。問題是出在當人們利用憤怒來進行控制時，這種方式是**侵犯了他人的界限**，這樣的行爲我們稱之爲**暴力**。在沒有得到對方的允許時，就算是表達正面的感覺，都可能侵犯他人的界限而形成暴力。許多父母以暴力的方式來「愛」自己的子女，強迫他們去做許多「爲他們好」的事情。比如，當孩子強烈表達自己對音樂沒興趣時，父母仍堅持要他們去學樂器。當人們表示害怕憤怒的時候，往往是因爲他們早期的經驗中，憤怒總是伴隨著暴力出現（不只是身體，有時是精神或情感上的暴力）。

分享憤怒

如果人們以一種開放與負責的態度來分享憤怒，沒有指責和控制，他們就能處在揭露與脆弱*的狀態中；這樣可以爲親密關係打開一扇門。在關係中，憤怒的分享需要彼此的承諾，是親密的接觸並伴隨著活力與興奮感。[1]然而要能有所成效，必須制訂一些基本的指導原則：

1. 務必同意在過程中絕對不允許出現暴力，也就是說，每個人的界限必須得到尊重，因此任何人都不能在身體上受到打擊和傷害。

2. 不得損壞任何器物，除非是指定的或是各方都同意的東西（比如：可以用來擊打的枕頭或是可以撕毀的被單）。

3. 任何一個人都可以在進行的過程中叫停，特別是出於恐懼或擔心任何一方時。

4. 必須先對時間和場所達成共識（比如：十五分鐘，在客廳），若需延長時間，可在時間到時再協商。

5. 是否需要第三者在場（如：子女或家庭其他成員），也要事先達成共識。

6. 指責、說髒話、貶低他人等行爲，在一開始的時候，應該是可以被接受的（如果雙方都同意），但附帶條件是，結束後這些貶抑的行爲要以負責任的方式來承擔。萬一這些貶抑逾越了個人所能忍受的行爲底線，就要當成特定的狀況再來協商。

上述的協議去除了透過暴力，用憤怒去控制他人的可能性，反而讓憤怒變成是可以分享的，加深了關係中的親密感。很重要的是，在分享結束時，雙方都要花些時間來澄清產生憤怒的原因，細心使用清楚而又負責任的溝通模式（見第三章〈溝通模式〉），避免指責和正義感。爲了讓分享憤怒能有效的進行，每個人都必須要爲自己的感受負責。[2]

憤怒不是原發性的感受

從這樣的觀點來看，憤怒絕不是一個**最初**的感受，憤怒通常掩飾了**受傷**。自己的期待未能得到滿足時，就會升起受傷的感覺；期待者可能覺得失望，或感到非常痛苦。如果他不去經驗這個痛苦的感覺，取而代之的可能就是無助感，他可能無意識的把痛苦轉化成憤怒。憤怒提供了一種能量，讓當事人感到有力量，能克服無助時的絕望感；同時，憤怒也被用來威嚇或控制他人，以達成自己的期待。這招十分好用，因爲人們總是隨時預備好，爲別人的受傷而接受指責。另外，許多人會因受到威嚇而屈從，是因爲他們在童年時期所經歷的憤怒，經常是伴隨著暴力的。

憤怒、堅持己見與暴力

「堅持己見」（assertion）、「憤怒」與「暴力」常讓人混淆，[3]當人們堅持主張自己的判斷，並沒有責難他人的見解時，他們是從人群中挺身向前；不要把它和以正義的一方自居混爲一談，正義是指一個人用僵化的道德標準去評斷他人。當人們堅持己見時，他們既不會道歉也不去乞求別人的認同，因爲他們寧願爲自己挺身向前而不願附和別人；他們其實只是在表達自己的立場，其他人卻常常認爲他們是憤怒的、威嚇的和叛逆的。其實，眞正叛逆的人仍是與他人牽連在一起的，他也許獨立，但是卻錯失其自主的機會（見第七章〈成就或是掌握〉。反叛是暴力的，反抗他人的權威時是想要逾越那些權威人士的界限。相反的，堅持己見的人是會確認自己的存在，不勉強自己符合他人的期望，但是會對自己及他人的權益保持相當的敏感度。清楚了解這兩者的差異是很重要的。

不直接的憤怒

如果憤怒不被直接表達出來，那麼它會以各種間接的方式出現。一個不懷好意的人可能在計謀傷害他人時，仍能友善的面帶微笑。總是在人的背後八卦很可能是間接表達被壓抑的憤怒，詆毀他人的權威或聲望也常常是基於同樣的心理。有時，憤怒也會被過分好心和過分關注所掩飾，這些行爲都是企圖去補償負面的情緒。當憤怒不是直接表達出來時，它們會以身心失調的症狀來耗損個人，例如：頭痛、消化性潰瘍、結腸炎、磨牙、高血壓和睡眠障礙（包括做惡夢）。當人們把壓抑的憤怒導向自己時，他們會產生憂鬱、成癮或其他形形色色自我毀滅的行爲。

轉化憤怒

憤怒其實不必壓抑或掩飾，可以用社會能接受，又可以自我提昇的方式加以轉化，比方說參加具攻擊性的運動和競爭性的遊戲。但是要注意的是，當令人愉悅的運動演變成一種要壓倒對手，以滿足自己強迫性優越支配感的需求時，憤怒仍然是具有破壞性的。憤怒可以用來激發那些意欲改革社會的鬥士或揭發弊端的政治評論家的攻擊驅力；憤怒也可以驅策個人，透過教育或工作的晉昇而擺脫貧困和無助。

在這些例子中，如果個人不能對他人的權利和界限保持敏銳，就沒辦法用建設性的方式來轉化憤怒；當憤怒不是以敏感的方式表達時（比如報復），它就變得具有破壞性而且妨礙成長。當人們把憤怒與指責混雜在一起，並且把自己看成是受害者時，他們就會陷入尋求復仇的邪惡模式中；這時，憤怒會變成強迫性並且具有恨意，它會使關係破裂，個人也會感到孤立與更沒有安全感。這種表達的方式不但不能讓人的生命有活力（如與人分享憤怒時會有的體驗），反而會使人身心俱疲。

憤怒能提供能量在有用的目的上，因此，人們得以把能量轉化成行動。他們能精力充沛的從無助或沮喪的狀態中走出來，並開始解決問題。憤怒是整體生命經驗的一部分，不論是自己或是所愛之人的憤怒，都不要排除在生命之外。

想一想：

1. 請你分享對憤怒的看法、感受與經驗。

2. 請問你是否能區別憤怒與暴力的不同？

3. 你是否允許自己表達憤怒？若無法直接表達憤怒，都用什麼方式來取代憤怒？

4. 請你探討憤怒背後的真實感受與未滿足的渴望為何。

【第四部】

人際關係

對人類而言，去愛另一個人……是個人邁向成熟的強烈誘因……對我們是個極嚴格的要求，有什麼揀選了我們，並召喚我們成爲寬廣大度的人。

——里爾克[1]

第二十一章 關係的發展階段

蘇珊・坎培爾（Susan Campbell）在她的書中曾描述五個重複出現的關係階段，[1]、[2] 我們在《關係花園》中詳細討論了這五個階段，把她的**穩定期**改稱爲**整合期**，也在模式中增加了一些項目。這段簡要的摘述只是爲了提供本書討論，如果想要對關係有更深入的了解，請看《關係花園》。[3]

浪漫期

關係剛開始的時候，雙方是互不了解的。彼此在一起時，把對方幻想成自己想要的樣子，是爲了滿足己身的需要和更多的安全感與生命意義。這時雙方都「物化」了對方：分派角色、貼上標籤（比如「男朋友」、「生意夥伴」）。這個伴侶被投射成一個「被期待」的物化版本——眞人還未露相。若從積極面來看，人們在這個階段帶著對未來理想的憧憬，想像力會十分豐富。在眞正了解彼此之前，莫名的興奮、迫不及待、熱情和希望等種種感受，都是這個階段的一部分。浪漫期可能是一種「暫時的精神錯亂」，不合邏輯也缺乏理智。浪漫

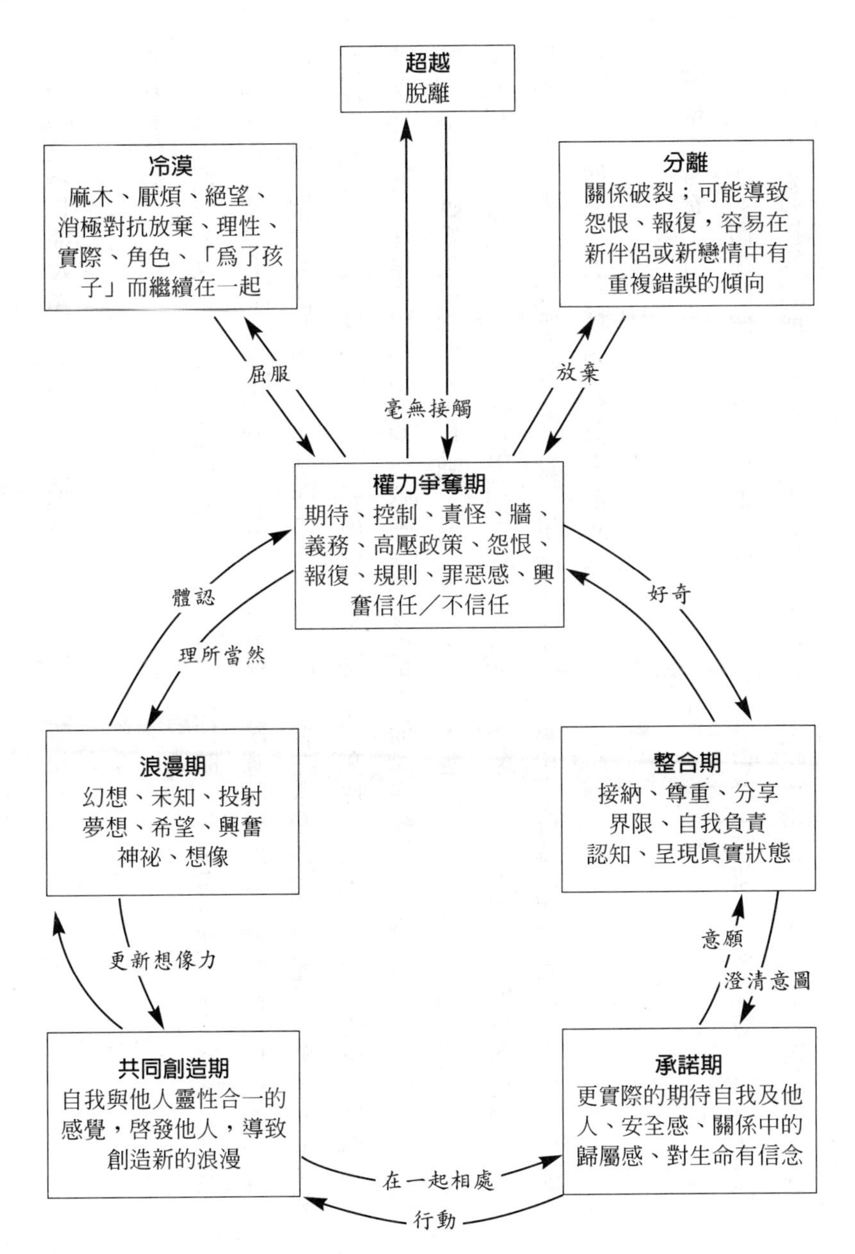
超越
脫離
冷漠
麻木、厭煩、絕望、
消極對抗放棄、理性、
實際、角色、「爲了孩
子」而繼續在一起
分離
關係破裂；可能導致
怨恨、報復，容易在
新伴侶或新戀情中有
重複錯誤的傾向
屈服
毫無接觸
放棄
權力爭奪期
期待、控制、責怪、牆、
義務、高壓政策、怨恨、
報復、規則、罪惡感、興
奮信任／不信任
體認
理所當然
好奇
浪漫期
幻想、未知、投射
夢想、希望、興奮
神祕、想像
整合期
接納、尊重、分享
界限、自我負責
認知、呈現眞實狀態
更新想像力
意願
澄清意圖
共同創造期
自我與他人靈性合一的
感覺，啓發他人，導致
創造新的浪漫
承諾期
更實際的期待自我及他
人、安全感、關係中的
歸屬感、對生命有信念
在一起相處
行動

的情境之所以能延續，是因爲對伴侶眞正的個性一無所知。

權力爭奪期

當人們開始互相了解，發現伴侶不符合自己的期待時，經常會感覺相當失望。彼此會用壓制、指責和罪惡感，加上不時出現的受害者姿態，試圖改變對方，使其符合自己的期待，這時怨恨和指責就油然而生；「牆」（而非「界限」）就在傲慢與防衛中建造起來了。這是個高能量的時期，充滿緊張、爭執、受傷與興奮的感覺。在性關係中，這個階段可能是極端色情與熱烈的。在權力爭奪中，因爲感覺快要失去對方而產生嫉妒是很尋常的事，伴侶在這個時期最常用嫉妒來控制他人的行動。要過得了這一關，雙方都必須建立一些準則（比如不以暴力和威脅作爲手段），承諾在爭鬥中仍然保持參與。雙方一定要學習如何分享憤怒，而不是把憤怒拿來作爲控制對方的工具。爭論過彼此的差異和不符合的期待後，人們得以更加了解自己及他人，因此打開通往整合期的大門。

避免權力爭奪

如果伴侶們在這個爭鬥時期失去連結，彼此之間就會產生距離，導致焦慮、沮喪，這種對彼此不感興趣的狀態，也經常讓人感到心不在焉和乏味，這會一直惡化導致冷漠。這樣一來，一種「看起來不錯」的（沒有明顯衝突的）關係是維持住了，但是卻限制了關係中的親密和成長。兩人之中的祕密越來越多，並且漸漸釀成對彼此的怨恨。另外一種避免權力爭奪的方式更簡單，直接**分離**，去尋找下一個羅曼史。還有一種透過**超越**而避免權力爭奪的方式，就是在混亂之中刻意把自己「昇華」於他人之上，不與對方連結。

整合期

整合（跟冷漠與漠不關心不同）是對他人眞實的認知和接納後產生的結果，對每一個人的成長都表示尊敬與支持。當人們放棄「一定要正確」的需求，並且開始對相關的過程感到**好奇**時，他們就從權力爭奪期走了出來。透過**對話**，雙方更願意呈現自己眞實的狀態和脆弱*。在這樣的狀態中，分享是爲了與人連結，而不是因爲義務或是期待自己的付出有所回報。這個階段的特徵是：獨立、有創造力、充實、因分享而生的活力、對自我和他人的興趣。在整合期時，嫉妒與憤怒是因重視他人而可以**分享**的情緒，不是用來控制他人的工具。

承諾期

達成某種程度的整合之後，人們才能對自己與關係作出堅實的承諾。在這個階段最重要的是，權力爭奪的各種問題雖然無法避免的一再出現，但彼此依然表達出要繼續在一起的意願。在這個承諾階段，伴侶會對這段關係有信心，相信他們能以尊重、負責的態度去面對兩人的差異。他們彼此了解，因此承諾是經由他們過去的歷史與經驗而共同協議決定的。如此一來，一種更深刻的、新的親密感與信任感就產生了。在主要的親密關係中，伴侶們會彼此承諾，在對自己害怕或困難之事進行探索時（有時會像孩子似的，因為這些事經常跟早年家庭互動的動力相關），仍然留在關係中。因為對對方有了更深的認識，對他的期待也變得更實際。雙方都能更清楚的說出自己的意圖。到了這個時候，從前曾作出的承諾可能需要加以修正了。

共同創造期

透過分享能力的增加，兩人在關係中所培養出來的了解、愛、成長、創造力和知識，現在對關係之外的他人也有了啓發。一種靈性上的意義和結合感是這個階段的特徵。浪漫期的想像，現在變得以更具體更實際的形式實現。在這裡，跟其他所有的階段一樣，一個新的浪漫期可能會出現，循環會再次開始。

螺旋狀的發展

請注意這些階段會以**開放的螺旋形**發展，循環的順序在回到任何一個階段時都帶著前面有過的經驗，所以說，會回到過去曾經歷的階段；但是因爲人們已經有了經驗，所以一切又不太一樣。正如之前圖表所示，從共同創造期的箭頭斜越出浪漫期。這些狀態能夠同時存在，也能夠同時發展。還有，一個人可能同時在不同的階段中有著不同的狀態，比如，一個人與伴侶正處於權力爭奪期，但同時她還能對小嬰兒產生浪漫的情懷。這些階段會出現在所有形式的關係當中：父母／兒女、丈夫／妻子、生意夥伴、朋友和情侶。

去愛是表示把我們自己同時開放給負面及正面——容許自己哀傷、悲痛與失望的同時，也同時能感覺歡樂與充實，還有察覺我們過去未曾察覺的強烈的覺知力。

——羅洛．梅[4]

想一想：

1. 回想自己的各種關係，你最容易卡在哪一個階段？為什麼？
2. 你自己在浪漫期中最刺激的是什麼？
3. 你避免權力爭奪的方法是什麼？
4. 你自己的關係模式是什麼？哪一個關係是有機會歷經所有階段得以循環延續的？

第二十二章 親密關係

兩個孤獨的人深情的分享就是一種親密關係。[1]

關係中的權力或親密

任何關係的維持都能透過控制或是脆弱*的態度。在以**權力為基礎的關係中**，人們試圖以控制自己與伴侶的方式來保有安全感。於是在過程中，每個人都扮演了一連串的角色（例如：好的供養者，能幹的母親，成功的生意人）。他們把**真實我**淹沒在無數以安全感爲基礎的角色期待之中，因此常常覺得沉悶或死寂。由於角色是有效率但卻違反人性的，因此會限制親密。雖然表面上看起來似乎是安全的，不過一旦安全感受到威脅時，以權力爲基礎的關係常常就會上演嫉妒、憤怒、焦慮的戲碼。

如果一個人願意分享他所有的內在面貌，包括懷疑、不安全、痛苦、恐懼，別人對他就會更加的了解。揭露（revealing）是**親密關係**（intimate relationship）的基礎。透過脆弱*——對彼此互相揭露——就可能增進對自己與他人的覺察。在關係中的個人也能透過**真實我**

的呈現而感受到個人的力量。親密關係是建立在彼此的分享之上，而不是基於需要和安全感。人與人對等的交流促進了彼此間的認知。保持相互之間敏銳與慈悲的感受，而不是急忙倉促的消除這些感受。這樣一來，每個人都能以關懷與敏銳的態度尊重對方，獨立的個體可以透過對話豐富彼此。這樣的親密關係一開始可能會引起焦慮或興奮，常常會恐懼失控，但是這樣一來，雙方都能保有自己的個性，進而發現更多的**真實我**，以及更豐富的生命經驗。

親密的體驗

親密是彼此透過緊密的連結或體驗，達到互相了解的狀態。在人與人之間，這樣的「了解」狀態會以各種方式出現。在一般的情況下，人會在有意識的**揭露**行動中對他人開放，並且顯現出脆弱*。這種脆弱*的顯現通常會伴隨著焦慮，擔心暴露之後的恐懼以及可能會受到的傷害。從社交的層面來看，個人所害怕的是被拒絕；從心理學的層面上看，則是害怕自我界限的失去（經驗到好像失去獨立自主的能力）；從本體論的層面來看，則是害怕自我的死亡。

對親密關係的渴望，以及在如此令人畏懼的險境中仍有展現自我的動機，都是因為人們渴求能與他人有所連結。在社會化的面具之下，人類渴望能克服內心深處的孤獨感、被他人視而不見的經驗（不被看見或是不被了解），以及認為自己沒有價值的感覺。

親密關係或是親密狀態

當對方有興趣並表達出對「揭露」進一步了解時，會助長彼此接納的氛圍。也會鼓勵彼此更深刻的揭露，願意更呈現脆弱*，因此而發展出一個**親密關係**。當只有一方願意揭露與顯現脆弱*時（比如傳統醫療或是傳教士在傳教時），比較防衛的一方站在有權力的地位，這是一種**親密狀態**（intimate state），這種狀態出現在許多人與人的關係中（常被解釋爲單邊關係），常見於比較依賴或是照顧的互動關係，比如父母與子女，或是社會服務機構的掌權者與他們的個案之間。

在親密狀態之中，一個人**照顧**另一個人；在親密關係中，人們**關懷**彼此。在親密狀態裡，人們要面對的是權威、依賴、義務、佔有、嫉妒與隱私等議題。親密關係孕育的是自我發展、成長、尊重、接納與負責任。

親密狀態

正如父母與子女的關係，親密狀態是在接受角色與履行義務的前提下運行的。大多數的孩子是被父母照顧，卻不被父母**了解**。在這樣的方式下，許多成人的關係即類同這種「父母—子女」的模式。很多人渴望這種親密狀態，伴侶們也常常將之解釋爲互相「親密」。在這個情形之下，照顧者是不脆弱*也不人性化的，反而是依照慣例與期待將自己隱藏起來。規則與義務成了生活的方式，因此發展出有效率的角色與安全感。

親密關係

在親密關係中，不管情況多麼令人害怕，人們都願意呈現彼此的脆弱*。在開放與誠懇的揭露下，他們便能更深刻的了解自己與對方。這是人與人之間的分享，一種雙方都得以成長的「我—你」的接觸。兩個人都爲自己**負責**，擁有各種因誠實揭露而產生的感受，沒有指責也沒有受害者。在親密關係中的伴侶珍惜個人成長的價值並互相尊重。保持對彼此靈敏的覺察則是親密關係中重要的元素。

熟悉不是親密

除非開放，否則不會有親密。所謂的**熟悉**是人們互相專心的研究與體驗之後發生的，它不是開放與揭露。通常家庭成員因爲長久住在一起而知道對方許多事情，但是除非他們互相開放深層的感受，否則彼此之間就不會是親密的。競賽中的運動員會在研究對手的過程中熟悉彼此；在戰爭中，作戰者通常會對敵人非常了解。有些人際關係透過挑戰與控制而維持著某種程度的興奮，且藉由欣賞彼此的能力與缺點得到更進一步的發展。在這樣的情況下，人們雖然互相了解卻很少自我揭露。這樣的熟悉感雖然有著一種親近的品質，關係仍然不是親密的；揭露是任何親密關係中不可缺少的先決條件。[2]

分享

親密必須**分享**，任何分享的事物都有助於親密關係的開展。有時候，人們分享的是彼此幫助的欲望，或是想要自己得到幫助的渴望。一旦出現這樣的欲望時，能夠承認這份無助感，然後主動要求互相幫助是很重要的。雖然這樣的互相依靠若變成固定的模式會對親密關係造成傷害，但承認自己有依靠的想望，也可能促進親密的分享。能夠依靠一會兒是很重要的，只要這種依靠不是永久的。

所有的關係中都要檢視一下權力問題。在親密狀態時，脆弱*的一方倚賴的是信任他人和自信，但有所保留的一方運用的則是控制（常常是無意識的）。在親密關係中，雙方都是脆弱*的，沒有任何一個人是可以控制對方的，而是各有各的力量。比如說，人們常常要求伴侶改變行爲，以平息自己因爲嫉妒而生的傷痛。在親密關係中，痛苦的分享則是無關掌控的，相反的，爲自己的感受負責而不去指責對方，反而能使雙方體驗、欣賞這份傷痛。在這樣傷痛的親密分享裡，雙方才能各自決定要不要改變自己的行爲。

創造與維持親密關係

• **個人的福祉**比關係的福祉更重要。關係並不是目的，它只提供**個人成長**的培養皿。關係就像一座花園，每一個人都是園中的植物。

• 只要伴侶相互揭露自己，親密的程度就會滋長。在揭露的過程中，他們就能更認識自己與對方。一旦脫離角色，每個人得以更個體化，使更多人對人的關係（我─你）變成可能。若此，人們會是眞實可見的，也是活在當下的；他們不只是在這世上**演出**，他們在這個世界裡是**存在的**。

• 揭露的工具是**誠實**與**開放**。兩個個人都必須同意盡快且自動的向對方揭露自己的過程、想法與感受。當有任何一方要檢視後才決定是否要揭露時，這也是需要被接受的（例如暗中爲對方籌畫生日派對）。檢視會使親密受阻，但因爲雙方都有選擇的自由，所以他們能夠接受某種程度的檢視。

• 雙方都對自己完全的**負責**。一方不能因爲另一方的感受而被指責；親密關係中是沒有受害者的。雖然不必爲他人的感受與經驗負責，但是仍然可以敏銳的覺察對方的痛苦、憤怒、嫉妒與悲傷。彼此仍能關懷與同情，而沒有任何人被對方的感受所控制。

• 當感受得以自由的表達，並在**不指責**的情況下**分享**時，親密才能得以發展。起初，爲了淨化伴隨感受而生的能量，人常常在表達某些情緒時，難免還是會有一些指責。在表達指責之後，兩個人能一起評估這樣互動的影響，並在交換感受的時候，各自爲自己的部分負責。

•爲維持親密，**不能用**感受來**控制**。可以用「你做這件事的意圖爲何？」來詢問對方的動機。如果有懷疑，核對是非常重要的，而不要假設那就是事實。例如，更恰當而負責任的問法是：「我發現自己被你的眼淚（憤怒、笑聲等等）控制住了，這是你的企圖嗎？」而不是說：「你的眼淚（憤怒、笑聲等等）讓我覺得有罪惡感！」

•在**首要的親密關係**中，伴侶們決定彼此的關係是親密的主要焦點，與其他人的親密分享則是其次，但是與其他人的任何分享都必須在首要的親密關係中表白，如此這份關係才不會有任何體驗是隱藏未說的。

•在建立一份親密關係時，會出現許多不成熟的反應與感受（比如嫉妒、被遺棄的恐懼、失敗的自我評價的脅迫、未能符合期待時的憤怒等等）。從控制到分享，爲的就是能更加的親密，伴侶雙方必須對自己的反應與感受負責，甚至可以用最不舒服的形式來分享這些感受（包括指責在內）。

•任何經驗的分享都能提高親密感。例如，在依賴的關係中，憤怒常常是用來控制他人的一種形式，可是也可以在不指責的情形下分享憤怒，以提高親密感。當伴侶們之間是脆弱*與彼此揭露時，就有可能形成一種共有的、深刻的相知了。

•在親密的發展與維持的階段裡，**澄清**是非常重要的元素。一方或雙方常常會出現防衛與堵塞。澄清的過程能夠創造出一種氛圍，使雙方都能在揭露而沒有指責的狀況下，各自**覺知**到批判、感受與企圖等。澄清不能算完成，直到這位表達者詢問另一方聽到自己澄清時的經驗如何；不問對方而只有單方面的表達不算是澄清，只能算是「倒垃圾」。

- 沒有分享，只是把對方**物化**的行為，是會產生不良後果的。物化的傾向深植於每個人的早期發展中。物化的案例包括：把對方看作是我的所有（我的丈夫），我所渴望的物體（我的愛人），我的一種負擔（我的義務），或是我的目標（我活著的理由），而不是以他（她）是怎麼樣的一個人來看待對方。揭露物化對方的過程是將對方人性化最好的方式，為的是讓雙方更加靠近。同時，揭露物化也可以成為興奮與挑戰的來源。

- 親密關係能鼓勵與滋養雙方所需的體驗，使彼此更成熟與充實。通常，刺激一方成長的因素可能對另一方是威脅。當有一方覺得受威脅時，仍然可以在不控制另一方行為的情形下與對方分享。

- 隨著親密程度的增加，雙方都能更清楚的看到自己與對方，於是發展出**同在**的品質。當雙方承諾在一起時能盡量處在當下，分享感受與思想時，親密感會更提高。

- 對另一個人有所**期待**是可行的（這與一些人類潛能運動的解釋相反），但是，伴侶之間要互相揭露出自己的期待，並有所協議。注意，有期待並不表示這個期待就該被滿足。通常當一個人有所期待，而另一個人不曾答應要去完成時，權力爭奪就開始了。我們認為期待是親密關係中極有價值的事。當對方的重要性不高時，他被期待的程度只有一點點；當他變得重要時，另一方對他的期待自然會提高。若兩方同意彼此的期待時，那對雙方的成長與發展是一項挑戰。然而，重要的是要記住，絕對不要以期待來控制對方；伴侶可能願意按你的期待過日子，但這必須是他自願，而不是因爲你的恐嚇或威脅。當一方決定不依照另一方的期待行事時，後者可能會覺得受傷，但在親密關係中，他們會分享這份傷痛。

• 雙方經由設定**界限**與約束而更明白彼此。當欲望與期待都可以表達出來時，彼此也就更願意揭露，也更能是同在的。

• **性衝動**與親密是該被區分的現象。雖然在關係裡兩者被綁在一起，可是當親密提高時，性衝動卻有減少的傾向（見第二十四章〈性欲〉）。對希望性生活活躍的伴侶們是個深具創意的挑戰。

• **罪惡感**會使親密受阻。當人們覺得有罪惡感時，他們會想從接觸的界限（見第六章〈界限〉）上退縮，耽溺在自我指責之中。當罪惡感被覺察與分享之後，親密感就有可能再出現。**羞愧感**則是自我揭露，因此能促進親密。[3]

• **驕傲**使關係充滿距離；放下高傲的姿態才可能有更多的親密。

• 堅持「對」的態度使得自己不呈現脆弱*，那是會毀滅親密的。當雙方能擁有各自獨特的意見，不必一定要有一方是「對」的時候，他們之間的親密會更多彩豐盈。

• 當雙方有衝突時，爲了讓彼此有喘息的空間，得到較平衡的看法，任何一方都有喊停的權利，讓彼此經歷一段沒有過程的時間。當有人**喊停**時，對方必須尊重這個要求。

• **好奇心**能促進親密。當雙方對彼此都好奇時，他們能努力拉近彼此因傲慢與正義造成的距離。

• **指責**扼殺了親密。每當一個人指責另一個人時，就完全不可能親密了。

兩個孤獨的人

並不是所有的人都能踏上親密關係這一條路。確實，它可能不適合許多人。親密的獎賞包含：個人的成長，眞實與個人自由的體驗，孤單的分享以及充實感。其先決條件是兩個全人的**勇氣**。要親密，兩個人都要分別努力成長，並且在不依賴的情形下分享。

愛過

治癒之路引人不適

掀開舊傷艱難不易

不可能不流血

覺察，智慧與愛的代價常是苦楚
戰士寧可踽踽獨行
體驗生命權勢與剛毅的戲碼
暗自哭泣，孤絕而亡
成爲英雄、享有榮耀
卻鮮少被愛

愛來自分享、守護與感知
容許我的傷痛與你的相混
在這共享的經驗裡我尋獲力量
讓我深信不疑的迎向生命的劇本

因我並非獨自一人
你的眼淚化爲我的力量
賦予我勇氣讓我放下
我珍愛我們分享時的眼淚

一如我珍愛我們的喜悅
它引領我上路
不再那麼害怕滴血

舉步邁向痊癒
不會在孤獨中逝去
不是英雄
既疲憊又殘破
……可是愛過

——蘇珊．克拉克（Susan Clark）

想一想：

1. 在親密關係裡，你常常害怕被對方拒絕的狀況是哪些？
2. 在自己的親密關係中是否擁有各自的自由空間？
3. 認真回想一下自己在關係裡是「親密狀態」還是「親密關係」？有什麼證據？
4. 想想在關係裡自己是如何與對方分享脆弱？

第二十三章 愛的發展階段

人類有創意的奮鬥，及對眞理與智慧的追尋，就是愛的故事。

——愛瑞司．摩爾道克（Iris Murdoch）[1]

愛：混淆的意義

在英文裡最讓人困惑的句子絕對是「我愛你」。孩子說「我愛你，媽媽」的意思，跟媽媽回答「我也愛你」的意思完全不一樣。二十年後，同一個孩子跟同一個媽媽說「我愛你」，他的意思跟過去也是很不同的；毫無疑問的，媽媽用同樣的話回應時，也與二十年前的意思不一樣。到底是什麼改變了？

一個年輕女子對爸爸說的「我愛你」，想來跟她對丈夫說同一句話的意思不同。這兩者除了很明顯的在性的內涵上不同之外，質地上也有差異。更讓人弄不清楚的是，二十年之後，同一個女人對同一個丈夫說出同樣的話時，又可以有不同的意含，有時甚至雙方都沒有覺察到這另一層的含意，但是用的還是同一句話。那麼，到底是什麼改變了？

一個男人對愛人說「我愛你」；一個小孩子對他的貓或是洋娃娃說同樣的話；朋友之間也會有如此的對話。在一九七〇年代，嬉皮花童們對每一個人都說我愛你，就算對敵人也是如此；現在他們都老了，大部分的花童變得跟他們當年的敵人一樣了，他們話語中「愛」的意思自然也跟以前不一樣了。同樣的，話都一樣，到底是什麼改變了？

根據以上的舉例，同樣一句「我愛你」的**意義**因不同的狀況而有所不同。愛的不同面貌讓許多人困惑不已，「愛」這個字在不同的背景下有著不同的意義。再者，隨著時間流轉，狀態也許維持不變，每一個人卻都在變化之中。人的需求在改變，成熟與了悟隨著年紀增長，更多的經驗加上更能自我覺察，使得一個人在說「愛」、「獨立」、「需要」與「承諾」這些字句時，其附加的意義也跟著改變。

愛的成長

一個人的成長過程是透過身體、情緒、精神與靈性不斷的變化。隨著變化，話語的意義就會跟著個人的狀況而改變。正如人一樣，話語也在改變之列。如果一個人跟他人溝通時期望達到較深的層次，就必須了解與接納這個改變的過程。愛被視為人類彼此溝通時最根本的感受之一。在人趨向成熟之時，「愛」字的意義會隨之改變，並且反映出這個人在成長中所達到的階段。

把愛當成商品

把愛看成是交易中可以交換的商品會導致極大的混淆，若從這種經濟學的角度來看，一個人可以付出的愛似乎是有限的，而且他必須精打細算，才能保證對他人的投資可以得到豐厚的回收。這樣以物易物的愛常會導致衝突與不信任，伴侶互把對方看成競爭者或是對手，是必須時時提防的對象。

孩子們常被視爲是需要用愛灌滿的空容器，如此一來，他們長大才能給別人愛。以這種觀點來看，愛和需要是會乾涸的、是必須從別人那裡取得補充的。父母、孩童與愛人會固著在交換愛的模式中，彷彿愛是個商品，是可以用來交易與互相控制對方的。

動態觀點的*愛*【譯註】

如果人們能夠超越將愛視爲貨幣的狹隘觀念，他們就能看到*愛*的動態特質。當愛被看作是一種**狀態**而非商品時，愛與被愛的人立刻可以從依賴與害怕失落中得到自由。從動態的觀

【譯註】本章中以斜體字代表的「*愛*」，誠如作者所言，*愛*是一個動詞，一個行動，一種付諸行動的感受，以區別一般常被混淆的、物化的愛。

點看愛，愛是一種**付諸行動的感受**，人與人之間的行爲，這是人類的天性。雖然在有一個可以愛的對象時，最容易表現出愛的行動來，但其實對象並不是必要的，人有可能只是在**愛的狀態裡**。就算有了一個可以愛的對象，也不表示這愛就一定會得到回報。

這是個不尋常的看法。大多數人選擇將自己付出的愛看作是一種投資，於是，他們會害怕失去愛的對象而不敢呈現脆弱*。當人們期待對方的回報卻未能如願時，愛的痛苦就產生了。

愛的方式

人有愛的能力；他們能夠選擇愛的對象，或者完全沒有對象。人的選擇會受到個人因素（天生具有什麼樣的神經系統）的影響。許多人企圖補償自己的需要，並相信那是幼年時期未能滿足的需要。越過這些需要而發展出愛的狀態是可能的，有些人就鼓吹用**超越**的方法（比如說：超越自我）來達到這種狀態。我們則寧願選擇我們在《關係花園》書中所強調的，在人際與個人成長間投注更多情緒。因此，我們提倡**轉化**的方法，當接受許多基本架構的不變性時，人們就能在當下成長，並且改變其表達自我的方式（見第二十九章〈改變是可能的嗎？〉）。這些看法沒有對錯——只是個人選擇的方法不同而已。

愛的狀態

愛是一種**透明**的狀態，不設防也沒有遮掩的意圖。在愛的狀態裡，人們願意呈現其眞實本性；他們願意讓自己脆弱*且全然不設防，就算可能會被拒絕或被他人加以批判。人們發現在有人珍惜自己的本性時，比較容易自我呈現，因爲不必去符合他人的期待。當有人用愛回應的時候，就產生出**充滿愛的關係**來。

我們每個人都能在自己愛的行爲中得到益處。在呈現愛的時候，他人可以選擇最適合自己的受益方式。我們相信最佳的利益是以相似的自我揭露的愛來回報——以眞情邀約而來的眞情。如此，人們就能參與一場不斷再生的成長過程。

愛的發展階段

我們在《關係花園》中很深入的談到這個主題，因此，這裡只是大概描述愛的發展階段。[2]愛**不是一樣東西**、物件或是名詞；它是**行動**，一個動詞，跟情緒有關。它是在活生生的**存在狀態**中流動的**結合的能量**，和**感同身受**的過程有關。透過愛的行爲，人們得以在繁複的世事中**定位**自己。表達愛是人們對自己也對他人**啓發**與**揭露**自己深層本性（**眞實我**）的一種方法。每個人都能體會到愛是一個過程，有著許多面貌，能以不同層次呈現；就算一個人隨著年齡與經歷的增長，童年時愛的方式仍然可能在感覺中殘存。下面是根據人類成熟的過程大致排列出的方式；它們是累進的，但是本質上並不一定是連續的。

• **愛是給予支持**——初生時，無助的孩子只有在受到別人的照顧時，才體會到自己是被愛著的。所以長大之後，雖然他們已是一位能夠好好照顧自己的人，但他們終其一生都還是帶著這份嬰兒時期殘留的不安全感。深層的內在裡還殘存著害怕被遺棄的恐懼（遺棄對嬰兒來說代表死亡）；讓人以被支持的方式愛著似乎可以暫時抒解這個恐懼。被困在這個發展階段的人，情緒上是依賴外在的，需要他人的認可，也需要被別人所需要。從積極面來說，這些人成為照顧者，或是宗教、政治的領袖；從消極面看，他們可能在社交、情感、健康上都很無能。他們的特徵是息事寧人、操縱他人、掌控、有時甚至公然威脅他人。充滿愛意、支持他人的人（不論正向或負向）**需要**彼此一起找到安全感與生命的意義。

• **愛可以使對方加強力量**（enstrenthening）——當孩子成長，有意想要掌握自己生命的時候，會開始爬行、走路然後說話。在實際體驗這些技能的同時，他們也不時監看父母的反應，看父母是否認可自己才剛剛發現的這種自立行為。如果父母有被需要的情結時，就會變得過度保護孩子，並用很微妙的態度不鼓勵孩子繼續去探索。比較有安全感的父母會鼓勵孩子步向獨立與自主。同樣的，成人之中眞的能愛的人，在看到他們所愛的人逐漸變得更人性化、充滿自己的力量、並慢慢不需要他人認可時，也會覺得很愉悅。

- **愛是啓發**（enlightening）——個人化的過程需要不斷增加自我覺察與自我認知。愛的互動需要像鏡子一樣直接映照，提供訊息、經驗、以關懷的方式鼓勵或是回饋對方。通常，當人們批判、不表同意或是掌控時，他們會促使對方屈服或是導致對方做出過低的自我評價；這樣的回應不是愛的方式。

- **愛是重視他人**——在愛之中看待他人是一個自主的、分離的與完整的生命，而**不是**一個可佔有的或是一個物件。不幸的是，大多數的小孩是在物化的角色中成長（比如：好兒子、優秀的學生、可愛的女兒），根本不曾有過因爲自己的本性而被珍惜的經驗。因此，他們也會趨向於物化自己，並且跟自己的眞實天性失去連結。

- **愛是歡愉**——**愛意充滿**的人會在他人因爲喜悅而點燃生命之光時，也感到愉悅。一個人無法造成或提供快樂給另一個人；然而，一個人感覺愉悅時，能幫助另一個人找到進入喜悅的方法。**愉悅感存在於愛**之中，而不在於任何交換的商品。

• **愛是認知**——在愛的認知中，一個人證實另一個人的存在。當人們脆弱*並且開放的時候，他們能夠彼此相互揭露；在互相認知與分享時，他們能更充分的了解自己與他人。

• **愛是能呈現脆弱*以及親密**——在成長的過程中，人們大部分的努力都是爲了安全與生存。教育的過程引發出個人的種種防衛方式，比如角色、成就、屈服。在家裡、在教會中教導的是禮儀與道德，每個人都學會控制情緒，克服衝動以及掌控他人。雖然這是追求成就時，一個負責任的社會成員所必需的，但是人們常常被這些規條束縛而失去了自我。在親密關係中，人們透過漸漸去除這些防衛方式來分享彼此（此時是困難的功課）。用脆弱*（不防衛）的方式表達眞實的自我是種冒險，常會引發焦慮；但是這麼做卻是愛的最基本的面貌。缺少了呈現脆弱*的能力，關係會被角色給埋葬，彼此之間會一直像陌生人。只有透過親密的對話，呈現脆弱*，個人才可能成長。

• **愛是接納**——人們經常躲在**理想我**的角色中，深藏在其下的是自我憎恨，導致不斷物化自己，以至於需要一直防衛。當人們開始透過**五A**（覺察、認知、接納、行動、欣賞）開始發展自我疼惜時，他們就能接觸到自己深層內在眞實的天性了。越能接納自我，他們就能有越多的愛；經驗更多自我疼惜之後，也因爲更能接納他人而更開放的愛他們。

- **愛是分享**——人與人之間不論分享什麼都能促進親密。要能**示愛**就是去分享我們是什麼樣的人、做過些什麼事、我們自己的空間與時間、我們的知識與了解、過去與經驗、我們所擔心的事與個人受過的傷痛、我們的恐懼與興奮、我們的所有與需求、悲傷與喜悅。分享得越多，彼此就呈現與了解的越多。甚至只要定下界限，同時不用來威脅或是控制他人（太常如此了），也可以分享憤怒，分享憤怒能使人更親密。當人們可以這樣分享時，他們能呈現更多的自我，透過發展**相互依存**而變得更個體化。當分享減少時，正如在大部分家庭中發生的那樣，孩子們必須用叛逆來達到獨立與個人化，卻做不到個體化。分享能幫忙建立起界限與自主性，照顧與義務的行爲卻只能築起牆與依賴。
- **愛是共同創造**——當愛被分享時，人們會體驗到**靈性的連結**。在這個狀態下相互分享、關懷與揭露，人們可以更接近自我、更眞實、更能充實的與對方同在當下。在這樣的充滿愛的狀態之下，人們會散發出一種別人很容易就識別的能量，這種能量是完整、光明與平和的。這些人親身參與了共同創造的計畫，以鼓舞人心的方式與他人分享他們的愛。
- **愛是永恆**——在一個動態的關係中，愛與被愛的人成爲各自在其中**轉化**的一部分。雙方的參與都銘刻在對方不斷發展的模式中，永遠不會消逝。愛的眞諦是永恆的。

愛意充滿是每一個人類生命中極其重要的樣貌。我們的挑戰就是發展自己愛的能力，並透過交流與他人連結。

想一想：

1. 用自己的方式描述愛是什麼？
2. 你是用什麼方式表達你的愛意？
3. 通常在什麼狀況之下，你會認為其他人是「愛」你的？
4. 人生經驗中，是否曾經有被「以愛為名」而行控制之實的經驗？發生了什麼事？

第二十四章　性欲

有關「性欲」（sexuality）這個主題，因爲它容易讓人生起高亢的情緒，在名稱定義部分也很難達到共識，再加上這個主題的相關研究尚未健全，因此人們對於「性欲」普遍有許多的疑惑。所以每次我們談到「性欲」這個題目時，發現不少人會固著在某個觀點上，而且不論是贊成或反對，都只針對特定觀點有很深的偏見，於是就不再傾聽他人的意見，無法了解我們所談的有關「性欲」的全貌。在這個章節裡，我們把「性欲」分成幾個部分來談，就是希望讀者不要見樹不見林。性欲是生命與關係之間必須要面對的課題，值得好好探討與了解。

性欲的浪漫情懷

在關係中，最令人感到興奮的時刻常常是剛開始的階段（浪漫期），這時彼此還不太了解，但卻有著豐富的想像。每個人都對未來充滿幻想與浪漫憧憬，那種憧憬是十分個人的，包含過去正負皆有的歷史與生命經驗。剛認識的伴侶會把對未來構築的美景投射在彼此身上；這種盼望是很容易令人興奮，因爲浪漫的美景終將成爲現實。當一個人的羅曼情調跟對方的需求相符時，雙方更加感覺彼此的關係是「必然」的；隨之而來的焦慮，比方說美夢不一定會成眞、自己有可能會被拒絕等等，也會讓人更興奮。通常，人們預期性經驗是浪漫情懷的終極呈現。在浪漫的階段裡，其實人們並不擁有親密關係，因爲他們的關係是建立在相互投射的形象上。[1]

浪漫情懷的終結

假如在關係中的兩個人，都能找到讓自己滿意的浪漫願景，並且在分享性興奮時充滿樂趣，這有什麼不對嗎？在北美的社會中，大多數夫妻都是以這種羅曼蒂克的方式相結合的，但五年內通常不是分居就是以離婚收場。多數的情況裡，隨著分居或離婚而來的還有痛苦、憤怒、沮喪、失敗感和自我評價的低落。對許多人來說，「現實」毀掉了最初令人陶醉的浪漫情懷。當人們對彼此更加了解時（這是親密的重要面向），要再把對方套進自己原先期待的浪漫角色裡就越來越困難了；最後，他們意識到那個浪漫的夢想是不可能實現的。即使他們有能力更加的親密，但是大多數人卻不在意，反而集中注意力去尋找更多的浪漫情調。對許多人來說，當浪漫情懷消失時，關係也就消逝了。

浪漫或是親密

很明顯的，浪漫與現實是相互排斥、彼此干擾的。而由於親密的定義是眞實（個人的眞實面）的分享與表達，所以似乎也是跟浪漫互相排斥的。這麼說來，性興奮經常是因浪漫情懷而產生，所以性興奮有可能也跟親密是互相排斥的？這個說法值得進一步去探索。

親密跟性衝力不同

人們總是把「性交」含蓄的說成「親密」，這是最常見的混淆。當人們說「親密關係」時，經常是指與人有「性關係」。不過在本書中，「親密」一詞專指兩個人之間所存在的脆弱*、開放、分享的狀態。當然，性經驗有可能是親密的；但是在跟人工作中我們也發現，通常性經驗一點也不親密。我們的觀點是，**性興奮與親密是兩種不同的現象**，它們不一定能自然的融合在一起。實際上人們共同的經驗是，當親密發展時，性興奮會有減弱的趨勢，由此可見這兩者常常是背道而馳的。蕭伯納（George Bernard Shaw）似乎也這麼認爲，當他創作《人與超人》（*Man And Superman*）時，一對男女在其中一幕討論著性與親密：

唐璜：「爲我們男性做個公道的事吧，夫人，承認我們向來認知的性關係一點都不人性化也不友善。」

安娜：「不是人性化的關係！那有什麼關係是更人性化的？或者更莊嚴、更神聖呢？」

唐璜：「如果你願意，安娜，它可以是莊嚴或神聖的，但不會是友善的人性化關係，妳對上帝的關係是莊嚴和神聖的，但妳敢說那是人性化的、友善的嗎？在性關係中，兩造雙方都只是無助的媒介，宇宙造物的能量支配了一切，凌駕並掃除了所有個人因素的考量，省略了一切人性化的關係！」[2]

性欲的分類

為了討論方便起見，有關「性欲」這個大題目，將在以下六個層面中加以考量：生物、感官—情色、性衝力、浪漫情懷、美感／神話與超個人。下頁這個「性欲的不同面向」的表格說明了每一個面向的特質。我們在《關係花園》一書中有更詳細的討論。[3]

生物觀點的性欲

從生物觀點來看，性欲通常被視為理所當然，雖然這個重要議題的知識還有很多未知的空間有待加強。最常見的假設是：性趨力（sexual drive）是由生物性所決定的，複雜的神經荷爾蒙網絡，影響了人們的行為機制。簡言之：每一個人會分泌多少的荷爾蒙，是由遺傳決

性欲的不同面向

	生物性	感官—情色	性衝力	浪漫	美感／神話	超個人
位置	身體的	身體的	心理的精神／情緒的心理的	精神	更深的本質	高等自我
動機	抒解緊張	抒解緊張	克服無助感	抒解疏離感	情緒／靈性	意義感
系統	內分泌	間腦（副交感神經系統）	皮層（交感神經系統）	皮層（副交感神經系統）	皮層（淋巴系統）	高等自我（松果體）
形式	射出	愛撫	穿透／吸入	形象管理	意義管理	狂喜
目標	生殖	快樂／疼痛	支配／順服	控制	意義的歸屬	合一
方法	高潮	感官	象徵	象徵	感官／象徵	無法言傳
親密	非人化	非人化	非人化	非人化	非人化	非人化

定的，這些荷爾蒙使身體替各自獨特的性功能和性行爲做好準備，驅使我們跟異性性交的就是這股天生的能力，其**終極**目的當然是物種的延續。

如果以上的假設是正確的，性行爲的自然歷程就會如下所述：雄性動物分泌出相對穩定而平衡的荷爾蒙，放出爲性活動做好準備的訊息，並不是一股朝向性活動的驅力（跟一般我們所相信的相反）。同一物種的雌性，她們體內平衡的荷爾蒙，在固定的週期間複雜而有節奏的運轉著，有如一首細緻的管絃樂曲。因此在自然的狀態下，大約一個月產一次卵。這時，爲了增加卵子受精的機會，她會散發出一種微妙而令人陶醉的氣味（費洛蒙），如果雄性物種接收到費洛蒙的氣味，就會刺激了他的性神經荷爾蒙機制，他就會去尋找雌性，有了交配的行爲——但是一個月只有一次！這就是「自然的」（根據自然法則）性欲，它是取決於人類的生物性。從這個觀點出發，所有其他的性行爲都被視爲「非自然」或是「反常的」（因爲目的不是爲了繁殖）。有些宗教採用這種生物性假設的道德立場，宣稱只有「自然的」才是合乎道德的，在這個邏輯之下，所有非排卵期的性交就都不符合自然，當然也是不道德的了。很明顯的，生物性的性欲跟人類先天的驅力有關，所以它是**非人化**的；性欲如果有人性化的面向，目前尚未在生物學的領域之中看到。

感官—情色

接下來要討論的跟性有關的層次，是在神經系統組織方面發生的。不同的刺激會導致身體神經系統的興奮，製造出許多愉悅或不適的經驗。身體的某些特殊部位（性感地帶）在以特殊的方式接觸或撫摸時，就會產生一種所謂「性的」興奮或是衝動。更具體的說，**這是一種附帶著性的意義的感官被喚醒了！**透過接觸激起的衝動（如：撫摸、皮膚的感覺、溫暖等等），這只是許多可以激發感官知覺的方法之一；其他經由視覺（顏色、形狀、尺寸）、聽覺（音樂、呼吸聲、安靜）、嗅覺（身體氣味、香水）和味覺（身體的味道、食物、飲料）的激發也可能讓人興奮。透過這些感官刺激所引起的衝動，便構成了在性欲肉體上的情色面向。這是透過身體的副交感神經系統所形成的，能使人放鬆、全身舒適。

不同人對性欲的感官與情色面會有不同的評價。對某些人來說，它是性欲最重要的部分；但對其他人來說，那只是導致更興奮結果的手段。從溫柔的愛撫、輕輕的按摩，到粗暴的對待、掐捏、口咬、毆打，許多廣泛不同的觸覺刺激，都能在快感與疼痛之間被情色化。西方文明獨特的性欲模式是輕柔的愛撫和觸摸，因爲觸摸身體本身就是爲了要產生快感與情色的經驗，所以這種感官—情色的衝動，並不需要跟任何一個具體的人或物有關。在這樣的情形下，「**感官—情色**」在本質上是**非人化**的，做出觸撫的人反而是次要的。

「感官—情色」經驗基本上是肉體的，經由神經感覺器官進行協調。在腦部，腦中樞只是負責統合，對刺激的經驗由間腦負責，間腦位於負責思考功能的大腦之下。不光是人類，所有高級動物的腦部構造都相當類似，因此這些「感官—情色」經驗基本上是「自然的」，也是**非人化**的。

性衝力

初期的性是充滿魅力的，但最終能維持興趣的則是權勢。——江青女士[4]

感官—情色經驗可以被詩意的描述成溫和、迂迴與愉悅的，但不可以是強迫的。而另外一種性體驗——性衝力（sexual charge），則是劇烈、高度亢奮、更敏感直接、更急迫、也更猛烈的。性衝力大部分由交感神經系統（被描繪成「打／逃／怕」〔fight/flight/fright〕的系統）負責調停。性衝力的經驗是**非人化**的，因為性對象通常是被**物化**的。就跟「感官—情色」經驗一樣，這時具體的人是次要的。不同的是，感官—情色經驗是生物性與感性的，而性衝力的經驗主要是由象徵所激發的。性衝力的過程主要是在心智上，與處理象徵的大腦皮質層有關。物體（包括語言及被物化了的人）被賦予特殊意義，並產生了專屬個人的感受。象徵化的過程對於文明及其文化的孕育是很重要的，但這個過程又往往使我們遠離自己的自然根源與屬性。它是一個由人與文化之間的互動來決定的學習過程。

在象徵的層次上，性興奮引發的衝力的形式，反映出每個人不但受到文化（文化羅曼史）的影響，也受到個人歷史的影響。[5]從存在主義的觀點來看，在這兩種影響的背後，都有孩提時代未曾解決的問題——對無助與滅亡持續感到恐懼，不斷的反芻生命無價值與自我懷疑，最後還有（對嬰兒來說）被他人遺棄而致死亡的恐懼。讓每一個人都能掌握生存以及控制環境的本領（特別是在這個環境中的人），這樣一來生命就變得可以預期，這是社會提供的解決方案，於是人人陷入權力爭奪之中。在象徵的層次上，當一個人力圖控制他人的同時，他其實也會有屈服、交出與讓別人接手的欲望：而這種對「支配／屈服」的渴望，便成為性經驗中隱藏的主題，也就是它點燃了性衝力的刺激。

在性欲上，「支配／屈服」的主題是透過性交表達出來的。就像一個銅板的兩面，欲望不是插入就是張開（進入或是被進入）。支配者與屈服者都因對方對自己強烈的欲望與需求而有勝利的喜悅，它所隱含的主題就是控制。兩個人都體驗到被確認以及暫時忘掉被拋棄的恐懼。所有人與人之間的互動，都離不開程度不同的「支配／屈服」主題。在浪漫階段裡追逐自己鍾愛的對象時，任何性關係都會感到性衝力的刺激。當一個人在口頭上或是行為上完全服從另一個人的要求時，一股支配的快感油然而生。可能的失敗或被拒絕反而更讓人覺得刺激。屈服的力量也是如此，成為被渴望或是被支配的對象時，許多人都體驗過快感。經過一段時日之後，屈服與支配的關係變得理所當然時，就會覺得平淡無味，興奮感就會減弱；

大多數有承諾的關係，五年內多會變成這樣。

性衝力與物化

幼年時期以權力爲主題的幻想，所引發的性欲化的版本就是性衝力，這類主題的幻想又常涉及孩童時期受害情節的逆轉。在性衝力裡，選擇支配什麼樣的對象，經常是在重述自己過去生命的故事（見第十五章〈物化〉）。人們並不會對任何人都產生性衝力。造成性衝力的要素數以千計（性別、年齡、尺寸、形狀、顏色、聲調、態度以及其他的個人特性）。**所以人並不是在性方面被一個「人」所吸引，而是被一個物化的對象所吸引**，這物化的對象多半符合童年時期的幻想，現在藏在潛意識裡。[6]性吸引力的元素構成了權力與支配的主題，這個議題需要被了解。人不會被每一個人吸引，只會被那些最符合他們幻想特徵的人（他們的「縮影」）吸引；這是爲了補償當年犧牲、創傷、或只是簡單的不完整的經驗。因此，每一個性衝力都有一段故事；在「縮影」裡已經濃縮了的物化偶像，則包含了早年生命中需要修復的元素。過去他們沒能成功的掌控，所以現在他們要尋找並支配那些可以反映出自己過去生命裡的物體與形象。[7]

性衝力常常與各種復仇的主題有關；個人並不是選擇了「另一個人」，而是選擇一個可供其支配與控制的物件，爲的是象徵性的修復兒童時期無力解決的困境。這主要是心智的現象——雖然是經由身體去體驗衝力，這經驗卻是透過大腦皮層的無意識幻想來傳達的，這個論點否定了性衝力是針對特定個人的浪漫迷思，所以，性衝力絕對不是人性化的，它牽涉到操控一個象徵的物體，這物體代表著早期未能解決的事件或創傷。

色情刊物影像的性衝力

在支配／屈服的關係中，總有一位會是象徵性的受害者。因爲觀點的不同，這受害者若不是支配者就是屈服者；然而實際上雙方都是受害者！所有的色情影像都以圖像表達這個主題。大部分男人感受性刺激時多半是靠視覺，所以在色情雜誌上，隨處可見專爲男士而設計的撩人姿態，常是在呈現「支配／屈服」的主題。每一個搔首弄姿的模特兒，藉由身體的姿勢和眼神，發出既撩撥又挑逗的訊息。雜誌中的模特兒和閱覽雜誌的人，誰是受害者誰又是控制者？雖然大多數性興奮帶有情色的主題，但是道德上卻盡力否認或掩飾。對大多數女性來說（她們的性衝力不像大多數男人那樣以視覺爲主），這個的主題則以**浪漫喜劇**貫穿：年輕美貌的女主角總能馴服和吸引性格剛烈、難以駕馭的男主角。就算沒有被圖像刺激到，很多女性在看到支配和控制的情節或故事時，也會覺得興奮。不管男性或女性，都會有想去捕捉對方意識的渴望。[8]

浪漫的性欲

正如前面所提過的，對某些人來說，關係中最刺激的部分是浪漫的行爲；性交本身無法與那些把人引進臥室時的興奮相比擬。他們會更想要花朵、燭光晚餐、輕柔的音樂與對談；卡片和電話會讓他們覺得自己是被珍愛的。有些人會有默默的優越感，因爲透過這些熱情的象徵他讓他的伴侶感到滿足。這種浪漫的表達，**代表的**是浪漫愛侶間重視對方的形式；對他們自己來說，所有的浪漫情調都是**象徵性**的，所以也是**非人化**的。

美感的性欲

對某些人來說，最吸引他們的是追求美、形式與優雅；他們在**美感**中感到愉悅。對這些人來說，人體與行動化成藝術品時最吸引人。他們在欣賞一幅畫、一場舞蹈或一座雕像時，是最開心與興奮的。他們是被伴侶的美貌所吸引。在這樣的吸引力之中，他們在意的是外型而不是這個人本身；因此這種性欲的形式也是**非人化**的。

神話的性欲

神話故事是有關於存在的深層模式。在神話角色的互動中，所描繪與傳達的是宇宙的過程。神話中描繪兩性關係或者男性與女性力量的動態，呈現的是普遍潛藏在人類性別互動的各種主題。在日常的性的面向中，宇宙的觀點大都在人的潛意識中；然而，在許多伴侶的性關係中，有些人能辨識出行爲背後較深層的元素。

超個人的性欲

在經驗到一種深深的孤獨感之後，大多數人都會在關係互動中的各個層面上，不顧一切的試圖與他人連結，這當然也包括了性。如果權力與控制成了目的，並企圖永遠佔有他們的伴侶時，人們似乎注定會不斷重複這種「支配／屈服」的行爲。[9] 只有透過在脆弱*狀態中的分享，產生出對彼此的**認知**時，人們才能達到人性化的**親密**、**揭露與開放**。有時候，當人們認知到自己與他人（以及宇宙）是合而爲一時，才眞正的參與了超個人經驗。

在性的結合上，個人很少能夠全然的放下，撤除掉自我的限制，以便去體會與整個天地萬物合而爲一的感受。這不僅僅是一種與他人結合的約定或舉動，更是認知到自己與他人原來**早已經是結合**的狀態。爲了在性欲上體驗到這一點，需要能超越對孤單的害怕，並與對死亡的恐懼達成協議。這就牽涉到自我的臣服（surrender）（不是臣服**於**他人；在**屈服**〔submission〕的狀態時則是在支配），在臣服的狀態裡，這個人是願意在他人的環抱中辭世的。這種狀態是**莊嚴神聖**的，是**慈悲恩典的境界**。

超個人層面的性欲是放下個人的利害關係，去體驗**超越自我**；因此超個人的性欲**是非人**

化的。

性欲中個人的獨特性

被稱之爲「性」的這個東西，通常比人們所了解到的要複雜得多。對性欲的興趣可以從各種不同領域的元素來看（在這裡我們歸類爲六種層面）。每個人都以自己獨特的觀點來審視這些層面，所以每個人的性欲都是特別的，也是非常個人的。因此根據這個觀點，所謂「病態的性」，通常也就只是個人的獨特性。每個人的性偏好、行爲或興奮，反映出的是個人生命的主題。性欲是每一個個人歷史的私人日記，包括所有的希望與恐懼，幻想與經歷——這確實是個人存在的眞正意義。難怪每個人都小心的護衛著性欲，所有的自我覺察都不將之含括在內！

只要彼此**同意**，成年伴侶之間在「性」方面是沒有什麼不能探索的。由於現今性治療學家的理念通常太過於機械化，他們倡導的運動與練習是想要更不費力、更有效的使用性器官，這樣是無法欣賞個人的性欲在不同層面上的**意義**。其實人們所需要的不是治療師，而是善解人意的輔導者，以激起他們對性的興趣與性行爲裡更深層意義的好奇心，並且幫助他們找到分享的各種方法。

使非人化變成人性化

在我們已經列舉的這些層面上，性欲幾乎都是非人化的。在持續進展的關係裡，最大的挑戰就是去揭開令人興奮的源頭（大多數是非人化的），並且將它帶進關係的親密分享中，**使非人化變成人性化**。[10] 離開道德批判的立場，任何欲望或行爲基本上都沒有錯；唯一可能的錯誤是對某種特殊的欲望未能敏銳的表達。爲使雙方都能成長，此時最重要的便是**同意**，關係中人必須對互動的每一面向都達成協議。逾越協議和冒犯界限會使性經驗變成**暴力**（正如強暴）。每個人都應該在不會有人受到傷害的情況下，去探索特別的欲望和衝動背後的意義。

性興奮的衰退

當伴侶間分享他們興奮的題材時，他們會更脆弱*，也更了解彼此，因此會更加親密；在這個狀態中，他們比較不會物化對方。於是當他們變得更加親密時，他們便不再固執於彼此間的支配與屈服；由於象徵性的互動減少，更加人性化，他們對性的興奮感會有減弱的趨勢。通常這時的性經驗更能實現自我，對某些人來說這種狀態本身就令人興奮。這種「親密衝力」在「臣服」時比在「屈服」時更容易讓人興奮。有些人或許會形容這就是他們的「性興奮」，而且覺得滿足。

重新發掘性興奮

對陷溺在「支配／屈服」關係的人來說，或許會覺得失去了這樣的亢奮感而覺得不滿足，想要尋求性治療或換一個伴侶。如果他們想要再度點燃關係中的興奮感，就需要共同探索，從「支配／屈服」的各種主題中重新發掘有創意的作法。幻想、角色扮演、感官刺激、看色情電影或故事都是可行的方法。在關係之外尋求其他的經驗也是常見的解決方式，但是因為這通常會威脅到主要關係，相當冒險，所以我們不大推薦。

在親密關係中探索性欲

透過共同分享獨特的性趣，能促進伴侶間的親密感，並更加了解彼此。伴侶可以持續的、更自由的探索性欲的各個層面——可以嘗試從褻瀆到神聖等各種面向。隨著這樣的探索，人們得以成長、自我覺察、欣賞自我與他人，有種日漸親近的感覺，最重要的是，能夠在生命中感受到更人性化的意義！

想一想：

1. 你在關係裡有哪些投射？
2. 你覺得性興奮跟親密是互斥的嗎？
3. 在性欲的不同面向裡，想想自己比較重視哪一種性欲？
4. 是否曾有跟伴侶共同分享獨特的性經驗歷程？
5. 當性欲減退時，是否會擔心對方或自己？會有些什麼樣的擔心？

【第五部】

健康、疾病與療癒

療癒
我不是一部機器，一些不同部分的拼裝組合
也不是因爲這機器運作失靈
而導致我病了
我的病是因爲靈魂的創傷
我情感深處的創傷
而這靈魂的傷口，需要很長很長的時間
只有時間能幫得上忙
還有忍耐和相當艱困的悔改
漫長、艱困的悔改，明白生命的錯
並且讓自己
從這永無止境不斷重複的錯誤中釋放出來
這人類已選定要洗淨的錯誤

——D·H·勞倫斯[1]

第二十五章 個人對疾病與健康的責任

疾病只是生命處於不同的狀態。——斐爾科（Virchow）[1]

在最早期，幸福是跟能否存活有關；人們能夠保護自己免於受到傷害並且不需涉足險境，就已算是活得不錯了。由於感受到威脅與不確定，人類發展出對於具有強大力量的鬼魂與神明的信仰，認爲他們可能會傷害人類。而至最近幾個世紀，科學已發現大量對人類健康造成危害的媒介（細菌、病毒和化學物質），在這些事物上也同樣變得迷信，它們可以說是現代的幽靈與小妖精。

被疾病入侵

因此，人類與自然環境的關係就被定位成是相互敵對。能夠健康的活著端賴環境的控制是否得當，例如：如果不小心被病毒感染就可能會感冒；我們成了這些不尊重我們健全和安康的外來侵犯力量的「受害者」。由於對這種入侵的力量過分擔憂，人們盡可能躲避所有可能的污染源（包含其他人），並且竭盡所能的清潔環境，其程度遠超出合理的需要。這種偏執的態度越來越普遍，從這個觀點來看，人們需要小心警戒以避免健康受到疾病的侵害，並且要加強各種防護；這麼做的同時，他們也讓自己與環境日益疏離了。

另一種選擇：負責任

然而，許多這樣的「敵人」是無所不在的，它們在我們的身旁，甚至就在我們的體內，與我們和諧共存著。舉一個簡單的例子，大部分的感冒病毒都長時間生存在我們的喉嚨裡，然而爲什麼我們只在一些特定的時候才會感冒？人們通常認爲，病毒一直在伺機入侵，或許就在我們勞累過度或吃壞肚子的時候。另一個可能是，感冒有時很有用，它所造成的無助感也許對人有利。我們小時候就知道這種無助感能替自己帶來許多間接的好處——會得到特別的注意；有了不做家事、不去上學、不做功課的藉口。有沒有可能在我們長大了以後，還不想放掉從感冒中得到好處的模式？或許我們實在需要好好休息一下，卻因爲覺得內疚而無法提出這個要求，感冒剛好合理化了這個需求？毫無疑問的，我們現在的時代氛圍，無助之人所得到的注意與援助遠比能幹的人來得多。

疾病的意義

我們要對自己的疾病模式負責的觀念，或許能夠解釋某些直到目前都難以理解的行爲——爲什麼肥胖症患者繼續過度飲食？即使酒精會毀掉人們的生活，酗酒者仍照喝不誤？爲什麼有心臟病或肺氣腫的人仍不停的吸菸？雖然這些人寧願相信自己是這些癮頭的無助受害者，但他們似乎在症狀中以某些方式得到了好處。或許肥胖症患者正試圖填塞身體以避免親密關係；或許酗酒的人害怕面對可能的失敗而貪杯，這樣一來別人就不會對他們期待太多；或許吸菸者在控制情緒，因爲一旦顯露出自己的眞實情感（例如憤怒或熱情），會把別人給嚇跑了。無論他們需要什麼，身體會與症狀合作，讓疾病的過程能滿足他們的特殊需求。因此，當一個人出現了症狀，或被診斷爲一種疾病時，這些症狀的背後都存在著某種有待發現的**意義**。身體會講出言語無法表達或**不願意**表達的事情。

氣能量的阻塞

古代中國人將生命力的能量稱之爲「氣」。他們認爲這股能量在懷胎之初進入人體，終其一生都存在於身體中，在生命終結時飄然而去。「氣」在經絡通道中不停的流動，此流動所產生的模式構成了能量身體的主結構（能量體），它被視爲生命的本質模式。這個能量體是種放射狀態，並且呈現在人的各種不同層面上——靈性、情感、身體、智能與環境。古人認爲，如果能量在主結構中的流動是平衡又和諧的，生物體就能自由自在的運作，處於健康無恙的狀態。當能量體中的阻塞和淤積到一定程度時，生命本質層面上的和諧與平衡就被打破，會以騷動不安或疾病的形式在人的各個層面上顯現出來。每個人的能量多多少少會有些停滯，也就是一些固定的模式，這形成了獨特的人格特質。當阻塞更嚴重或是持續太久，就會引發疾病。這些阻塞使能量脫離了健康的軌道而引發出智能、身體、情緒、靈性和環境上的各種疾病模式。由於能量的停滯是一個人生命形式與態度的產物，因此每一個人都要對疾病**負責**（但不是被指責）。這些停滯或許是由潛意識的運作所產生和延續的，雖然通常他們無法覺察，但在某個層面上來說，是個人持續的行爲模式引發了疾病。[2]

情緒的固著

一個人在壓抑情緒表達的時侯，會在能量本體內產生阻塞，也就在能量本質中助長了疾病模式。這些壓抑的模式也會在生命的其他層面上引發疾病（身體疾病、心理障礙、心靈的痛苦、環境失調或更多情緒上的困擾）。抑制情感表達的方式有：**退縮**、**壓抑和否定**。人們會藉著極力限制呼吸來壓抑情緒；如果學會更深的呼吸，讓肺部充滿空氣，人們會感覺更容易表達自己的情緒，並且也更能跟自己接觸。當我們了解這些機制的本質，就可以克服它們並且學會表達情緒而不是加以壓抑。越是能讓情感流動，生命的能量就越自由暢通，開展出更多的治療與覺察。通常一個人會面臨的是，阻塞的情緒表面覆蓋著極大的恐懼。不逃避恐懼，一個人就能允許情感流露出來；不再退縮，以開放的態度增進學習，人會因此而成長。

身體的固著

疾病也同樣會在身體的層面上發生和延續。缺乏運動會造成行動遲緩與不適。但是以一種雄心勃勃、誓達目標的方式來鍛鍊身體，又往往使體態僵化，變成特定的模樣，造成約束而無法流動。這些身體上的限制所對應的就是一個僵硬狀態的能量本體。這種以達到目標爲目的的運動，往往會造成身體持續的僵硬。請注意，這種情形是目標導向引起了限制，而不是運動本身。富於表現力的運動，如形式自由的太極拳和創造性舞蹈，跟紀律嚴格的活動比起來，也許更有助於能量的流動。事實上，任何一種以創造性方式來達到表現自我的運動，都有助於個人的開展；任何目標導向的活動都會造成收縮。然而，如果是目標導向類型的人，直接去否定自己的傾向卻是不智的；就算在奮力達到目標的過程中，他們仍然可以學習讓自己更加柔軟流暢。

開放健康的狀態也與一個人攝取的飲食有關。均衡的食物有助於人健康的成長和運作，不當的飲食則無法提供必要的營養。使用酒精、尼古丁和其他藥物都是讓阻塞持續的因素，限制了自然的自我表現。

靈性的固著

疾病會在靈性的層次上呈現；跟其他層面的阻塞一樣，靈性方面的阻塞也會造成疾病。維克多．法蘭可（Victor Frankl）說：「人對意義的追尋是他生命的首要動力。」[3]人們用創意表達了超越自我限制的意義。法蘭可用尼采的話說：「那些知道**為什麼**而活的人，幾乎可以忍受任何**如何**活下去的考驗。」[4]當失去了生命的意義感，疾病的模式就可能取而代之；疾病常常就變成了意義。找到個人生命的意義，並且把能量導入創造性的活動中，就能幫助靈性重生，促進成長、健康和幸福。

過度制約的靈性活動也可能會成爲自由表達的障礙。極度的投入瑜伽、冥想、特殊飲食以及追求其他類似的事物，會限制了個人而非拓展其覺察的能力。[5]在過度嚴苛的紀律中所包含的是一種**靈性上的野心**，更準確的說，這是一個人想要以靈性的方式到達某種境界。這野心及其導致的強迫性行爲會在一個人的能量本體中發生緊繃的狀態，而以收縮的方式呈現出來。這是一種自相矛盾的方式，想在靈性上有所擴展，結果卻造成收縮的狀態。克服這種狀況的第一步，通常是要透過覺察了解到，在靈性上過分嚴苛的紀律會導致緊繃的事實；這份覺察可以促進更大的擴展和更自由的自我表達。

智能的僵化

智能的開放與流暢有助於健康與成長。固定的智能模式限制了生命，而這限制可能會導致疾病。智能會把生命的經驗象徵化，其主要功能之一就是溝通。投注太多心力在某些特定的觀念上並排斥其他觀念，會把僵化的過程轉變成一種批判的態度。這種態度會反映在能量萎縮的狀態中，而這正是許多疾病的根源。承認這種僵化，並且流暢與優雅的使用智力會促進療癒及成長。當我們覺察到一個人的態度會誘發和延續疾病，我們就能利用疾病的症狀當作生物回饋，來警惕自己是否有態度僵化的情形。靠著這個覺察的過程，個人就能深深的影響能量的狀況。

個人的責任

我們每一個人都造就了自己的生命境遇，並且要對自己的健康或疾病狀態負責。無論疾病發生在哪一個層次——靈性、情緒、身體、智能或是環境——我們都要爲自己所創造、延續並反映在疾病上的模式負起責任來。我們再次重申，**負責任不是指責**，是僅僅承認個人的**參與**。接受自己對疾病和健康的責任，一個人就能走出並超越疾病的模式，進入安康和開放的狀態。在這個過程中，一個人能了解到自己的動機與固著的情況，發現更多生命隱藏的面向。

身心合一

中國能量的中心理念是認爲生命雖有各個不同的層次，但實際上是一體的。補充性醫療（complementary medical）的說法是「身／心」合一。而完整描述的用語則應該是身體、心理、情緒、靈性與環境的合一。身體／心理／靈性／情緒／環境表面上的分離是人類獨一無二的觀點（在正常的發育與成熟過程中發生）；在基本的層次上，我們各自不同的「部分」是以一種完整的狀態依靠著彼此的，它們其實就是彼此。在某一層次上的疾病也會在其他層次上顯現出來。從這個角度來看，幾乎不可能會有跟心理壓力無關的身體疾病。靈性失調會反應在心理狀態上，在身體上，當然也會在環境上。疾病有可能主要呈現在某一個層面上；然而，因爲所有的部分都是一體的，其過程也會在其他所有的層面出現。

疾病的各種現象

在本書中，我們集中談論了某些特定的疾病——憂鬱症、過敏症、恐懼症、界限疾病、多發性硬化症以及記憶錯亂等。主要是由於許多年來，我們從個案與朋友的回饋中寫出了這些文章。我們概略所提出的原則也適用於更深入的討論癌症、糖尿病、關節炎等疾病。

用症狀來定位

之前我們曾提過，人類要完成的任務之一是為自己找到定位，並且替自己建構一個世界（見第十三章〈定位〉）。在深深的不安與焦慮中，人們努力的尋找可以信靠的安全感（見第十二章〈焦慮——朋友還是敵人？〉）。雖然在生病的過程中經驗到不舒適，他們卻因此對疾病的過程非常熟悉，通常他們不願意放棄症狀，因為害怕脫離熟悉的一切之後會感到空虛。受苦當然是不愉悅的，然而它是可預測的也是熟悉的。因此，疾病的各種症狀與不同的受苦方式能提供一條路讓個人來定位自己。

關係中的疾病與健康

人們在關係中呈現出固著的現象，通常是因為害怕與不安全而彼此防衛。在退縮之時，他們的能量是緊繃的，最後也會以疾病的方式呈現出來。

沒有別人的日子會更好過嗎？看來似乎很合邏輯。當一個人長期忍受暴力或是界限被侵犯，他們通常不願意與人靠近，他們認為這樣比較安全（或許曾經如此）。他們發展出退縮或防衛的模式以保護自己，然而，這種築牆的方式使得他們的內在是緊繃的，也讓疾病有了生根的機會。

我們有時會在演說時幽默的把題目定為「關係使我生病」。主要的論點是，疾病是從早年關係中的固著姿態而產生的。這種緊繃的態度一直會延續到後來的關係，它們在生命的許多層面都引發了痛苦，最後以發展成熟的疾病症狀呈現出來。在關係中的隱忍製造了疾病。我們在演說中也提到，親密關係可以是一座花園，人們在其中找到自己，找到所愛，找到意義、健康與活力；但這需要有勇氣去面對難題。

所以，人們最常在關係中卡住；然而，人們也可以在關係中得到自由。當他們願意致力於持續一段親密與互相揭露的關係時，他們能夠面對靠近他人的恐懼，也因此打開了自己與伴侶間、與自己、與生命連結的能力。這時關係變成治癒的所在。

對談式的治療

我們將近三十年的工作都集中在關係的領域上。我們越來越相信疾病常常是分離時產生的現象；當明顯的分離再度復合時，療癒就開始了。許多人類的疾病都歸因於有缺陷的關係，主因是以物化與孤立保持了彼此的距離。人們若想要治癒就要彼此都變得脆弱*、開放與呈現自己眞實的本性，包容彼此的世界。透過對話，人們可以變得互相欣賞、了解、互愛及愛自己。對我們來說，**所有的治療都由對話中產生**。

爲健康學習對談

在我們的工作中，常常有人來工作坊尋求協助。他們經常以傳統的框架要求帶領者給予專業的治療。如果帶領者順應了這個邀約，他們會變得依賴帶領者，而失去運用團體過程治療的機會。在團體活動中，我們會邀請參與者表達出自己內在的想法與感受，因此大家都能轉變成以脆弱*的狀態互動。當這樣的課程進行幾天之後，團體各成員間會發展出親密關係，跟自己的關係也會更自在。他們練習開放的溝通，學會運用技巧，在他們願意時會向他人開放自己。團體是可以發展親密技巧的學習實驗室，學會並且練習這些技巧後，畢業生們可以把它們運用在重要的生命關係中（家人、配偶、伴侶、同事），以便發展與維持親密關係。在這樣的氛圍中，他們學著開放自己，釋放在人際關係中卡住的能量。這樣釋放之後，生命的運轉更加流暢了；於是，人們在他們發展出來的親密關係中得到了療癒。

從我們的疾病中學習

在健康開放的狀態中，人們得以成長與成熟，達到自我呈現與個體化全然的深度與廣度。這並不意味著避免生病，而是指擁抱我們所生的任何疾病，並且從中有所學習。

> 醫藥能治癒身體，但是靈魂與詩歌，有選擇、渴求與活在疾病中的能力。只有最狂熱的癌症研究者，能與詩人分享此一概念：癌症是一朵花、一趟冒險，一場生命的密謀。——羅柏・鄧肯（Robert Duncan）[6]

想一想：

1. 深呼吸並感覺一下身體的狀態，你的身體曾經用某些病痛的形式向你傳達訊息嗎？
2. 你的身體、靈性或情緒有任一層面的固著嗎？是哪些特定的模式？
3. 在周遭的關係中，有沒有讓你願意呈現真實而脆弱*的狀態而願意與人對談的時候？這種頻率有多高？

第二十六章 同理心、共鳴與能量

子曰：二人同心，其利斷金。同心之言，其臭如蘭。——孔子（出自《易經》）[1]

同理心，包含與共鳴

根據韋伯字典的解釋，**同理心**是「一個人自己的意識，在他人身上想像的投射」。[2] **包含**（inclusion）是同理心最深刻的呈現，包括了「我—你對話」中非常敏感的互動（見第十五章〈物化〉）。共鳴是能量的一種現象。一個音叉會因爲回應另一個叉音，而以相同的頻率一起在共鳴中震動。同樣的，當兩個人靠近而認同彼此時，共鳴的震動在他們之間產生。共鳴在心理學上的說法就是同理心與包含。

新陳代謝的能量與宇宙的能量

能量有兩種：**新陳代謝的能量**（metabolic energy）與**宇宙的能量**（universal energy）。前者是食物消化與吸收的副產品，是一種身體的能量，是有限的而且會耗盡的。相反的，宇宙的能量是無限的，是無所不在與處在當下的。

能量轉換：一個普遍的錯誤概念

普遍的觀念認爲，「同理心」是指一個人能夠實際**感受另一個人的感覺**，正如「了解」是一個人懂得他人理念的能力一樣；通常，所參考的是一個人是否有能力感受另一個人的振動，這多少暗示著人與人之間能有某種程度的**能量轉換**，例如：有些人認爲當他們接收到對方的振動，就可以感受到他的憤怒或是悲傷。許多人相信人可以透過能量的振動來影響他人，於是，人們對於周遭他人的情緒似乎也是有責任的。一般人相信有些人的能量是「有毒的」，是要避免的，另一些人的能量則是「滋養的」。

人類的身體藉由吸收與消化食物而製造出新陳代謝的能量，這個能量是經驗與情緒的燃料。許多人以爲可以用這種能量控制並影響他人，能量越大，這個人在行爲與感受上就越有力量。一般人也認爲這種能量是可以移轉的，能夠治癒或傷害他人。更有甚者，敏感的人會「撿拾」這份能量，吸收它，感受到他人的感覺。這種想法會加深外在依賴的概念，將人視作大量傳輸能量震動中的雷達接收器，很容易受到影響。

我們認爲上述能量轉換的觀念中，有不少錯誤的概念，其實沒有任何能量是可以轉換的。

照顧與耗竭

大多數的人在與自己和他人失去連結後，會選擇以政治的而非人性的方式跟人產生關係，因此，他們會去照顧彼此的福祉與感受。從能量的角度來說，因爲已經與宇宙的能量失去連結，所以他們依賴的是新陳代謝的能量。[3] 他們試圖運用這股能量來影響他人與周遭事物，爲的是確保自己的安全。這樣一來，生命就僅僅是各種不同的義務與角色，這只會造成物化與防衛，阻斷了人們原本可以隨宇宙能量流動的經驗。當然，這是一個誘人的選擇，因爲它提供了興奮與某種生命意義。

這個與宇宙能量分離的觀念也給人們一個想法，人似乎是可以互相幫助，也能得到幫助的。確實，社會機構的發展就是爲了照顧他人，這使得某些人被定義爲客戶或病人，而另一些人則成了照顧者。這樣來看，人們被視爲彼此的或環境的受害者，而不再是自己經驗的創造者。這個看法有其一定的地位，然而，如果只用這種角度看事情，會對自主性的個人成長與發展構成極大的限制。緊抱著這種不負責任的外在依賴的態度時，個人成長將嚴重受限。這也是照顧的基本結構——如果人們相信能量是可以轉移與接收的，他們會覺得能量是會流失與欠缺的。我們的健保體系以及許多治療與治癒的概念都依循著這種思考模式。

另一種看法是，人們不會失去能量，他們是將能量投注在固著與阻塞上。如果能學著放下固著，他們就能重新發動自己保留的能量，而不必依賴任何人的幫助或治癒。

宇宙的能量

超越新陳代謝能量限制的，是在所有生命形式間流動的宇宙能量。[4]從人類受孕開始，這個能量就以此人獨特的模式存在著，同時在其有生之年給予活力與生氣。這個身體新陳代謝的過程，是每個人使用能量的方式；這能量不是創造出來的，它是要被**加以組織**的。基本上，這個能量並不屬於這個身體，它是屬於宇宙的。我們都在這相同的能量池中泅泳著，因此人與人在深沉的能量層次上永遠是有所連結的。人的獨特性取決於架構他們能量模式的基因遺傳特性，加上與家人和社會互動經驗中所產生的所有能量阻塞及抗拒（萊克的「個性盔甲」）。[5]如果一個人可以消除所有的阻塞及抗拒（正是一些靈修或宗教提出的目標），這個人就會消失在超個人的顛峰經驗中，體驗到天人合一，融入宇宙的和諧中。

在這個宇宙能量的概念裡，與自己或他人分離被視爲基於自我防衛而產生的幻影，就是這個幻想的自我看起來在創造、轉移與接收能量的振動；它看起來有力量影響他人，能跨越鴻溝去「了解」另一個人。跨越鴻溝要透過同理心與了解，是一個看起來需要一些能量轉換的過程。如果能量可以如此轉換，這樣的行爲會導致能量失去或耗盡；這常常是一些已「耗竭」的諮商者呈現出的狀態。我們認爲他們之所以會焦頭爛額，是因爲他們的分離、義務與依賴的心態。耗竭是生命與能量受限時的結果。

共鳴

假定能量是無法轉換的，是不時在所有的人事間流動，只有在害怕或痛苦時所產生的個別或集體抗拒，才會使能量受阻。

當一個人受傷時，與此人深深連結的其他人會因爲跟這個受苦的人**共鳴**而感受到自己的傷痛。類似的形式是，當人了解另一個人時，會因與他人在**關係中**的共鳴而感覺了解自己。這就是「認同」（recognition，拉丁字根 re，加上 cognoscere，再認識的意思，提醒自己跟他人之間的相連之處）。[6] 在認同時，一個人被激發著去共鳴並釋放在靜止狀態中阻塞的能量，使之流動。如果能從照顧他人、迫使他人改變，或是逃離他人影響的權力動機中走出來，這個人就不會失去能量；相反的，能量在這個人的體內變成一種共鳴，這個經驗是有活力的、充實的及動態的感受。在共鳴狀態的人們會更了解自己，不再感到「耗竭」。因爲能量不是自己的，而是無盡宇宙能量的呈現，它是無所不在的。能量是永遠不會失去，只會被壓抑或釋放。

能量是什麼？

有許多運用能量達到保健或治療的方法。日式按摩、羅夫療法、針灸、反向性療法、萊克肢體工作、指壓法和各種形式的按摩，都是利用釋放潛藏能量的概念。不論這個能量被稱之為氣、普拉那（prana）、生命力或只是稱作能量，這些假設都是相似的。最常見的誤解是認為能量是一種物質玩意兒，隸屬於物質領域，這是使能量具象化的過程（刻意使能量成為一個「東西」）。下面的假設能幫助我們超越有關能量機械性與物質性概念的限制。它們不見得是真理，而是對能量的各種思考，以便能引進新的見解。

• **能量是一個動詞，不是名詞**。世上沒有能量這個東西，只有用能量來描述的**活動**。所以，當我們說「生命能量」時，這個術語是描述活動，而非一個可以計量的物質實體。一個人並不擁有能量這種「東西」，還認為這能量被綁住了需要釋放；而是藉由積極的參與世界使個人得以發展更多潛力。

• **能量是個看不見的概念**。個人參與了一個積極的、有活力的**過程**。以中國人的觀點來看，能量就像風一樣，本身是看不見的，卻有它的作用，比如微風掠過池塘，激起水面的一陣漣漪。能量的概念只是一個有效的方法，去描述個別的人格中深深隱藏的模式。[7]

• **能量是動態的關係**。身體的能量存在於身體結構與其自身的關係之間。[8] 如果身體結構是被束縛的，能量就是凝固不動的；如果身體結構之間的關係是較動態的，能量就比較不受拘束，也就能產生更豐沛的結果。能量在一個人一生中不同的時期會以不同的狀態出現；古中國的五行概念（「五個變化的階段」）將無數能量的狀態歸類。當一個人熱情的生活，我們說他擁有豐富而自由的生命能量；相反的，當一個人病了或得了憂鬱症，則被稱為是能量

阻塞。死亡則是能量的消失，是生命過程的休止。如果一個人熱情的生活，並不表示此人擁有某一種豐富的實體，如果這個人很沮喪，也不表示他缺少什麼**東西**——是他的能量受到束縛而固著了。再說，能量不分好壞，只是一個人在生命過程中參與的**不同狀況**而已。擁有高能量不見得好，能量很低也不見得就壞，「高的能量」只是描述一個人所處的狀況有更自由的可能性與回應性，而「低的能量」狀態則是退縮與表達方式較貧乏。

- **能量是一種變化的過程**。生命的能量是持續不斷流動的過程。不同變遷的狀態包括了靜止與運動、開放與關閉、伸展與退縮、進化與退化。即使毫無變化也被看成是變化過程中短暫的事件，唯一不變的就是變化本身。[9]這就是道家哲學所謂的「川流不息」。
- **能量是一個整體的概念**。能量的概念可以是引導邁向整體的途徑。許多有怨的人以症狀吸引他人的注意，這是一種以機械化的方式，把症狀看作是身體的，而忽略了生命的其他層面。利用能量的概念來表達個人不同層面間的關係，可以克服把人縮小爲症狀集合體的傾向。佛恩．柏塔蘭費（Von Bertalanffy）說：

> 我們可以說，現代科學的特色之一——單向因果作用的獨立單位體系，已經被證明是不夠充分的。因此在所有的科學領域裡出現了諸如整體、全觀、有機體和完形等理念，這都意味著，我們終究必須以相互作用的元素體系來進行思考。[10]

- **能量是統一與整合的**。能量可以被視為整合的過程，這個過程將個人所有的層面——身、心、靈、情緒與環境——結合成一個宇宙中的全人。「能量」是這些不同層面間的相互關係。利用能量的概念可以清楚的說明一個層面與其他層面間的對應。

- **能量的基體（matrix）可能是不存在的**。從傳統中國針灸的觀點來看，一個能量體在生命其他層面之下發光發熱，並啟動它們。這個能量體被想像成有管道的電路，它們被稱為經絡。關於這些經絡存在與否的問題已有大量的科學研究。雖然能量的理論能夠解釋某些被體驗到的效果，但在解剖學上還沒能找到經絡的通道，在物理學上也還沒能分離出實體的能量物質。然而，能量是否在經絡中存在與流動並不那麼重要；這只是一個信念系統，幫助我們於實務中組織我們的看法。它沒有眞假，它只是一個概念。一個人不必非得證明能量的存在，才能去採用這個概念，就像我們必須接受一個演員在舞台上就是代表他所扮演的那個角色，才能被他的台詞所打動一樣。採用新的信念系統，人要先有暫時停止懷疑的意願，還要停止抗拒一段夠長的時間，才能帶著這個觀點看世界。

- **能量概念超越的不僅是身體**。能量概念的實際用途在於它提供了一個架構，透過它人們可以以全人的角度看另一個個體，並且把生命視為多種方式的呈現。所以，當一個人坐在你面前時，你可以想像這是一個能量的發生，確實是這個人的人格在某個時間點上的呈現。當一個人卡住或受限時，重要的不是去疏通或是釋放能量，而是讓一個人盡可能去過豐富與充實的人生。透過欣賞這個人在人際間以及個人領域內的相互關係，我們得以體認他人的存在。最後，一個人與客戶或朋友互動時，可以試著欣賞兩股能量在相遇時對話的現象。在這個相遇的時刻，雙方的挑戰都是要在面對自己或他人時更處在當下；在當下所發生的是每一個人所打開與呈現的潛力。這樣的對話在生命的各個層面發生：身體、情緒、智能與靈性上。在整合治療的方法中，這些能量在各個層面相遇，於是當一個人以身體碰觸另一個人時，許多其他非身體的互動也同時發生。利用不受限的能量概念，我們就有可能超越單純身體上的限制。

• **能量是什麼**？能量不過是一系列有助於描繪生命現象的概念，另一方面，它是一個人向他人揭示其靈魂時所發生的生命奇蹟；它是當兩個人以親密的對話相交相知時，所產生的難以言喻的神祕事件。

想一想：

1. 你曾經在什麼狀況下經驗到充沛而源源不絕的能量？
2. 你在什麼狀態下會覺得能量耗盡？為什麼？
3. 你認為宇宙中的能量是否與你相同？你是如何與宇宙的能量相連結？

第二十七章 西方醫學與東方醫學——衝突還是合作？

前言

醫療的形式是文化發展的產物。通常我們不會質疑社會的基本假設，而醫療行爲的基礎則是根據這些基本假設所形成。一開始，東方與西方醫學就是在完全不同的假設上發展。爲了釐清這兩種不同的醫學形式，我們必須了解東西方文化的淵源。此處所稱的「西方醫學」是指在美國與加拿大通用的對抗療法醫學（allopathic medicine），「東方醫學」主要則是指古老的中國醫學，因爲這也是本書作者最熟悉的東方醫學形式。

西方分析的科學

西方思想的極致表現就是科學的方法。分析與邏輯乃是西方文化的基礎。西方語言是一種**分離式**與**區別性**的語言，這隱含的假設是一種隔離——每個人都依這個假設在世上行動與反應。這種思維方式的典型是牛頓的機械物理學，它所研究的是各個分離的粒子在時間與空間中的行爲法則。這個觀點是假設宇宙中有一個因果次序——之前發生的某個事件會影響其後發生的事件。

東方一體性的觀點

東方思想則在不同的環境中產生。中國文化一開始就假定了大千世界背後的**一體性**。**參與**和**直覺**是行爲的主要依據。語言的形式不像西方那樣清楚區分，例如：中文是由代表實物圖像的象形文字所組成。東方思想對時間與空間上孤立的事件較不注重，注重的是**過程**與**相互間的關係**；除了因果次序，它也考慮到行爲的其他層面，認爲時空中發生的事件是以一種非因果的連結（同步性〔synchronicity〕）運作。[1]

整合的需求

在過去幾個世紀裡，東西方許多卓越的思想家已試圖結合這兩種思想體系。儘管這兩種世界觀的假說完全不同，但是我們現在有機會來創造一個合成體。特別在有關東西醫學方面，藉由對這兩個體系屬性的了解，有可能在這兩者之間建立一個實用的關係。

兩種方法的差別

西方世界大多誤會了東方醫學的觀點。隨著亞洲與西方交流的開展，現在可以釐清我們的資訊，針對健康、疾病及治療等雙方抱持的不同觀點上，建立新的關係來。傳統的西方醫學認為人是可以分隔成不同的**部分**，這樣二元論的觀點延伸之後，就把頭腦與身體、情緒與靈性區隔開來。傳統東方的方法則重視身／心／靈／情感／環境各層面間相互**連貫穿透**的關係，因而東方醫學在其觀點上是**全觀性**的。

傳統的西方醫學是在**科學分析**的傳承中發展出來的，東方醫學則是一開始就採用了一種較為現象學的方法。在西方，重要的是退一步、觀察，然後做出診斷，並且以一個外來者的身分為病人進行治療。在東方，醫生與病人合為一體，並且通過病人的眼睛來欣賞這個世界；親密會晤所產生的交感共鳴類似診斷，治療就在醫生與病人的人格互動中產生。

古老中醫與TCM的比較

讀者必須知道本書所提到的「古老」中醫，是指從三千年前開始就在封建中國興起、發展的古老系統；其概念大多受到儒家與道家的影響。一九四九年共產黨成立後，這些觀念以及相關的文化就消失了，因為在當時的政治氣氛下，這種醫學形式被認為是「政治不正確」，許多古老的中醫傳統都被「淨化」而消失了。過去兩個世紀以來，這些古老的中醫傳統在歐洲的針灸學校存活了下來，它們源自於從中國回來的基督教傳教士，那些傳教士將古老的觀念自中國移植到歐洲。

今天中國的專業學校稱東方醫學爲TCM，意思是「傳統中國的醫學」（traditional Chinese medicine）。請注意，這不是古老道家或儒家所採用的「傳統」，它是在現代社會政治背景中，用偏向機械主義的態度去定位前人智慧的產物。現代許多中國人拒絕古老中國的醫學，一如當年西方科學家拒斥中醫一樣，多奇怪的諷刺！

語言與現實

語言由建構現實的假說所組成。我們傾向去相信一個人所見的才是「眞的」，而不願相信某種思維方式所產生的事物或觀點。例如，西方人多半認爲，能用西方的術語去描述的現象才是唯一的眞實。因爲西方語言適合於主詞—受詞的二分法，我們的「眞實」是一個分離的客體。在中國文化裡，一系列圖畫般的象形文字，構成了一個流動式的關連性語言，在此強調的是整體性。這種語言發展的自然結果，就是在物質實相背後所隱含的「能量」概念。

這種萬物都有關連的中國理念，在翻譯成具體的西方語言之後，常常讓人對東方觀念產生誤解。這些觀念之所以被拒絕，有時候是因爲西方人認爲它們「陳腐」或過於簡單，然而這些觀念是在東方文化中孕育而生的，西方並沒有從文化層面來欣賞它們。許多東方理論是非常精緻的，並且能被博泛的運用，舉例來說，「五行」是東方醫學的基本理論，它通常被誤譯爲「五種元素」，並且被看作是「過時」的東西而遭到排斥。五行的理論對於了解人格特質的發展與轉變是有很微妙的幫助的（與皮亞傑〔Piaget〕的西方心理學觀點類似）。[2]中國醫學理念的發展有著悠久的歷史，在西方文明的研究下，其觀念正不斷的被開展而呈現於世。如果僅因爲這個概念的歷史根源不符合西方的特殊框架，因而排除整個中國醫學體系是不合邏輯的。

兩種系統的比較

在東西方的醫術中，我們都能找到其優缺點。西方醫學不能充分欣賞病人的「世界」；而東方醫學的自然療法則在介入（例如急診）的能力上缺乏果斷性，在緊急狀況時較沒有療效。傳統的西方手法強調疾病的治療，而古老的中醫則重視健康和生活的方式，而非疾病本身的過程。甚至，西方的預防醫學把疾病**歸咎**爲生命態度及其行爲所造成的**結果**，而東方的方法兼容並蓄的整合了行爲與結果，成爲一個相互共存的體系。西方的體系是一個道德體系，起源於因果思維；而東方的體系發展自聯想思維，與道德無關。

傳統的東方醫學主張在疾病顯露症候前進行治療，它假定疾病是能量組織受阻後的現象，這些阻塞可能導致生命的各個層面——身體、情緒、心智、靈性、環境——發生疾病。東方醫學的目的，是在異常的行爲模式根深柢固而快要發病之前，就去了解和重新協調個人的生命模式。東方醫學是預見性的，並且重視生活的方式。

傳統西方醫學發展出了宏偉的治療體系。一旦疾病發作，西方的醫術就會有精緻的、無遠弗屆的方法來對付它。西方醫學假設疾病是「東西」，是實體，產生於大腦、身體、情緒或靈魂中。疾病發作以後就要介入。中國醫療科學（現象學、歸納的方式）和西方醫療科學（分析、演繹的方式）非常不同，因此要求評估「東西」的西方科學去理解研究「動能」的東方科學是困難的。形成這兩種醫學態度的假說與方法不同，但是在正確的理解和實踐時，它們卻能相得益彰。西方科學大多是量化的，以完全的客觀性爲出發點；中國的科學則強調質的分析，包括了人類參與和觀察的主觀經驗。[3] 現階段，中國的科學正與西方的科學相結合，西方科學現在有機會向有著豐富傳承的中國科學學習。[4]

對亞洲系統的誤解

在西方，針灸一直被看成是東方醫學的主要部分，並且被誤解爲僅僅是一種止痛工具。針灸大部分的時候並非只用來紓解疼痛；針灸是從一個無限寬廣的醫學觀念中，在近代被偶發應用出來的一部分。直至目前，西方醫學一直嘗試把針灸吸納成一種工具，而不是將之視爲一個高度整合的醫學系統，功能遠遠超越只是舒解疼痛症狀。針灸本身並不是一個完整的醫學系統，然而它是古老中國醫學的方法之一（其他還有艾灸、藥草、飲食、推拿以及對養生方式的建議等）。將東方醫學視同於針灸，就像把開抗生素等同整個西方醫學，都是有欠公允的。

現代西方醫學依靠技術工具來輔助診斷與治療；古老東方醫學強調醫生與患者之間的互動經驗，而無須藉助複雜和支援性的工具。由於中國的醫療方式注重切脈下診，很少使用機械和科技，或許會被認爲不夠精確，然而，診脈能詳盡綜合許多變數，並提供了一幅深刻的個人臨床圖像。同樣地，詳細的問診和身體檢查也是古代中醫診斷的重要工具。

生活方式的諮詢

西方醫學誇耀他們有大批的醫務工作者，擅於對病人的生活方式給予諮詢，並能將病人視爲一個完整的個體。加拿大的醫學之父威廉．奧斯樂（William Osler）醫師，對醫學的藝術很有見地，在偶然的機緣下，他運用針灸作爲其醫療方式的一部分。[5] 西方醫學近年來注重科技發展，卻完全忽視行醫藝術的傳授。西方醫學可以藉著欣賞東方醫學所強調的藝術，來學習如何追溯自己的根源。

負責，而不是指責

對生活方式給予建議，有時會被西方思想家誤解爲一個指責系統。「我爲我疾病的過程負責」（我是這個過程的參與者），跟「我應當爲我的疾病受到指責」（我引發了疾病）是完全不同的。「預防醫學」這個術語隱含著一個道德的觀點，它視疾病為一件必須根除的壞事。從一個超越的層次看，疾病與健康可視爲動態的交互作用，如此人們就能全面性的領略疾病與健康的因果關係。一個有著整合觀點的執業者不會對患者的生活方式妄加指責，但會對選擇不同生活方式而產生的後果進行教育。

更寬廣的觀點

值得一提的是，執業者應當探討他們自己的健康／疾病和活力／束縛的源頭。西方醫術的一個限制是：醫生們理所當然的認爲他們是在研究他人。執業者可以從自身的生命，包括健康和疾病的經驗中學到很多東西。一個有整合觀點的執業者，在維持客觀的專業水準時，也能透過自身的能量體與他人產生共鳴。

我們應該深入了解有關疾病的概念。從**臨床哲學**的觀點看，疾病只是生命失去活力的一種後果，它無所謂好壞，只是生命能量所呈現的一種模式。[6]我們認爲一個執業者應該有能力觀察到，當活力與健康出現與消失的時候，一些相當微妙的徵兆。同樣的，一個人可以同時精通傳統西方與東方的診斷與治療方法，並且採用綜合東西方的療法來提供生活諮詢與促進健康。

兩種方式的整合

一個人可以說西方醫學僵硬、與人疏離，另一方面，他也可以批評東方醫學太溫和、不夠客觀。我們建議一個成熟的醫學觀點應是這兩種醫學方法的整合，一個執業者應該可以靈活運用這兩種觀點。就某種意義而言，應該先戴上東方醫學的眼鏡，對病人的狀況有個主觀的特寫，然後才可能更客觀地，從遠處分析與行動。最理想的學習將會在「立論—反論—合論」的架構中產生。

古老中國醫學不是西方醫學的敵人，也不是 個被摒棄的過時怪物。每一個思想體系都有很多地方值得其他的思想體系學習，若是因爲短視或偏見而失去了相互了解、相互助益的機會，會是相當可惜的事。我們建議，最具建設性與最有利的觀點是：視中國科學（以針灸爲例）爲一個完整的思想體系、有自己的變數參考系統，有自己的運作模式和邏輯推論，而視西方科學爲一個不同的思想體系。如果一個人能夠採取這樣高度成熟且深具智慧的觀點，就能建立一個交互轉換觀點的科學，來包容兩個看似衝突的體系。透過一般體系的理論，以一種進化的方式來看待這兩個思維結構，的確需要更寬廣的視野。畢竟，如果我們所關懷的是人類的健康和福祉的話，我們就應該放下自己狹隘的觀點，爲尋求醫療照護的人們找到最有利的方法，同時，這也是爲了推動科學的進步。

想一想：

1. 對於醫療體系的信任度，你比較偏向中醫或西醫？為什麼？
2. 在許多東西方醫學理念不同的觀點當中，可以讓你認同的有哪些？為什麼？
3. 你認為東方醫學或西方醫學在哪些方面是需要改進的？

第二十八章 移情

移情的對象通常會比實體放大很多，因爲移情作用代表了生命的所有，也代表了個人的命運。——恩訥斯特．貝克（Ernest Becker）[1]

早期焦慮

每個人面對生命的無常時，都是極其脆弱的，特別是在出生時和生命的早期階段，我們需要食物的滋養，需要溫暖，也需要身體的刺激。許多人推測，嬰兒在某種程度上有一種「可能被拋棄、要獨自面對環境」的恐怖感覺，在這種讓人畏懼的感受下，嬰兒徹底的依賴照顧者。在小嬰兒的眼裡，父母是非常重要的強者，是自己命運的主宰。父母好比神一般，如此有力，如此高大聰明：相形之下，嬰兒就顯得弱小而無助。因此孩童很快就學到，爲了生存，自己必須竭力去取悅或控制這些保護者、他們的監護人。

正如客體關係理論所指出的，每個人都需要與父母分離，這樣的分離可以用不同的方式來完成。最普遍的方式是透過否定自己對父母的依賴，以成爲獨立的人。這個「**個人化**」過程常有著任性或是叛逆。另一種比較不同的分離方式是沿著「**個體化**」的路途開始，對採取這種方式的人來說，他們會承認而不是否定依賴他人的需要，但也不會把如此的需要看作是個人行爲中首要的決定性因素。在個體化的過程中，隨著個人對掌握自身能力的逐漸提昇，分離就能在更自然的情況下進行。這樣的分離欲望是由個人內在所決定，而非外在力量的驅使。所做的決定也是因應當前的情況，而不是爲了叛逆或是順從。曾有一位匿名的梵學家說：**到最後，你還是會決定在下雨天時穿上雨衣，即使你媽媽也曾這麼吩咐過！**

投射與移情

隨著孩子漸漸發育，自我倚靠的能力增加時，他們就不再全然依賴父母，然而，早年「被遺棄」的恐懼卻不會輕易消失。大多數人，即使是那些在社會上被視爲最有能力的人，內心仍留存著早年對於被拋棄的恐懼，以及潛藏著沒有（父母的）支持就無法生存的害怕。這種把自己看作渺小、無助的，而其他人是比較強大的動力，塑造了許多人的心理發展，並決定了他們未來關係的類別與品質。

當兒童長大並開始接觸其他的人時，會假設這些人與自己的父母一樣強大、聰明，換句話說，他們把從父母的身上所經驗到的同樣的氣質與能力，**投射**到這些人的身上。這個**移情**的過程是因爲兒童企圖保持環境的穩定、安全與可控制性。孩子長大後便透過是這種移情過程，創造了心理和情緒上的環境以便生活和成長。如果有些人在早年的經驗中，父母的對待經常是充滿敵意和拒絕的，那麼他們有可能認為未來生命中出現的權威人物，都會以充滿敵意和拒絕的態度來對待自己（未來親密關係的伴侶也一樣，在某一種程度上，他們會把親密伴侶看作是父母的替代品）。如果早年的親子關係充滿了愛，孩子也將對未來的關係充滿了類似的期待。

「移情」一詞的普遍化

「移情」原本是心理分析的專用語，用來描述治療關係中的投射現象，現在則普遍運用在非治療的日常關係中的投射現象。人們傾向於把早年跟保護者之間發展出來的經驗與態度，轉移到日後生命中遇見的人身上。看來人們似乎總是在每一個關係上解決跟父母的問題：

> 移情的對象是一個人自由與否的關鍵，因為他無法控制的依賴著它；它還歸結了所有其他自然的依賴與情緒。——恩訥斯特・貝克[2]

關係中的移情

所有的人際關係中，這種投射的傾向（在別人身上「看見他人的影子」或是給別人「扣帽子」），使得我們很難眞正的了解他人，我們永遠是透過一道投射的屏幕去看別人。這道屏幕對建立關係是很重要的，它幫我們決定是被這個人吸引還是對他產生反感。這些吸引與排斥也決定了人際關係的類別與品質。移情是我們在選擇伴侶和朋友時重要的動機和影響：我們選擇的是最容易在他身上投射出自己的願望和需要的人。

治療關係是人際關係中非常特殊的一種，這種關係的導向是爲了幫助個案。治療師的態度決定了這種幫助的本質；他可能試圖去「治療」，或試圖去「教育」，或只是純粹的「安慰」。無論目的是什麼，大部分的治療師都會利用個案天生的移情傾向。有些治療師拿移情來控制個案的行爲，正像父母控制孩子一樣。另有一些治療師反對這麼做，認爲那是讓個案養成依賴治療和治療師的手段。在任何關係中，了解移情會如何被運用是相當重要的事。

所有的關係中，我們都能用移情作用來培養個人化或是個體化。個體化了的人將不再那麼需要移情，因爲他們能夠自己做決定，比較不怕獨處，對自己的能力也很有信心。透過認識與承認移情，關係中的雙方都能獲得彼此所需的訊息，然後選擇各自的感受和舉止。個人可以主宰自己的生命，不被潛意識驅使。

在任何人際互動中，應該特別闡明移情現象。彼此如果對移情沒有充分的認知與接受，就無法擁有新的、更健康、個性化的選擇，而老是卡在過去的經驗中（包括：防衛、叛逆、順從、退縮等等）。當移情開始轉往解決問題的方向時，通常會從以下的一些階段開始。[3]

移情與反移情階段

魔力階段（The magic stage）和客體關係持續發展之後的「結盟階段」（bonding stage）有關。移情處在魔力階段時，人們相信別人有能力、也願意提供自己在孩提時代曾得到過或是夢想得到的照料。這一階段的人把治療師（或是教師、情人）看成是全知與有智慧的人，所以期待自己能「被治療」。

依靠階段（The leaning stage）與客體關係成長過程中的「鏡像階段」（mirroring stage）相關，這時期的父母把兒童所呈現的感受映射回給兒童，同時還加上父母對兒童的感受和行動所產生的反應。在治療中這是一個反映的解釋階段，治療師試圖看透個案的盔甲及表象，讓個案看到在直接的鏡子中映射出的現象。在荷妮關於理想我、眞實我的描述中，造成自我憎恨的過程一目了然。[4] 用精神分析的專業術語來說，個案開始探索對父母的投射。用人本心理學的術語來說，治療師揭露反投射（這是分析時的用語，是指治療者在個案身上的投射）和個人的反應，在當下跟個案建立一個較實際的人際關係；個案於是可以體驗健康的自戀和自我疼惜，認識移情的過程，鼓勵他們對自己的行爲負起責任來。

自我倚靠階段（The self-reliant stage）是與客體關係發展中的「重新建交階段」

（rapprochement stage）相連，此時兒童已準備好**接受**跟父母親分離，體認和接受自身與父母的區別、父母的優點與不足之處。在治療中，這是個案實際去評估與接受自己與治療師之間差別的時期。雙方都認知到，彼此是分離的兩個不同個體，但仍能在不失去自我界限的情形下，保持親密。

負向的移情在上述任何一個階段都有可能發生。在這一過程中，個案還無法整合自身或治療師身上的「好處」和「壞處」，他們常常會解釋成治療師沒能符合他們**已經理解**的需要，就像他們在自己父母身上曾感受到的那樣。治療師被兩極化成「十全十美」及「徹底不中用」，個案很可能帶著未解決的感受結束治療。希望治療師有機會時能幫助個案認清這個過程，並且了解這些都是典型的操縱或是自我挫折的行爲。

分離與孤獨

珍耐特．麥康姆（Janet Malcolm）在有關精神分析的論述中，認定佛洛伊德最原創與最基本的發現就是：我們如何依循早期的藍圖而杜撰了彼此。[5]移情使我們想到人際關係——最珍貴和最神聖的關係，實際上無非是混亂與吵雜的誤解，最多只是在極孤獨的幻想系統中，達成令人焦慮的停戰協議。甚至（特別是）羅曼蒂克式的愛情，也根本是一種孤獨的經驗，完全是非個人的。移情的概念會瞬間破壞人際關係中的信心，也解釋了爲何他們是不幸的。我們無法透過投射的鏡片互相了解，我們必須在一片濃密的灌木叢中相互摸索看不見的對方。我們不能直截了當的看見彼此。我們每一次形成新的依附時，就會有一種可怕的宿命籠罩其上。

「只有透過連結」E.M佛斯特這麼建議。

「然而我們做不到」精神分析家們知道。[6]

想一想：

1. 在生活中，你是如何注意到移情的產生？
2. 如何利用正向或負向的移情作用在生命中產生益處？
3. 要如何才能確保移情不會對生活造成困擾？
4. 想想自己是如何利用移情來控制人？

二十九章　改變是可能的嗎？

做我們自己，成爲我們盡可能成爲的人，是生命唯一的目的。

——羅柏．路易斯．史蒂文生（Robert Louis Stevenson）[1]

一隻美洲豹能改變牠的斑點嗎？一隻老虎能抹去牠的斑紋嗎？人類潛能運動的出現開啓了一個令人期待的希望年代——那時的人們相信，人能戰勝自己的缺陷與苦難。六〇年代至今方興未艾的「個人成長活動」，一直有一個沒有明說的假設：改變是可能的，而且人類的潛能無限。它暗藏的主張似乎是，不必去理會個人或境遇中的種種限制，生命操之在己；而且，你要對所有發生在你身上的事負起完全的責任。如果不喜歡現在的生活方式，你只要「掛冠求去」，並且創造另一個更合乎自己品味的生命。簡單的說，你坐在駕駛座上，能限制你生命可能性的，只有你的抱負、改變的渴望以及是否全力以赴的意願。

理想主義的道德性

理想主義的生活祕訣在於道德主義的劑量是否足夠。人們以是非、好壞、多少來檢視每一件事。簡單的說，今天／此時／此地的我不夠好，而明天／彼時／彼地**可能會有一個更好的我**。今天過得不好，明天會更好。今天我還不太成功，我希望未來能成爲大人物。

由於有這樣的憧憬，激發人們想要設定大量的理想目標，並且具有相當大的野心想要改變目前的自己或環境。你會說過多少次這類的話：「我必須改變我的生活（工作或伴侶）。」或是「等我完成這件事之後，我會更快樂。」或是「等我達成目標時，每一件事都會變得更好了。」這些話的基本主題是：**現存事物的本身是有問題的**；如果能做出一些改變，創造出更豐富的生命，未來一定就更美好！通常，人們認定自己出狀況的時候，伴隨這種想法而來的是一種深藏的沮喪感。因爲沮喪而引發了想改變自己、生命與環境的野心，以達到自己渴望改變的理想境界。很多人相信只要有足夠的努力與專注力，自己的人格甚至都可以被重新建構，根除掉令人討厭的部分，製造出全新的人格特質。通常，在還未實現抱負時，這股想要改變的驅動力是伴隨著罪惡感與絕望的。

超越

改變的另一種詮釋，是認爲人是有能力**超越**的（昇華個人的現實情境而從另外一個層面去處理它）。如果生活中充滿許多煩惱，只要忽略那惱人的一面就能超越它。對於那些接受並涉入這種情境的人而言，經常會有一種超然幸福的飄浮感。然而這種作法卻讓人無法參與生命，接受這種理念的人，與世界及其他眾生是相脫離的。因此，在超越之時，人們是在還未全然進入生命之前就先離開了生命。

自我貶抑

試圖透過理想主義來改變自己，與努力讓某些事物變得更好的態度，通常伴隨著持續不斷的自我貶抑。許多年來，在我們的助人工作中，我們總是發現這種態度與個人成長是背道而馳的。一個人越是想逃脫現況，生命就越發的被卡住與固著。機械式的「改變我」的觀點、理想主義以及「明天會更好」的憧憬阻礙了我們，使我們無法充分的參與當下的生命。理想主義的目標扼殺了當下，並且干擾了事物的自然演進；對進步的渴求則妨礙了擴展當下的生命，無法使生命更有活力。人們會固著在試圖要逃離自己實際的狀況，他們會想著未來會如何，並且試圖確認這個假象，因此無法全然的活在當下。走向非存在的生命變成尋求改變的假象。

我們會建議人選另一條路：勇敢抗拒對成就倫理的不滿足，並且在當下**肯定生命的實在性**，這樣才有助於**個人生命**的開展。與其將焦距放在一個不眞實的幻象上，我們強調面對眼前生活的事實，接受自己眞實的狀況，然後從這裡起步。

激進的假設

我們的假設是：**改變是不可能的**。試圖改變我們與生俱來的的生物結構或基本人格是沒有意義的。如果妳生來是個女人，那麼妳就是一個女人。妳無法抹去歷史，強迫自己忽略這個事實。每個人的一生中都握有一副牌，大部分人都害怕出牌，或是因爲沒有拿到更好的牌而憤憤不平或束手無策。就算這一生都缺乏足夠的指引與資訊，盡我所能的把手中握有的牌打出來不是更好嗎？

我們發現「改變是不可能的」這個態度嚇壞了不少人。對未來有所準備，才會有踏實的安全感，未來也會更美好。如果一個人完全丟棄了對未來可能性的念頭，將心思直接放在眼前的生活時，就會有一種恐懼突然襲來，難道這就是一切嗎？我的命運沒有任何救贖的可能嗎？至少當我生病或必需改變時，我相信此刻的我知道：我是誰，我明白對自己和他人能有什麼期待，對這點我有相當的安全感。如果我無法定義自己是個病人，或是無法確認自己是需要改變的人，那麼究竟我是誰呢？

大部分人的人格結構在生命早期就已經定型了，人們承襲著這些特質，這些人格特質也會因應孩童時期的經驗而有所改變。一個人在幾個月大時，他的基本人格模式就已大致確立。這個經由遺傳傾向、早期經驗和學習混和而成的**深層結構**，將貫穿這個人的一生。這個結構是由人性深層中，根深柢固的活動傾向所發生的種種交互關係所形成的，既不是一個具體的東西，也不能從解剖學的層面上去了解它。我們假設：那些所謂以修改人格基質為目標的「**改變療法**」，是注定會失敗的。

當人們帶著一定要「被修好」（也就是要得到治療）的**問題**來參加我們的課程時，他們最初的功課就是要調整這種想要擺脫問題、不切實際的野心。如果問題被認定是「沮喪」，他們會想擺脫「沮喪」；若是有過敏的毛病，他們會想要被治癒。如果有上癮（吸煙、酗酒、藥物、人群）的傾向時，他們想藉由某種心理手術來去除這個癮頭。我們建議這些人不要再試圖克服這些「問題」，而是深入其中去認識它們。人們所謂的過敏症，通常是極度害怕親密關係所呈現的複雜表徵；外在依賴的心態往往掩蓋了背後潛藏的信念和承諾的問題；而「憂鬱症」是一個保護傘，通常用來庇護那些看起來不太正常卻具有生命擴展力的情緒。

簡言之，**根本不需要有任何問題**！人類並不是必須被治癒的疾病。每一個人都是獨一無二的生命，擁有個人的歷史、各自的傾向，以及經驗生命特有的方式。如果人們可以放棄想要使自己成為「正常」的（徒勞無功的）野心，他們就能更加從容的與自己相處。與「改變療法」不同的是，我們提倡另一種更富於**教育性的啓發和揭露**，它使每個人都能更有所覺察；重要的關鍵在於停止逃避，並且深入的去沉澱自己的經驗。那麼，奇妙的事就會發生。

轉化

雖然一個人的生命史或內在的深層結構是不可能改變的，但是深層結構的**表達方式**卻可以被轉化。基礎的傾向仍然存在，如何表達它們則可以加以修正。轉化跟超越非常不一樣，超越是否定自己，是企圖用昇華來逃脫自己。在轉化時，自己內在基本的深層結構是被接納、認知和學習的。透過對自身傾向的探索，產生日益深化的自我認知。由於不再極力去改變本身的模式，反而更能對這些模式有所覺察，甚至可以在這些模式外顯之前就能有所預料。這樣一來，個人就獲得了一份相對的從容與自由。這些模式，是人生劇本中賴以維生的基本情節，如果人們對台詞和場景有更多的了解，就能更流暢的演出自己的角色。就像鋼琴家一樣，當一首樂曲經過多次的演練變得更加純熟之後，他就能更自由變換樂曲的表現手法和音色，也可以在各式各樣的模式（旋律）變得清晰可辨時轉換重心。

因此，轉化並不是一種內在深層結構的改變，而是意味著對這些模式做**觀點上的轉變**。深層的結構保持不變，但是其外顯表達的方式卻巧妙的被改變與更新了。例如：許多青春期的孩童對刀子的著迷（深層結構），可以在日後轉化成醫術優雅純熟的外科醫生；對雕刻或切割銳利器物有興趣的人（深層結構），也可以被轉化成爲一個以睿智態度來鑽研學術的學者；對於外來事物的侵犯過於保護的過敏性人格，則可以好好善用，設計出萬無一失的保全系統。總之，任何人格模式都有一些創造性的出路和用處。

前景與背景也是可以轉換的。以一個外表防衛、難以接近，內心卻溫和體貼的人爲例，若他覺察出並轉移了這兩種深層結構的重心，結果有可能成爲一個自我界定清楚又溫暖熱情的人。

超越與包含

在肯恩·威爾伯（Ken Wilber）具開創性的《萬法簡史》（*A Brief History of Everything*）一書中，特別標出了「超越與包含」的概念，這和我們轉化的觀念相當融合。對威爾伯來說，基本結構是不會變的；然而，它們的適切度與強度是隨個人的進展而變化的。對孩子來說重要的事，等他長大後這些事通常都已變得微不足道了；不過，基本的個性結構還是一樣的，**只是重點不同了**。威爾伯認爲，人們不該試圖從任何狀況中超越出來，因爲在進入下一個發展階段時，他們會錯失超越原有模式的固著與限制，並停留在原有模式的基本面貌中。威爾伯說：「發展就是超越與包含的過程，再超越與再包含。」[2]

我們的說法也是相同的，「進化是持續轉化的過程。」我們在《關係花園》一書中談到了這個主題，人們可以針對對話中所出現的議題來工作，然後能夠「透過日益增加的與重複的方式來接納這些議題」而成長。[3]人們不需要像某些宗教修行所主張的把自己昇華到情境之上；他們可以一次次的接受存在的模式，在自己的內在得到更深的整合。[4]

自我的景觀

當人們不再想要擺脫自己的某些部分，而是去接受生命模式的所有樣貌，他們便能將「存在」視爲一個具有不同地形與氣候的景觀。景觀是不需要修改或是拋棄任何一部分的；確實，人的存在也是無法改變的。但是人們在自己不同部分的景觀中，有權選擇要停留多久，以及這些部分對他們有何意義。在我們的書《以自己的方式自由出入》（*In And Out Of Our Own Way*）中，更進一步的討論了生命中的景觀這個概念：

> 我們都有自己愉悅的山脈，這些山脈被自己危險又艱難的峭壁包圍著。[5]

結論

我們的看法是，基本人格是不可能改變的。通常尋求改變是去麻痺生命中原有的非存在式焦慮（nonbeing anxiety）的一種方式。接受一個人的深層結構和傾向，通常意味著去擁抱這種焦慮。忠實了解自己的基本模式（並接受隨之而來的焦慮），而不是試著根除它們，這樣才能有更多的自我接納與自我負責，擁有更大的內在力量以及更高的自我評價。

轉化是對自我深入認識的一種持續開展的呈現。一個越深入了解自己模式及傾向的人，就越能成爲一個多樣化、富創造力及自發性的人。別人所聲稱的「改變」，我們定義爲「轉化」。在轉化時，並沒有加進任何新的東西。個人只是變得更有活力、更能覺察、更有創造力，在與他人或與整體宇宙的關係中，更能了解自己的所在。簡言之，他們所能做的，只是更成為「自己」。

勇於冒險

歡笑是冒著呈現愚蠢的危險
哭泣是冒著呈現多情的危險
向另一個人伸出手是冒著被牽連的危險
向群眾呈現你的理想、夢想，是冒著他們會失望的危險
去愛是冒著不被回報的危險
生存是冒著死亡的危險
相信是冒著絕望的危險
嘗試是冒著失敗的危險
然而一定要去冒險，因為生命中最大的危險，就是從不冒險
從不冒險的人，無所事事，一無所有，也一文不值

或許他們避免了痛苦和哀傷
但他們無法學習、感受、改變、成長、愛、生活
被束縛於此種態度中，他們是奴隸
也喪失了自由
只有勇於冒險的人才是自由的

——佚名

想一想：

1. 你曾經試圖想改變自己嗎？為什麼？
2. 請分享自己不接納當下的生命，而相信明天的自己會更好的經驗？
3. 你曾參與成長課程是抱著要被修理好的態度嗎？
4. 請分享透過了解與接納自我後，進而轉化自我的經驗與期待。

第三十章 助人關係

由於人類總是意外不斷，又在持續的變遷中，隨著世界的變化而改變著，因此現在所謂精神分析角度的「眞實」，已經不是五十年前所說的眞實，五十年之後也不會是眞實的。精神分析是「那個」時代的後裔——愛德嘉．拉文森[1]

在二十世紀裡，助人的專業（包括醫學、心理學和其他社會科學）受到了一系列社會事件的影響，這些事件大致上可劃分爲三個時期：**機械論者時代**，**溝通時代與結構論者時代**。在助人領域的價值觀與方法上，這些時代各有其顯著的影響。[2]

機械論者時代

因爲對科學思想和訓練的堅持，所以二十世紀初期在各方面都很進步，人類這個有機體被看成是機械一般完美的奇蹟，當不同的零件損壞或者遺失時，是能夠被分離、研究、修理甚至被替換的。一般醫學主要關注的是人體的功能，而不是整體的人。這種模式裡隱含的是一種對權威的信仰，似乎權威者才知道什麼東西對多數人有益處。這種階級制度支配了「醫—病」關係，使患者內在產生極大的無力感，同時也養成對治療者的敬畏和依賴感。

二十世紀初始的精神病學，本質上不是那麼科學，但是因為它跟上述醫學模式的結盟關係，而演化出相同的特徵。佛洛伊德及其後輩們沉浸在這種機械論的醫學模式中，以致現代心理學範疇內包含了一種「精神水力學」（psychohydraulic）的概念，認為靈魂也是像機器一樣。在這樣的觀點之下，對那些運轉不佳、功能與表現效率較差，或是偏離正常狀態的人身上，投注了更多的注意力。

溝通時代

當二次世界大戰接近尾聲時，溝通（通訊）有著意想不到的發展，電子技術因戰事需要而日新月異。溝通時代一開始就迅速發展而富有戲劇性，然後在一九六〇年代達到了巔峰，此時受到這個時代影響的第二代已經成年，對社會體系的走向上能發揮權力和影響力。這時人們因社會與政治動盪，而有了新的視野與地位。許多問題似乎都是由於溝通與資訊的轉移而產生的。行為科學專家對增進人際溝通的興趣大增，導致不少社會心理學的理論和針對溝通方面的研究問世。這是要求立刻要得到滿足的一代，只對當下的「此時此地」感興趣，要馬上得到群體的認同（少數、多數、特殊利益等等），相當重視改變，而且常常只是為改變而改變。個人主要的恐懼是**害怕孤立**，人們必須有所「歸屬」。這些因素都對今日的助人專業有所影響。以愛德嘉·拉文森的話來說：

> 簡言之，心理分析理論不是唯一或永恆不變的眞理，而是人類變革下隨時間而改變的種種認知。[3]

人本心理學就在這種對溝通有興趣的氛圍中，脫穎而出，獲得一些成長中心如加州「伊莎蘭」機構（Esalen Institute）的支持，媒體也廣泛的報導。人本主義的執業者不太認同傳統的心理治療，認爲它們冗長、耗時，對大眾效益有限，而且顯然成功的案例不多。於是人本主義執業者發展出範圍廣泛的一系列方法。除了運用傳統心理學和醫學方法之外，又發展出來大量全新的技術和詞彙，包括完形治療法、羅夫按摩法、會心團體、敏感性訓練法（T-groups）、心理劇、藝術與戲劇治療、舞蹈治療、冥想、芮克式呼吸法、原始療法（Primal Therapy）、人際關係的心理分析（transactional analysis）等。有些技術現在已被納入正統課程和教育中心，然而，傳統的學派和訓練機構（諸如大學、醫學和心理學組織）常常排拒這些方法，並且諷刺說這是「自戀的文化」。[4、5]

結構論者時代

二十世紀最後的二十年裡，整個社會文化再次經歷了一番劇烈的改變。在環保人士的帶領之下，一股史無前例的覺醒大潮席捲西方世界，因為他們發覺人類這種動物有毀滅性的傾向，不但危害自己，也威脅到其他物種與環境的續存。那些社會學和人類學家們，意識到宇宙秩序就是以**相互關係系統**為根本，他們開始吶喊出自然哲學中的**相互依存**。這個結構論者的哲學（研究「構成」某些模式過程中的偏好），逐漸滲透到各行各業。支持這個哲學的保健工作者開始對個人行為的**模式**（生命方式）感興趣，他們的貢獻是幫助人們澄清自己的行為模式，以便對生命本身的**責任**更能夠加以覺察。他們把焦點放在行為的後果，在自由選擇時仍抱持對他人的敏感，比溝通時代更重視個體性與特異性。

現在，人們開始經驗到**失去自我的恐懼**、也怕失去認同和獨特性。一九六〇年代的人害怕孤立，想與人親近；而九〇年代以後的人卻因為害怕親密，而想要從接觸中退縮！在這樣的轉換中，傳統助人專業對這些變化沒什麼興趣（除了積極的抵制之外）。他們對溝通技巧的態度跟上一個時代一樣，傳統教育無視於結構論者時代的改變，仍然堅持科學的機械論基礎。這些新觀念對助人專業在政策上或治療上都很重要，因此，對其視而不見是相當危險的。

每個疾病都在說一個故事

對抱持傳統觀念的人來說，疾病是一種機械故障，需要機械式的修改（藥物、飲食或是手術）以加以矯正。這種機械論的觀點是將疾病視爲偶然，是無助或老化的結果，是意志力失敗或是外在環境的犧牲品。站在溝通的立場上來看，疾病代表了一種溝通的企圖。已經有症狀出現的人，是企圖用症狀來「說」出他們對這世界無法用任何其他方式表達的經驗。因此，無論是心理還是生理的疾病，都是在講述著一個人的生命故事。

一般來說，患者不會意識到他們透過身體的不適以便將訊息傳達出去；確實，正因爲不了解自己想要溝通的欲望，才導致了症狀的發生。在各種**溝通方式都失敗**的時候，便開始出現疾病癥狀。最戲劇性的例子是歇斯底里轉化症（conversion hysteria）中的失明現象，患者所表達的是不願意看見或面對某些事。更常見的例子是憤怒所引發的牛皮癬，因爲當事人無法更直接的表達憤怒。這個概念的想法是，如果人們可以找到其他的溝通方式，就不必生病了。呈現病癥的人常常是感到被隔絕的，覺得自己不被理解；其實，他們可能也不了解自己。

溝通的方法

運用溝通模式的執業者，不僅要傾聽個案故事的**內容**，而且還要注意表達的**品質**，留意此人想要傳遞的（常是無意識的）線索，這些線索能讓他的故事有了完整的意義。執業者就是要用心傾聽，試著去理解並且幫助個案認知這份理解。這麼一來，個案因爲感受到被了解而不再孤立。這種治療方式的功能跟告解十分類似：經由接觸另外一個人（執業者）而呈現出他們自己，克服了當初造成孤立的障礙。能夠克服溝通上的失敗，自然就不需要生病了。這種溝通方法的困難在於，症狀雖然獲得了緩解，但是卻難以持久。經過專業人員盡心傾聽的進行治療時，個案雖然會感到被他人了解並減輕了孤立感，但常常在治療之後又回復原來相同的生活形態，繼續過著先前讓他們產生疾病的生活（比方說酗酒）。我們認爲，如果個人不對自己活在其中的**情境模式**（行爲模式產生的各種情境）加以**覺察**時，就不太可能有持久的改變。

結構論者的方法

人際間的領域只提供了更廣闊的覺察，一種更豐富的形態，而不僅是內在驅力理論的線性解釋而已。——愛德嘉．拉文森[6]

在結構論者的方式中，個案會被當作是完整並積極經營自己生命的人。個人不是外在力量的受害者；當疾病發生時，人們是以某種方式參與了疾病。如果對於導致疾病的模式**缺少覺察**，疾病就會一直持續。當個案有所覺察，就可以改變或者避開這些模式。這種**自我負責的方式**，也包括對引起疾病的行爲模式負起責任（與指責不同）。不論是感冒或手臂骨折，人們都要對此負責，因爲是自己在其中經歷這些現象；這樣一來，個人也就**參與**了疾病的過程。然而患者**不應受到指責**——任何人都不應受到指責。這與道德無關，相反的，從結構論者的觀點來看，**對過程的覺察是有意義的**，並且涉及到欣賞自己跟這個過程之間的關係。有了充分的覺察，個人跟疾病的關係就能改變。

運用結構論者架構的執業者們，採納了現象學的方法，盡可能透過個案的眼睛來看待和欣賞這個世界，所以非常注重同理與包含（見第二十七章〈同理心，共鳴與能量〉）。這些執業者極力避免用保持距離的方式（機械論者的方法）或被動的傾聽與理解（溝通主義的方式），來操縱個案的生命；相反的，他們**進入**個案的經驗裡，分享彼此的想法與情感，藉此引導個案覺察自己與執業者、家人、社會乃至整個世界的互動關係。

對助人者的挑戰是，他能否讓自己以人的身分與個案相遇。愛德嘉·拉文森曾針對這點寫了很多：

人際互動的治療者必須努力對付在事件及人格特質中的眞實的基質，因爲所有的治療都深藏其中。問題不是病人在治療者「身上」或「之內」投射了什麼，而是治療師自己本身到底是誰，以及在治療的相遇中他帶來了什麼。[7]

個案同樣也被挑戰，要如何把接受輔導時學習到的素材帶進日常的生活之中：

> 治療所能做的，是使病人更加了解自己、他的伴侶以及彼此間的互動。就算做出的決定通常就只是個決定，然而還是必須痛苦的做出抉擇。[8]

助人關係的功能良好的話，能讓個案有更寬廣的看法，其餘就由個案自己決定了。

> 病人的見解越寬廣，他在眞實世界生活的裝備就更齊全。[9]

我們同意拉文森的意見，個案的工作是去發展充滿對話與親密關係的生命。他的結論是：

> 我希望治療結束的病人承諾在一生中都要對話，並且認知到，親密是在生活中不

斷練習對話後所領悟的經驗，而不是他人指引的目標。10

想一想：

1. 試試看如何用疾病來訴說一個生命故事。
2. 試著舉例自己曾在關係裡覺察到的一些生命模式，以及這樣的模式曾經影響生活上的哪些面向？
3. 請分享在生命過程中，曾經有過哪些害怕失去認同的時刻？
4. 在助人與被人幫助之間，有過哪些不舒服的經驗？

第三十一章　治療與教育

當一個人面臨到人生的困境時，他們就開始面對問題了：自己需要什麼樣的幫助？是教育還是治療？

治療

韋伯斯特字典裡對於「治療」（therapy）的定義是：透過矯正和治療的過程，對殘障或疾病所做的處理。這個詞源自於希臘語「Therapeia」，意指對**患病者**的服務。[1]「治療」認為問題源自疾病，當一個人的身體功能損壞了，或是脆弱的身心受到外來疾病的侵犯或傳染，就會生病。於是個人在面對創傷、細菌、他人、制度和社會系統時，常常被看作是無能為力的。這個治療態度的基本假設就是機械主義，也是一種受害者的觀念。

科學的法則支配了西方思想，並且逐漸傳布到整個世界。一般科學的觀點假定人是一部機器，由相互作用的零件組成；為了生存，這些零件必須以一種有秩序、可預見和可被理解的方式進行運作。在這一範例中，當整體中的一部分不再照常履行職責時，某物或某人就會功能失常，擾亂整個有機體的預期和特定的功能。如果一個零件失靈了，機器就會降低效率或整個停止運轉；那個損壞了或「患病」的零件，必須要被找到、被修理或者被替換。無論有缺陷的是汽車、洗衣機、酗酒者、罪犯、癌症患者或是精神分裂者，都被一視同仁的對待。

治療牽涉到受害者與指責

按照這種機械性模式，機器（或生物，因爲它們是一樣的）一定要好好保養，使之正常運轉。一輛新車的試車階段如果順利，就能保證日後車子能順利運轉；這跟撫育兒童時普遍抱持的謹慎態度是一樣的。當一個人後來的生活發生「故障」，似乎代表兒童時期「試車」的階段出了狀況；那麼**當時**錯在何處？當一個人的生活出了狀況，人們認定他的童年一定是發生過某些**壞事**；由此我們可以看出一種微妙但確實的「受害者」態度，這時可以橫加指責父母、牧師、教師、病菌、社會或任何被認爲擁有權力的人；而「受害者」則需要治療，需要重新找回幸福，讓生活回復正常運轉，這樣他才能在井然有序的社會中，確保其位，發揮所長。

心理治療與指責

在這樣的治療中，接受治療者（個案）置身於一個相對無助的位置。治療師無所不知，在許多情況下不但被認爲擁有超人一等的知識，而且更掌握了魔術般的力量。個案與治療師攜手聯合，共同肩負起尋找「疾病」（功能失調）的重任。由於文化和時代的差異，一旦找到肇事者（透過心理治療被理解）之後，也會採取不同的處置。

最近，指出這些肇事者並公然的羞辱它成爲流行，正如在歷史中人們不斷在重複的那樣。法國大革命時期的斷頭台，中國文化大革命的彼此批鬥；在歐洲也曾以這種方式對待女巫們（從前有許多女人被教會以女巫之名處以「火焚」）；過去在美國，曾被懷疑爲是共產黨的人也被類似的對待。基督徒則是兩者（肇事者與受害者）兼有之，他們先是受羅馬人迫害，可是後來卻以相同手段對待不同信仰的人，比如十字軍東征時期野蠻的「淨化」行徑，以及二十世紀末時的「道德多數派」（Moral Majority），以更文明的方式迫害跟他們意見相左的人。還有，基督徒們對自己人也同樣加以迫害（比如福音派對自己牧師所進行的迫害）。現在，這股譴責肇事者的潮流轉向性虐待者、家庭暴力加害者、性騷擾者以及所有在職場上靠權力侵犯他人者。當然，大家都期待能夠認清這些狀況並且改變它，但是，能不能在不強調「受害者是無能爲力的」的情況下進行呢？

社會處方

社會對不健康的行爲和處境所開的諸多「處方」，與前面所說的治療一樣，都強化了受害者的無助。福利輔助計畫、免費供餐給遊民，以及許多政府官僚機構都助長了這種狀況。雖然這些補助計畫有其制訂的需要，但人們會傾向將這些幫助視爲理所當然，是自己的權利（見第九章〈理所當然的態度〉）。人們如果濫用這些福利會產生更大的無助感。加拿大近乎完美的醫療服務系統即因使用者的這種態度而瀕臨危機；因協助人們恣意索賠，法律系統變成一個龐大的產業。同樣的情形也發生在工會、專業機構和特殊利益組織，它們持續致力於確保個人利益，而變得越來越能控制人們的生活；當這些力量變得更強大時，人們就越加感到無助和越依賴，隨時抱怨、哀訴和提出更多要求。個人的責任感，駕馭自己的生活及主導自己生命事物的經驗，就漸漸的消失了。

治療的限制

與人們一起工作，包含實踐與教學的過程，我們兩人加起來有超過八十年的經驗，這使我們相信，在生理上和情緒上最需要幫助的人，是受到「自己是外在環境的受害者」這種想法的誘惑。他們本能的信任治療，是因爲相信自己在生命的架構中代表的是無助的一方。因爲是外面的人對他們做了錯事，所以外面的人知道怎麼糾正他們。在這樣的思維之下，治療師就成了知識最淵博的人了。然而，根據不精確的基礎所做的治療，幾乎連科學方法的基本要求都談不上，竟還持續誇大宣稱他們了解與知悉個案！這個意思並不是說沒有人能從治療師那裡受惠，而是我們不要忘了，也有相當多的人是從各種流派的治療師身上得到幫助，有些治療師也許還不樂意被包含在科學的框框之中呢！

結構主義的觀點

請仔細沉思結構主義哲學支持者的說法（見第三十章〈助人關係〉）：人類並非僅僅是身體不同部位的組合，而是在每個部位都能見到整體的呈現。所有的行為都是個人和宇宙的一種表達，這樣，人們就絕不會是不正常的，而只是**獨特的**（獨一無二）。在生命存在的所有層次裡，無論是身體、靈性、心智、情緒和環境任何一個層次上，這些獨特的模式都會被觀察到並被解讀到出來。人在任何一個層次上對「能量」的壓抑和固著，都會在所有的層次以阻力或障礙的方式顯現出來。同樣的，每一個人與萬物都表現出地球的能量模式，這模式展現出的正是宇宙整體一致的能量模式。從萬物的核心到每個人的外在展現，各種不同的層次其實只是一個**連續體**。這個連續體可以分為：「深層」（宇宙）結構，這是人類與其他萬物共同分享的；「社會文化」（人類）結構，包含了家庭、國家、文化模式；以及「獨特」（表層）結構，這是個人特有的。[2]

傳統的教育

大多數的家庭和學校教育，教的是社會文化結構的價值觀和方法，而忽略或貶低了深層或獨特的結構。如此一來，人們便學會築起高牆並扮演理想我的角色。背棄**眞實我**會導致自我憎恨（見第五章〈理想我——努力追求完美〉）。這種教育模式常常視個體爲一塊白板，社會教育系統把那個人該如何去適應社會最重要的資訊寫在白板上。這不是眞正的教育，它是一種教條形式。

結構主義者的教育

「教育」（education）一字的字根是從拉丁文而來，意思是「從……引發」（lead out〔e, out and duco, to lead〕）。[3] 因此，教育原始的意義，是引出學生原本潛在的能力。結構主義者認爲個人在生命的各個層次上都存在著**早已存在的模式**。按照這一整體的模式，結構主義的教育提供一種刺激來**喚醒個人與生俱來的潛能**，幫助每一個人找出其內在的眞實狀況。這就是「啓發式教育」的本質，在這樣的教育中，不再是死記硬背式的學習，而是人們爲自己去發現、探索一切。在這樣的整體方式下，人們本身即是完整的，只是剛開始時沒有經驗、尚未表現，逐漸的，更多的潛能就會發展出來了。教育者的任務在於引導人們發現自己的本質及他在世界上的位置。人際關係間的鏡像作用與刺激，是使人們豐富成長的工具。

對擁有這樣信念的教育者來說，他們的挑戰是創造出人們得以發展潛能的環境。這一整體的教育模式對執業者的治療方式也很適用：個案不是必須被治癒的疾病，而是需要透過教育的過程來覺察自我的生命。傳統的治療與教育常常貶低了自我成長；結構主義者教育的目標則是帶領出自我實踐的人，這樣的人是願意承諾、願意接受挑戰以及慷慨大方的。教師與保健業者們可以是助產士，幫助人們的自我誕生，去實現深植於他們內在潛力所賦予的希望。方法就是人對人的親密對話，而不是權勢角力時產生的教條與「修理」。這是多麼崇高的努力！

愛德嘉·拉文森的話同時適用於教育與助人者：

> 應該提供的不是治癒，而是覺察心理的平靜、理想的關係，現實掙扎的喜悅，充滿多樣性的生命機會，豐盈與源源不絕的人類經驗。[4]

想一想：

1. 在你就醫的經驗中，有哪些是令你覺得愉快或是不舒服的？原因為何？

2. 你曾經覺察到自己不同層面（身體、靈性、環境、心智、情緒）的能量阻塞，有相互影響的現象嗎？他們是如何交互作用的？

3. 你所受的教育是要符合社會的期待還是自我探索與發現一切？你真正想要完成的是什麼樣的自我？

第三十二章 過敏症與恐懼症——與世隔絕

以一個旁觀者的角度來看，珍的生活是一帆風順的。她整個人充滿魅力，受過良好的教育，並且從事一份她很喜歡、薪水也不錯的工作。但在她成功的外表之下，內在卻有著深刻的混亂持續干擾著她。過去幾年，珍到處求醫，希望有人能解釋她所經歷的這些極端但又看不出所以然的癥狀。有許多專業人士治療她、給她建議，但是沒什麼效果，她還是受盡各種痛苦。她困惑、受挫，害怕發生在她身上的事。她的內心世界是一個無人知曉的煉獄。過去的她精力充沛，但是現在上班時卻越來越覺得日子難過。每天晚上，她斷斷續續的得要睡上十三個小時才行，然而就算如此，白天的她還是感覺疲倦不堪，對任何事情都提不起精神。朋友不再打電話給她，慢慢的，她總是獨自一人躺在家裡。她就這樣一天挨過一天，她的夢想也離她越來越遠。有人告訴她，頭痛、無精打采和鼻部的徵兆是過敏症侯群。在依賴醫生所開的特殊過敏食譜後，她覺得好些了，但也開始感到恐懼，她害怕自己再也不會健康起來，恢復往日無憂的生活。

歐德瑞住的地方離珍很遠，她的遭遇跟珍有些不同，但兩人卻經驗著類似的疲勞症侯群

（fatigue symptoms）。由於她極端害怕離開居所，有人說她患了「廣場恐懼症」（agoraphobic）。她幾乎足不出戶，家人與朋友們必須到家裡看她。雖然她在家經營的事業相當成功，不過她開始意識到自己的生活是封閉的；但是對她而言，花一個晚上到外頭走走的念頭實在是太恐怖了，她乾脆拒絕約會。這些年來靠著限制自己的活動和每天服用重劑量的鎮靜劑、抗憂鬱藥物，她的焦慮才得到一些改善；然而隨著焦慮的減少，她也感到呆滯遲鈍。這位漂亮的年輕女人隨著狀況的日益僵化而越來越不能與人相處了。

問題的本質和範圍

有不少人過著這種自我囚禁的生活。表面上看來，他們似乎都不錯，但是他們內心裡體驗到的是擔心事情出錯的極端恐懼。越來越多的年輕人正遭受這種看似不同，但本質上卻十分相似的症候群的折磨。有時候診斷出是「恐懼症」，有時後卻被貼上「過敏」的標籤，近來非常流行的是「全身過敏症候群」。在這些不同說法的背後我們確實看到了一個共同的線索，在這麼多的麻煩之中，到底哪些地方是相似的呢？

多年來，我們因爲了解許多這類的人，意識到他們都面臨著一個基本的**界限區別**的問題。他們生病是因爲沒有學會用某些基本的方式來界定自己。

界限的生理學（免疫系統）

免疫系統是個不同生物的綜合體，它的功能在保護人類有機體的完整；就如抵抗外力入侵的軍隊一樣，它具有各式各樣的抗體。免疫系統維護人體存在的界限，辨別和阻止「非我」的東西入侵，並且對「我」加以防守。當一個人的免疫系統故障時，疾病便隨之產生。過敏就是對某些外部狀況的過度反應（如花粉熱、藥物或食物過敏），也就是過於防衛。當免疫系統降低時，比如身體過度疲勞，或是類似後天性免疫不全症候群（愛滋病），個人就會因爲身體虛弱而容易遭受在正常情形下通常是無害之物的侵襲。比如，一個免疫系統較差的人，就更容易受到感染，抵抗能力也較弱。

分離／個體化的過程

在客體關係的理論裡，嬰兒的自我發展過程是透過母親與嬰兒的「共生性雙重合體」中慢慢「孵化」出來的。每一個幼小兒童的成長目標是產生一個有別於母親（更擴大的說，有別於環境）的自我意識，成爲一個分離的人。這個過程在兩歲時就開始了，此時兒童首次學習離開父母，同時仍渴望父母的愛與接納以及環境的保護。兒童處在一種**分離**（學習在心理和身體上與母親分離）和**個體化**（依個人生命經驗而產生的獨特的自我意識）的過程之中。[1]

對許多兒童來說，這個過程並不順利，要不就過早地與父母倉促分離，而非逐漸分離；

要不就是不分離，在精神上與父母保持著共生性和依賴性的連接。在這個情況之下，兒童不是建立了脆弱和人爲的界限劃分（牆），就是跟父母多少保持著融合狀態。前者類似免疫系統的過度反應，後者則類似對外在世界的免疫力失靈。沒有連結的分離或是不加區分的融合，這類早期防衛的模式，都有可能在未來的人際關係中一再重演。這些過程也很可能深藏在「過敏症」與「恐懼症」之下。

中醫的觀點（土元素）

在傳統中醫的五行架構中，「土」階段的主題就是賦予肉身。換句話說，人類的身體是生命其他面向得以表達及顯示的媒介。人是通過土能量的調運造化成形而成爲人的。土與人體生命、關係、離散聚合、母子間的互動和哺育息息相關。人在能量體基礎的「土」方面出現困難時，會在身體、關係和對自我的界定上出現症狀。因此，從中醫的觀點來看，得過敏症與恐懼症的人，都是在能量體的「土行」受到了干擾。

過敏症與恐懼症背後的故事

本章一開始提到的珍與歐德瑞的個案，還有許多跟他們類似的人生命的歷程中，他們的過敏或恐懼主要是因界限不清所導致的。這些人多半是非常聰明而具有不凡的創意，因此不願意追隨既有的軌道。然而，他們又對內在洶湧的激情感到惶恐不安；他們害怕情色的衝動，對自己過於旺盛的精力感到焦慮，也畏懼掠過自己腦中不凡的念頭。這些富創造性的人不屑於平庸，未能確立有助於自己在這世上的作爲和歸屬的界限，所以被捲入焦慮與不安的存在漩渦裡。他們不願遷就一般文化模式的安穩生活（就業、結婚和育子），但又沒有勇氣冒險去過徹底創造性的生活；他們在平庸與獨特之間進退維谷。他們藉疾病的過程隔絕自己與世界；在某種意義上，他們對平庸「過敏」，或產生「恐懼」來保護自己，以避免因襲傳統。

然而在心底，他們因未能充分地參與生命感到絕望，而這種絕望又被「症候群」所替代。他們用大部分富創造力的能量製造疾病的徵兆，來證明自己活著。他們並不全心去面對生活，反而淪爲製造和延續自己疾病的奴隸。也可以說，這些疾病爲他們的反常在社會上找到了藉口，而又不必冒險過著全力創造的生活。創造力衝動的不確定性被削減成可預見的疾病現象（「我不可能做得到」或是「我應付不了那些」）。

這些人大多未滿四十歲，既聰明又有魅力，都經驗過不同程度的焦慮、疲憊、精力不足、睡眠失調（例如，每天睡十三、四個小時後，仍然覺得沒精神），肢體緊繃並且眼耳鼻喉都有症狀。漸漸的，他們被社會孤立了。就算這一切都合理化了（「我有過敏，所以我無法去那兒……吃那些東西……做那樣的事情」，「我的確需要睡上十二個小時」，「我害怕夜晚出門……這是恐懼症」)，但一切歸根究柢是**害怕親密**。他們在關係上依賴他人，不願意冒險面對在親密與互相依賴的關係中，因暴露脆弱*的自己所帶來的不確定性。

總而言之，他們害怕面對心中澎湃的激情與創造力。他們通常害怕呈現脆弱*，並且有**強烈掌控事物的需要**。他們感到自己是生活的受害者，進而採取了一種「生命如此對我」的姿態。他們認爲因循文化傳統的人是被奴役和僵化的，但自己卻在受害者的心態中不能自拔，這心態使他們把自我囚禁在自身造成的疾病牢籠之中。

過敏症與恐懼症受苦者的宣言

其中一個願意爲自己的狀態更負責的人，用他自己的話說：

> 我製造了全身過敏症候群。呈現脆弱*會讓我非常恐懼，因爲這種恐懼，這一生中時常排斥親密關係。
>
> 我的生命經驗也是十分強烈的：我的情緒範圍之寬，可以從歡樂的顛峰甚至是狂喜，到深深的悲哀和痛苦中。從中所經驗到的反覆無常，使我對生活非常絕望，我尋找變得更穩定的方法。

我把全身過敏症候群視爲與自我本質相脫離的延伸，是我否定自然的生命所產生的反應。

我對於「我是誰」感到驚恐，我把自己看成是一個被生命嚇壞的小男孩，我很害怕自己在生命中發現的痛楚和悲哀。

另一位年輕人有類似的想法：「我的疾病是缺少自我表達的結果。」

另一個人說：「基本上，我發現每一次生理的過敏反應背後，都存在著情緒或心裡因素（根深柢固的態度、舉止，被壓抑的情感、需求和渴望）。對這些隱藏因素的覺察能夠改進癥狀，並允許自己在大部分時間裡主宰與控制這些症狀。」

還有一些人說：

我生命中的挑戰，被日復一日的日常瑣事掩蓋了。

我創造了這些恐懼，是恐懼讓我從一些狀況中存活下來，否則我是不會去正視它們的。

我完全不知道是什麼構成了（我生命中的）價值……。現在我明白了，我必須去尋找自己的價值，並且為實現它做出明確的決斷。

這個孤寂的地方是我行為模式中很重要的部分；它一再出現，在我很早的童年記憶中就開始了。

在此我覺悟到我對自己死亡的抗拒，只會更進一步加劇我的恐懼和焦慮。我也感覺到在這些時候，我在人群中孤立自己，並且覺得非常寂寞。

從陷阱中脫逸

過去三十多年裡，我們跟許多有上述狀況的人一起工作，他們之後有著驚人的進展。他們掙扎著為自己及生命狀態（包括他們的癥狀）**承擔起更多的責任**。當他們開始意識到焦慮就是生命的能量在體內竄流時，學著接受這種不斷增長的焦慮。當他們對焦慮的容忍度增加時，就可以去面對自己最大的恐懼：接近另一個人類。願意在過程中承擔更多的責任時，他們就懂了疾病隱喻的密碼；體會到症候是內在生命的訊息，召喚他們自身的統一。在某種意義上，以前是敵人的疾病，現在成了朋友。實際上，他們害怕的是不存在，他們害怕獨立無依的面對另一個人。要不就遺世孤立，要不就維持依賴性的關係以避免親密的接觸。

底下是他們為自己說的：

我領會到焦慮可以是在我周身流淌的能量。

我不再深陷囹圄之中，認為自己應該是什麼樣人的。我就是我，我踩著不同的鼓點前進。

我所壓抑的和悶在心底的一切造就了我的疾病。我需要並渴望跟那些能使我豁然解脫的人在一起。

我相信我是健康的、完整的……我已經知道並學會，在這個世上我所需要的是保持健康和表達自己。現在我需要做的是培養自我疼惜與信心，相信它與實踐它。

我也體認到我應該臣服於痛苦和悲傷，以便去經驗生命所賜與的快樂與親密。

我現在從我的內在尋找勇氣去臣服並且活下去。

接納疾病的過程

在前面提到的這些面臨困境的人們身上，我們所目睹的勇氣實在令人感到鼓舞。在為自己的疾病過程負起責任時，他們就再次打開了自己的生命與創意。不需要再抵抗疾病，他們學著認識它、接納它、與它工作。有一個人是這麼說的：「我把我的過敏症與其他症狀看成是朋友與嚮導，指引我在健康與成長的道路上跟自己達到了和諧。這是個永無止境的過程，只是開始，而不是結束。」

想一想：

1. 珍與歐德瑞的故事帶給你什麼樣的感受或啓發？
2. 你知道過敏或是恐懼的問題，主要是什麼原因引發的嗎？
3. 對於「害怕呈現自己的脆弱面」與「強烈的需要掌控」，你有什麼實際的案例嗎？
4. 「害怕接近另外一個人類」的恐懼，你的理解與意見是什麼？
5. 如果你身邊有類似癥狀的人，你會如何對待他？

第三十三章

對多發性硬化症的一些看法

本章談論一種特殊的疾病，我們對這個主題已投注很多心力，因爲它所顯現的許多原則可以應用在任何疾病的研究上。雖然我們的焦點是多發性硬化症（Multiple Sclerosis），但從中學習到的東西卻可以提供其他疾病患者參考，包括癌症、心臟血管疾病、關節炎以及各種困難的病症。

病症的描述

多發性硬化症是一種神經系統的慢性病變，年輕及中年人特別容易感染，是西方世界相當普遍的一種神經系統失常疾病，據說，英國每兩千人之中就有一人得此病，女性得病的機率比男性多出百分之五十。雖然病因尚未被確認，但是許多人認爲是遺傳的影響。有些人推測這個疾病可能跟自體免疫功能的損壞有關，由慢性病毒或其他感染所引發。這個病在溫帶發生的機率比熱帶高得多，從熱帶移民到溫帶的人，在定居之後會有更高的多發性硬化症得病率，所以看起來引發這疾病的地理因素大於遺傳因素。多發性硬化症是因爲腦部或是脊髓神經周圍的脊髓鞘損壞，留下的纖維化傷疤形成硬化了的斑點；其傷害能透過神經系統散佈到很廣泛的區域。[1]

醫學文獻中對這個疾病在神經系統的跡象與症狀都描述得很詳細。這種疾病是會復發但也能緩解的。早期症狀是四肢覺得沉重或是無力，一眼或雙眼有視力模糊或複視的問題，四肢或是軀幹有麻木或麻痺感，會暈眩，走路不平衡或是不穩定。膀胱也可能受到影響，引起頻尿或是排尿困難。第一次發病後通常幾個月之內症狀完全消失，但是經常兩年之內會再次發作。有些人持續在每次發病之後痊癒，也有些人變得更無力，症狀惡化之後病情就更嚴重。除了運動神經失常之外，還可能會出現尿儲留或失禁、口齒不清；精神狀態則是情緒不穩定，憂鬱或異常興奮。西方科學對此還沒有明確有效的治療方式。在病症急性發作時，通常會給的處方是皮質類固醇（corticosteroids），這對病情有即刻的幫助，但是長遠來看似乎沒有助益。[2]

我們的觀察

過去三十年，我們見過數十位的多發性硬化症患者參加實驗性的課程。在這些日子裡，我們對於這個疾病發生的過程與因這種疾病而受苦的人，有了一些想法。我們看得出患者的人格輪廓。他們通常非常想要**控制**自己的生命。他們的**智能**超出一般人許多。他們常常是**目**

標導向卻帶著自恨的成功者。潛藏在獨立外表之下的是深深的**受害者姿態**；他們認定生命曾經被他人控制過，爲了補償自己，這些人顯得極度**獨立**。多發性硬化症患者常常是會拖延的人，他們很難化思想爲行動。他們很會說，會做很多的計畫，然而，他們很難把夢想付諸行動。雖然這些人之中有的曾經是運動員，但是經歷的是逐漸的**虛弱**，還常伴隨著肌肉的**緊繃與顫抖**。

這些年來，我們詢問所有我們見過的多發性硬化症的個案，請他們提供對自己疾病過程的概述。對來這兒的其他疾病患者，我們也提出類似的邀約。當過敏症、恐懼症以及其他慢性疲勞併發症患者，非常熱心的提出他們從疾病模式中的個人學習時，多發性硬化症患者卻明顯的不願意回應。所以這麼多年來，只有少數幾個人提供了我們要求的書面報告。[3] 因此，在這篇章節中所引用的是一些訪問，我們提出了特定的問題，再加上我們收到的少數文章中所集結而成的結果。

面對多發性硬化症的挑戰時，我們發現，在處理資訊的態度上有明顯的性別差異。對於多發性硬化症的病人來說，他們必須要面對的是導致發病問題的中心，就是**孤立**、**控制**的高度需要與**對自己身體的遺棄**。在帶活動時，我們認爲自己對待兩性的態度是一致的，然而，在建議他們做呼吸練習，並且跟朋友之間進行對話時，女性似乎比較願意接受建議。女性似乎更堅定、更有意願去面對自己。女人會花時間自己做呼吸練習，跟人溝通，經歷各種過程；而男士們經常是沉默退縮然後最終放棄。結果是，女性在過程中通常比男性要來的堅定。男士們常常抗議要用同樣的方式做呼吸練習太麻煩了，而當他們正忙著拒絕時，女士們往往開始去實踐那些練習了。也許因爲女人本來就比較有忍耐力和持久性，以負面的角度來看，她們或許只是比較擅長於聽令行事。一個得了多發性硬化症的職業婦女說：

> 女人確實比男人更接近自己的身體，因此女人比男人更容易找到接近身體的方式。女人有生產與月經的經驗，更熟悉身體的感覺；她們對身體多一些了解時，就更容易用身體過日子。男人根本不了解自己的身體，經常只把身體當作工具，或是一項功能，所以很難找到回家的路。

有一個男士在參加課程後，因爲受到刺激而學會不必用枴杖就能走路，但是他回家之後沒有繼續練習，所以又得坐輪椅了；另一位狀況跟他類似的女士卻把她的輪椅賣掉了，並用那筆錢上了一個含住宿的課程；當她把治癒看成是她要達到的目標時，她很快痊癒了，而且回家之後仍然維持健康。

指責

多發性硬化症患者經常花很多時間在**指責**上，不是指責自己得了這種病，就是指責外在因素（父母或是使他感染的媒介）。這種指責加深了病情，並且使生病的過程變得更嚴重；指責是身體康復的大敵。一位女士在課程剛開始時，花了好多精神在抱怨大家對殘障人士的照顧太不周全；她把整個狀況給政治化了，而沒去加強自己的能力。當她把所有的精神都花在這件事，她就沒時間也沒能量去看自己跟這疾病的關係了。只要「受害者／指責」的心態固執的存在，多發性硬化症的過程也會如影隨形的跟著。人們常把自我指責跟自我負責搞混了。當人們開始試著負責任時，常常從受害者變成了指責自己要爲所發生的事負責。爲了促進痊癒，他們必須分清楚什麼是**受害者**，什麼是**負責任**以及什麼是**指責**。一位多發性硬化症患者說：

> 我知道要爲自己的病負起責任，但是我也認爲那是非常愚蠢的。我讓自己的防衛系統收兵，於是我因外在媒介而得病。我運氣太壞才得了多發性硬化症，而不是流行性感冒。當外力襲擊我時，我完全束手無策。

孤立

當人們陷入找麻煩的情境時，他們就無法超越自己來看待世界，也就不可能有眞誠的對話。他們陷入永恆的的孤立中，似乎永遠無法做到自我負責與跟他人對話，當然也無法獲得治療。下面的說法可以說明：

> 麻煩一來，我就退縮回自己去。
>
> 我很早就學會了只相信我自己。
>
> 「不需要幫助」被扭曲成了「無助」。我最後才會告訴我父母。這個做法被邏輯化之後我就變成了「退縮」。

任性

多發性硬化症患者跟意志力的失調有關。這些人通常很**任性**；他們在生活中逼迫自己，以致於他們唯一能休息的方式就是生病。通常，他們促使自己完成對他人的義務，在追求邁向**理想我**的榮耀之路時，不斷循環的是對自我的憎恨。當他試著爲自己的疾病負責任時，常常以意志力命令自己好起來，這樣做只會使狀況更惡化。任性與意志力之間是有所區隔的。下面的說法相當適切：

我不要用我的意志力，因爲那只會帶來更多的傷痛。我不相信事情會有所改變。

高成就者

多發性硬化症的患者通常是高成就者，他們所有的困難都與此生對追求成就、自我否定與自我不滿足的態度有關。他們是這樣的驅使自己：

我必須要很棒。

有這麼高的成就，我卻常覺得不夠好。我無法對該做什麼做出抉擇，因爲要是做錯了決定或是無法繼續維持成就，風險可就大了。

我不知道什麼時候才能停止。

由於有那麼多的多發性硬化症患者都是高成就的人，我們懷疑是否多發性硬化症提供了一種除此之外任何形式他們都無法接受的休息？似乎只有在被疾病打倒了之後，他們才能接受休息與別人的幫助。

被「誤解」

患者的個人歷史中經常堅信追求成就的信條，再加上一直認爲自己被誤解所造成的孤獨。一位父母都是學者的年輕男士說：

> 我必須依靠自己。我跟父母的關係，讓我成天覺得我是在大學裡聽演說。我覺得他們從來都不了解我，我的痛苦和哀傷對他們一點都不重要……他們總是告訴我要「努力工作」，要更強壯一些。

後來我們認識了這位年輕男士的父母，我們發現他父母的觀點跟他很不一樣。根據我們與母親接觸的經驗，我們相信她是在乎兒子的痛苦與哀傷的。這個案例也幫助我們打開了新的視野，多發性硬化症患者可能跟他父母（或他自己或別人）持完全不同的觀點。所以說，多發性硬化症患者可能抱持著一個特殊的看法，他深信自己沒有被愛過，又被要求有所成就。問題不是在父母的養育，而是在這個人過去被父母照顧的經驗。

跟心理相關的事

隨著肌肉無力，**心理上的無精打采**也會跟著而來。原本非常有能力的人變得完全無方向，只偶爾一下子覺得有活力：

我活在一種半死不活的狀態裡，偶爾才會興奮一下。

我完全在自我挫敗的行爲中，什麼事都無法完成。當我沒完成任何事時，我就不會被別人評斷，我也有了藉口。在這之後躲著的是害怕失敗，或者被宣判。

我不太會做決定。我完全沒有行動力。我的思想與行爲之間是隔絕的，思想無法轉換成行爲。我的一生都完了。

在我們看過的案例中，至少有一個案例呈現出心理上的不健全。這位年輕女士全身緊繃，白天她以緊繃的身軀僵硬的擔任經理的工作。她控制自己也控制著工作。然而，內心裡，她是個害怕會發狂的驚慌小孩。當她最後終於放心的分享了自己的恐懼與焦慮之後，她跟她的伴侶更靠近了，她的多發性硬化症的症狀也緩解了。她必須分享她害怕發狂的恐懼，因爲她經歷了家庭中其他成員的瘋狂，所以她必須嚴密控制自己不可以恍惚迷糊，或是崩潰而變得神經錯亂。

自我憎恨

自我憎恨這個特質，對走向治癒的自我覺察會有妨礙：

我不敢看自己，因爲每次我都會給自己找麻煩。

不論我在自己身上找到什麼，我都拿它用來自我指責。

得多發性硬化症的人因爲自己永遠無法完美而變得沮喪，哪怕他們試圖作了多大的挑戰。因此，雖然已經很有成就，他們卻沒看到自己付出努力的結果，常常陷入對自己過高的期待，覺得自己是不足的，進而自我憎恨。

工作夠努力，也有足夠的意志力，你就能完成任何事——我一直這麼以爲。結果是，我做什麼都不行。任何人都做得比我好。我拿自己跟十九世紀寫百科全書的人相比，結果當然是處處不足。

拖延

拖延的傾向跟強烈的成就是經常一起發生的。一位女士著迷於她得病的過程，主因是拖延，她確實在努力呼吸之後，幾分鐘內就改善了肌肉無力的症狀。她申請上研究所，並計畫將自己得多發性硬化症的經驗寫成博士論文。許多年了，她一直著迷於這個論點，卻未曾坐下來寫出論文，雖然手邊早就有了一堆資料，只等著她綜合，她卻一直沒完成這篇博士論文。在我們開始跟她會談時，這位女士非常熱中於討論她得多發性硬化症的過程，熱切的告訴我們許多珍貴的內心感受。然而，她就是未能把自己的經驗書寫成文字。因此在這篇文章裡，她沒有直接提供任何的資料。

得多發性硬化症的人常常是非常聰明的。他們有時是極端的理想主義夢想家，卻不會奉獻自己去實踐理想。於是，他們會幻想與拖延，而不是全然的投入生活。他們十分清楚自己是如何得病的，卻不採取任何行動。他們知道自己該怎麼辦，卻只是想而什麼都不去做。他們具有明顯合理化的能力。他們像一輛馬力強但排檔失靈的汽車——他們無法換檔！這個相似的狀態發生在肌肉無力者身上：他們的身體其實很強壯，只是常常無法跟力量結合。

我的個性有缺陷，我很聰明，但是我不讓自己在眞實世界中運用聰明。我屈服在極可笑的自我理想化中，用此來替代行動。

這是把理想化爲行動失敗的案例嗎？拖延與理想化的夢想，似乎取代了身體的付諸行動。事實上，他們放棄了自己的身體，居住到心理的夢境狀態去了。

與身體分離

多發性硬化症是一種與**身體分離**的疾病。這些人一直害怕自己的熱情，不願意臣服於他們身上流動的能量。在更加控制感受與表達後，他們的身體是壓抑的也是自我否定的，變得更緊繃了。於是他們就離開了自己的身體，住到心智裡去了。通常他們在性欲這方面也覺得不自在。

在多發性硬化症的疾病中，身體是被否定的，身體只不過是個工具而不是樂趣的來源。各種的感官知覺是被忽視的，性的壓抑隱藏在身體的症狀之下。**他們需要透過賦予肉身才能得到治癒**。在這個過程中，這些人會呈現出他們對親密的害怕，特別是**對性的不自在**，以及對一般感官知覺的不舒服。一位年輕的女士不想顫抖，因為她認為這樣是「沒教養」的。在中醫的五行理論認為，多發性硬化症是關於土的疾病，是因為未能充分體會肉身、活在當下而生的病。以中醫的觀點看，它伴隨著**意**（yi）（目的或是意圖）的不足。正如土的失衡所呈現的面向，在關係或是界限中都是困擾。

他們的身體不屬於自己，覺得自己是個被疾病過程佔領的受害者。有時這病確實像身體中居住著魔鬼。一個四十多歲的婦人掙扎著要克服疾病，她學會靠呼吸放鬆緊繃的肌肉。過去她根本無法上街購物，在購物中心逛了一兩家店身體就會痛苦的縮緊。在花了時間做呼吸練習之後，她學會了接受每次呼吸時身體就會緊繃的現象；就像內在有個魔鬼，在抵抗她想要放鬆身體的企圖。她會讓吸進去的空氣穿過那些緊繃的肌肉，然後肌肉才能再度放鬆。她終於能夠沿著木屋旁的湖邊走好幾里的路。過去因爲身體的縮緊，她好多年來都害怕在大自然中散步，哪怕只是一會兒。來上課是一種自我決心與自我定義的行動。她的疾病過程試圖以讓她緊繃與疲累來防止她進步。以下是常見的說法：

我離開了我的身體。

控制

多發性硬化症患者很怕失控。常隱瞞自己的症狀，因此絕對不會談起肌肉無力或是視力減退時心裡的害怕。爲了掌控，他們費力的**維持形象**，不需要別人，因此他們通常擔任須負起許多責任的職位，看起來很能幹，害怕與痛苦都只留給自己。結果是，他們無法擁有跟朋友或是工作伙伴分享感受與經驗時的安慰。他們孤立，企圖自行照顧一切。

多發性硬化症是跟**支配與屈服**相關的議題。強烈的被控制與控制他人，多發性硬化症患者使自己的身體在僵硬的狀態，刻意在一生中支使自己（與他人）。他們不甘願屈服於權威，不得不屈服時則以消極的方式來抗拒。在跟自己的關係中，他們也會非常殘酷的支配自己的身體或心理。多發性硬化症患者經常**利用他們的身體**，而不是居住其中。我們發現那樣僵硬的身體盔甲是由於呼吸時進出的氣相當有限。他們感覺不到自己的身體，他們把身體當工具使用。基本上他們不住在自己的身體裡，他們需要學習住進這個肉身。當這些人學會更深的呼吸，症狀（他們多數恨這些症狀）會更重，他們會顫抖得更凶，還可能覺得恐慌或是焦慮。他們會更緊繃，更抗拒這些症狀，用這些方式去抵抗經由呼吸而產生的感受與能量。當他們緊縮與抗拒時，是**屈服**於症狀之下，這些症狀已經接管並支配著他們的生命。如果他們專心呼吸，**臣服**於接著而來的釋放，肌肉的力量就會再度恢復，身體的活動會更有能量。在重新回到曾被自己拋棄的身體時，他們經常會覺得害怕。他們最大的誘惑是，會屈服於退縮與脫離肉身的身體症狀，而非臣服於內心的感受。

他們經常報告說**害怕**因爲呼吸練習而產生的顫抖，因爲這意味著他們失去了控制；我們鼓勵他們放心，臣服於身體生長的回應，並且放輕鬆。在公眾面前顫抖他們會覺得**尷尬**，當他們學會分享而非隱藏這種顫抖時，他們早已經進入臣服之道了。

否定熱情

熱情也是被否定的。上面曾提到的女士發現她身體的僵硬不是無緣無故的。每當她沒有表達感受時她就會緊縮，特別是在她關閉性的能量時。在一次非常具有教育性的課程中，她發現在具有魅力的年輕男士身邊時，她就會緊繃。學會了如何表達受到這些男士的吸引之後（沒有把這吸引力化爲行動的意圖），她再有這些感受時覺得自由一些了，症狀也減輕了。當她學會了以更開放與直接的方式表達憤怒之後，她的症狀又減輕了一些。很明顯的，過去她是帶著「善良」的面具，掩蓋了自己的感受（連她都不知道自己不開心）；在懂得分辨負向情緒並表達出來時，她的症狀更是獲得顯著的改善。所以多發性硬化症也可以說是一種無法表達、無法接納自己生命中熱情的病。一個人開始接納身體的感官知覺與愉悅的時候，就開始痊癒了：

> 我現在正在做我十七歲以後就沒做過的事了。

照顧

還有一個常見的主題是成爲**照顧者**。在關係中，多發性硬化症患者常做潤滑劑，照顧他人。在許多狀況裡，多發性硬化症患者會視照顧他人爲自己的責任，好像小孩子在照顧他們的父、母或雙親一樣。例如：

我是我母親的照顧者。

一生都在照顧別人的人，唯一能休息的時間就是自己生病的時候，這樣就會是別人來照顧他們了。或許多發性硬化症患者的特質是在心理架構上把關係看作是努力照顧他人。這些人無法跟人做連結，把關係看作是照顧他人或自己要被好好照顧。在一個案例中，一個成年人發現他的母親想要搬離他們的家鄉，當他爲此而覺得不開心時，她就不搬了，因爲她擔心兒子病情會加重。她沒有直接告訴他，只跟朋友談到這事。這呈現出的是無法對話，母親給兒子貼上了無法直接面對問題的標籤。她害怕一旦搬離，兒子的病會加重；在社會規範的觀念下，她認爲兒子的健康是由她掌控的。她是兒子疾病的殉道者，所有的家人與朋友全都陷入受害者態度中而做了物化的幫兇。因此，母親限制了自己，並以這樣的方式讓兒子繼續病下去（她也一樣——她得的是「多發性硬化症患者之母」症候群）。

取悅

這些人的行爲舉止常是過分善良的。希望被別人喜歡與接納，因此擁有親切感與超理性的討好特質。因爲太怕被拒絕了，他們拚命去取悅他人。他們一向是「好孩子」，取悅父母；長大之後是很能適應社會的成人。因此，他們否定自己的熱情，害怕表達憤怒與其他負向的感受。他們用限制負向情緒的表達來控制自己（與他人）。

他們多半政治化而不人性化。他們會談事情該當如何，社會哪裡不對勁了，或者別人有什麼不對；言談之間非常冷靜與理智。他們內心通常是非常憤怒的（對伴侶或是家庭，或是對自己的疾病）；但是他們把憤怒轉化爲政治性的談話，而不直接把憤怒表達出來。

失去視野

多發性硬化症患者可以說是失去視野的人。經常不想看清他們可以爲自己的病情負起更多的責任。比如說，我們通常會建議慢性病或爲重症所苦的人，應該盡量多做專心的呼吸——一天至少四次，一次十五分鐘。同時，我們建議多發性硬化症患者要做一些規律的運動，以促使肌肉做同步的活動。我們建議他們到健身房去，或是用步行、做柔軟體操的方式培育出肌肉的張力。

但是我們給的建議他們不會去實踐，他們會向權威或上師徵詢答案或忠告；他們似乎寧願接受別人給的框架，而不想勇敢的探討這疾病在他們的生命中有何意義。在這樣**受限的外在依賴的視野下**，人們充滿自我憎恨，努力完成他人（父母、治療者、上師等等）對自己的建議，而不去找到面對生命本身的勇氣，爲自己做決定。這些聰明能幹的人過去長期服從老師與權威。我們看到好多人情願找到一個上師告訴他們如何點亮靈魂，而不想面對冗長的日常挑戰，透過呼吸與人際關係回到自己的身體。

回復視野

能夠促進療癒的是「回復視野」（revision）——照字面說就是甦醒過來，用內在原有的眼睛重新看見。這些人從前可能曾經有過這樣自我導向的視野，後來喪失了，或是從來沒有爲自己發展出「看見」的能力。所以，他們因爲視野有缺陷而生病。回復視野包含了更新對自己的概念與對他人的態度（回復視野=修訂）。或許父母、權威人物跟自己都被物化了；如果能用更新後的觀點看他們，會是很不一樣的。這麼做需要勇氣，當人們失去勇氣，他們會屈服而改用自我憎恨替代。下面是一個勇敢的人的筆記：

> 從我過去的立場來看，這是絕對革命性的思考：我就是我的病。現在我願意開放做改變。我可能仍是多發性硬化症患者。我生命的模式就是這個病。我需要的是改變我的生命，這樣我就不會生病了。

絕望常常把人引到自我發現的邊緣：

癱瘓更嚴重了，我也越來越不容易把想法化爲行動。我的右半邊癱瘓將近兩星期了。我認爲一切只是時間問題，我很害怕。我沒法走路了，我必須徹底改變我的生命才行。

跟許多的疾病過程一樣，核心問題牽涉到**固著態度的立場**。當他們認知到自己如何參與了疾病形成的過程時，治療通常就會有所進展。一位男士說：

我一直緊抓不放的那個假設是條死路。我無法痊癒是因爲我的身體是如此固著，它基本上只是個容器。我是以「收銀機的方法」面對我的生命——我收集經驗然後把它們放進收銀機中。我以爲等我收集夠了經驗我就會改變。

等到有了新態度，他們就會對這病的了解更多，負起責任，康復之路就更順利了。

根據朋友們給我的建議，我發現我可以做些什麼了。我現在知道我不是一個受害者了。

在跟多發性硬化症患者們工作時，能量的觀念是很有用的。之前有一位個案認爲他快要沒有能量了，他產生與儲存能量的身體正在衰退，後來他開始以中醫針灸的理論來看這事，了解到能量是處處充滿的，只是在生病時被堵塞或是停滯了。在他開始有興趣解開固著的能量（透過呼吸以及與重要他人開始對話）時，他覺得更有活力了：

我有了新視野。我相信能量體；能量體跟我是可以經常互相流通與轉化的。

針灸與其他用能量的方式都很有幫助：

在扎過針之後，我眞的轉化了。你之所以還認識我，是因爲我還留有足夠的舊模式。

跟這個病打交道，執業者要像個朋友一樣。助人者要能建立起一種沒有苛刻超我的嚴厲關係，這樣個案才能從中學習。就算是不接納自己的人，當有人向他們伸出雙手表示欣賞時，他們還是會表達出感激的感受：

你接納我有如一個朋友。

化覺察爲行動

有了覺察，多發性硬化症患者可以學習到不輕易跟人隔離。取而代之的是與生命連結，用更健康與活躍的觀念過日子。能夠笑的人有更好的進展：

我不用屈服於這個缺陷。現在，我平生第一次覺得快樂。我能爲自己負責任。現在，我也能嘲笑自己，不再那麼嚴肅的看待自己的理想化與超我。

在更清楚的覺察到有關病情的各個部分時，他們就了解了自己與爲自己負更大的責任。通常，他們也了解這病是會隨著生命的經驗與態度時好時壞的：

內心深處，我始終清楚所有發生的經過。

新的態度

當人們看清了這疾病的過程其實就是自己時，他們不必再跟自己與這疾病奮戰了。他們致力於學習的過程，並開始接納、感激這個疾病。底下是一些意見：

我現在更好奇而不那麼害怕了。

我現在的計畫是傾聽我的超我，然後做自己要做的事。

得多發性硬化症這病其實是化了妝的祝福。我已經學會感激我的症狀。

我們認爲治癒多發性硬化症必須在跟自己、他人以及世界的關係中尋求改變：

當我跟任何人產生互動時，我變得不一樣了。關係有療癒的效果。療癒的過程就在互動之中進行著。

病情有進展的人開始把疾病看成是學習的機會，而不是他們養成的一個病而已。他們對自己的人格結構發生了興趣，越來越知道自己的態度與行爲是如何決定了這病的方向：

對模式的了解引發了這些覺察。

他們不再那麼熱切的希望能完全擺脫疾病，反而對學習過程的本身更有興趣：

我還殘存的症狀會慢慢退去。

個人可以逐漸的以新的方式看待自己，看待自己不再是疾病，而是一個人在生命過程中的糾纏：

領悟到我不一定要生病，眞是個珍貴的經驗。

我不再有多發性硬化症了。然而我的神經科醫師有著不同的假設系統；他仍認爲我在生病，只是處在緩解狀態。

總結與建議

以下這些建議是我們爲回應個案們而提出的。我們認爲這樣的學習可以有效的處理多發性硬化症：

- 認識受害者的姿態，接納它，爲之負起責任來。
- 就算是害怕，也請找到行動的勇氣，而不要從生命中退卻。

• 呼吸！持續的呼吸能減輕症狀。個案在呼吸之後眞的會覺得力量增加，更有生命力；但也會更焦慮和覺得暴露。
• 得多發性硬化症的人遺棄了自己的身體，因此不去體驗感受（也限制了性的表達和創造力），學著回到身體的家吧。
• 以開放誠懇的溝通與他人建立有意義的互動，承認擁有物化但可以不必屈服於物化——這是透過對話的療癒之道。
• 學著接受不穩定，不安全與顫抖。
• 更直接的表達憤怒與其他不舒服的感受。這樣感受才不會卡在身體裡，緊繃的狀況才會逐漸降低。

激進的想法

多發性硬化症的預後狀況是極端多變的，最嚴重的案例甚至可以在有顯著改善之後卻突然惡化。所以當一個人有進步時，仍然很難評估此人的病情是好是壞，也無法證實所採用的活動與治療有哪些幫助。我們激進的假設是認爲——或許疾病本身沒什麼好壞，取而代之的只是這個人內在的改變，只是用病情的進步或惡化來表達自己。

我們曾經看到不少人在生命中做了一些重大與持續的改變，而明顯減輕了症狀。有一些人的改善是相當戲劇化的，以致於他們看起來像是沒病的樣子。傳統醫學的思考方式會認為機能障礙仍然存在，只是暫時不活動而已（「多發性硬化症這病的特性就是在惡化與緩解之間往返」。）[4]我們認為中樞神經的機能障礙可能真的會消失，換句話說，疾病必須一直在身上嗎？我們曾見過原本上翹的腳底反應（證明中樞神經功能障礙），在一次身體工作之後，腳底回復成正常往下的狀態。或許在這些人呼吸並且進住他們的身體時，機能障礙也消失了。果真如此的話，過去對許多重大疾病（癌症或是心臟疾病）的假設，就必須重新去思考了，這是我們的挑戰。

想一想：

1. 多發性硬化症雖然是在西方社會比較常見的疾病，但是在認識了它的症狀之後，你有些什麼感想？
2. 你知道多發性硬化症這種疾病主要是因為什麼原因引起的？
3. 你如果認識了一位多發性硬化症的患者，你會以什麼樣的態度去面對他？
4. 對於類似多發性硬化症這樣一個幾乎無法痊癒的疾病，我們能以什麼樣的方法與之共存？

【第六部】

關鍵議題

你還是會繼續在這沙灘上沉睡很長的時間
然後將在某個清晰的早晨發現
你的船竟繫在另一個岸邊

——安東尼奧·瑪恰朵（Antonio Machado）[1]

第三十四章 以創造爲核心的靈性

想像的傳記

最初的童年時光，沒有限制，不須放棄
也沒有任何目標。這種不需思索的喜悅。
然後突然有了恐懼，不同的教室，各種界限，所有的束縛，
以及一種陷入誘惑與深深的失落中。

反抗！曾被壓迫的人現在成了壓迫者，
將他的挫折報復在他人身上。
愛過，恐懼過，拯救他人，與之搏鬥，得到勝利，
然後，緩慢的，一次又一次的擊敗他們。

於是獨自一人在宇宙中，在光環中，在寒冷中。
他必須在已經創造的形貌深處聳立
他吸一口氣，彷彿伸向最初的，原始的……
於是神從祂隱身之處綻射而出。

——里爾克[1]

整體的觀點

不論面對的是什麼樣的困難，或是走上自我探索、個人成長、自我治療之路的動機何在，大多數的人都會思索有關靈性與意義的問題。在教育、宗教、心理學、社會學以及政治等領域，終究都會觸及靈性的話題。從整體的觀點來看，靈性會反映出每一個人生命中其他層面的狀態；不管哪個層面有固著的狀況，也都會在靈性上呈現出來。就算一個人的覺察或注意力只集中在某一個層面，但是任何行動與變化都會呈現在所有的層面上。因此身體、情緒和精神態度的轉變都有其靈性上的意涵；反之亦然，靈性層面的改變會在心智、身體及情緒上呈現出來。

宗教與靈性

「靈性」一詞是指對存在層面中有關意義的陳述。通常，靈性容易被拿來與宗教混為一談，但宗教其實是一種有律法系統的靈性。宗教是社會團體和統治權威所使用的某種意義地圖，提供一種道德觀給人民遵循——為共同目標而制訂的行為和思想的規範。

宗教正傾向於退化至一種合乎禮儀的公式，用來修飾舒適的生命。

——艾福瑞德・諾司・懷特賀德（Alfred North Whitehead）[2]

以贖罪為基礎的靈性

許多人在童年時期的教會經驗是非常痛苦的，因而抗拒任何對靈性方面的探索；他們把宗教信仰與靈性生活混淆了。他們排斥靈性生活，以為伴隨而來的會是道德、控制、行為的限制、罪惡感、指責、自我否定，以及自我詆毀。由於接受了新柏拉圖主義者的信念，他們普遍相信**以贖罪為基礎的靈性**的教誨。[3]在這個觀念裡，人類因有罪而不完美，需要透過外界代理人的祈求才能得到救贖。

認為在自我之外還存在著更高能量（上帝）的保守觀點，支配了大多數西方的傳統宗教，因此權力、控制和道德變成不是自己能掌控的議題，需要依循更有智慧、更堅強、更具有威嚴的存在者指導。於是，決定行爲是否正確的權力就操在那個存在者（上帝）或是其代理者（教會）的手中。大多數人必須在邁向自主和個人成長的掙扎中，重新拾回在成長和社會歷練中所失去的力量和個人完整性。通常他們會拒絕的權威包含：對他們極具影響力的父母、教育和宗教信仰；但在拒絕之時，他們也可能會陷入權力爭奪之中，反而阻礙了自己的成長。

以創造爲核心的靈性

還有另外一個對靈性的觀點，認爲權威存在於個人，這就是**以創造為核心的靈性**；個人是整體存在（神）的一部分，是整體存在的反射。結構主義的哲學是，每個人本來就是完整的，雖然這整體性（wholeness）並未清楚的呈現出來。因此，結構主義的觀念可以和這種以創造爲核心的靈性相得益彰（見第三十章〈助人關係〉）。我們只需要去體驗更多的自我覺察和更加的自我負責，不需要增添、消除或是處罰什麼，也不需要努力趨向完美；每個人都已經是完整的。透過自我疼惜的過程而不是極力的奮鬥，人們會努力的了解與接納自己（見第五章〈理想自我——努力追求完美〉）。在這樣的過程中，人們可以對他人和自己做更多的揭露，表明原已存在自身的東西；這是一個**揭露**和開展整體的練習，而不是爲了完成更高權威人士所期待的完美。如此，人們才能努力的自我表達，能從「符合他人對我們的期待」的義務中解脫出來。我們可以這麼說：

在以贖罪為基礎的靈性中，我們提問題，上帝提供答案。在以創造為核心的靈性中，上帝問問題，而我們就是答案。

兩個觀點的比較

宗教——這個跟外在權威有關的議題，對每個人都有深刻的衝擊，無論是在由宗教掌控的社會中長大，或者從小就有直接的宗教經驗。對個人來說，否定或反對宗教是無濟於事的，這樣的行為只會讓能量卡住，築起更多的牆而導致更多的阻塞。許多人脫離正式的宗教信仰而追求其他的靈性表達方式。在北美這個已經接受另類生活方式的地區，人們非常容易就被東方宗教吸引，似乎東方宗教允諾了解脫，提供了終極的答案。諷刺的是，這些從權威統治的專橫當中逃脫出來的人，很快又拜倒在某個宗師或另一種宗教形式（如新世紀領袖們）權威的腳下，希望能得到頓悟與找到絕對的眞理。

以創造為核心的靈性中，在每一個個體的中心都存在著權威的意義。對於不同的意義與相反的見解都能考慮、整理、融會貫通，不會囫圇吞棗，或把它當作眞理而全盤接受。每一個人（身為神）都是完整的，有能力從內在去發現個人的意義與各自的眞理。然而就算是擁護這種立場的人，有時也會無意識的採取孤立的態度，忘記了那個存在於每個人內在的神，其實都是同一個神，所以才能把我們每個人連結起來。我們的任務不是要成爲一個神，或是雕琢自我去迎合神，而是從自己的內在去**發現**神（自我意義的要素）。作爲結構主義哲學的一種表達方式，以創造爲核心的靈性，會讓我們在生命的各個層面——身體、情感、大腦以及人際關係中——去發現這個存在的模式（上帝）。

去愛另一個人就是看到神的面貌。[4]

罪

以贖罪爲核心的靈性認爲我們生來就是具有瑕疵而且是不完整的（有罪），需要修補並且屈服於更高的力量以趨於完美；這就是道德性解釋的罪（我們是有瑕疵、是「壞」的）。在以創造爲核心的靈性中，每個人都是完整的，能與他人和宇宙相連結，是整體能量流動的一部分；然而，由於意識受限的狀態，使這種曾經連結的經驗消失了；罪（意思是「分離」）就是**未覺察到**這個相互連結的狀態。以贖罪爲基礎的靈性中，人類的一生根植於「原罪」；在以創造爲核心的靈性之中，人類的存在是發源自「原福」（original blessing）。[5、6]

以創造爲核心的靈性的目的，就是要重新找回這種連結，透過自我覺察和提高意識的層次來重新肯定存在的完整；權威就存在於每個人的內在，而不是他人、外在結構或是社會組織之上。以創造爲核心的靈性是以自我爲核心——不是自私、自我沉溺或自我吹噓。以創造爲核心的靈性認爲，透過所有生命的經驗都能找到上帝，包括那些看上去是負面的、黑暗的和恐懼的經驗。

超越或是轉化

在東方和西方宗教中都有以救贖爲核心的靈性，它們透過放棄、贖罪、否定自我，或是超脫出物質和肉身的世界來提供救贖與啓蒙；使人們從罪惡感、痛苦和受難中獲得拯救。這種透過自我否定、自我懲罰或者脫離自我的救贖式靈性生活，通常在本質上是**超越性**的。

而另一方面，以創造爲核心的靈性則強調更徹底的活在當下，承認一個人所有的面貌（不管是黑暗與光明），變得更能自我覺察，具有更高一層的意識。**轉化**的方法之一是透過聯繫的方式來學習；目標之一是找到創意的方式，表達出一個人所有的面向。在所有的存在層面、任何的時間裡都能體會到靈性。神可以呈現在每一個完全活出自我的男人和女人身上，盡一切可能擺脫桎梏，沒有偏見或歧視，生命經驗的每一個角落都是能量在順暢的流動。[7]以創造爲核心的靈性昭示的不是證照的認可，而是伴隨責任（回應—能力）而來的一體性。在東方修煉中，這就是全然當下和全然覺察的「恆持剎那禪」（every-minute Zen）的概念；

因爲神存在於所有事物中，要發現神就需要全神的貫注和覺悟。

神的存在就是我的存在
神最初的生命
就是我最初的生命

無論我在何方
神就在那裡
我用來看見神的眼睛
神也正用相同的眼睛看見我。

——梅司特．愛克哈特（Meister Eckhart）[8]

想一想：

1. 說一說你所了解的「靈性」與「創造」。
2. 宗教曾經帶給你怎樣的經驗？

3. 分享在自己的生命經驗裡，是否曾經有過「靈性」的經驗？

4. 覺察一下你曾經如何「追求完美」？如果現在用「超越」與「轉化」的態度來檢視，你又會有怎樣的觀點？

第三十五章　生活理念的迷思

「我用一個字的時候，」矮胖子用輕蔑的口吻說：「不多也不少，它正好就是我選擇表達的意思。」

「但是問題在於，」愛麗絲說：「你是否能讓字有那麼多不同的意義？」

「問題在於，」矮胖子說：「哪個字是老闆——就是這樣。」

——路易斯．卡羅（Lewis Carroll）[1]

「新時代」的助人專業領域有許多不容懷疑與未經驗證的信念，執業者用這些信念來幫助他們的案主，結果是，許多的「受益人」發現自己陷入一整套新的卻站不住腳的推論中，因此受到束縛而非得到解放。以下是一些迷思的例子，他們都有被具體化成爲「眞理」的危險性。我們提出這些議題，是希望能激發討論與研究，而不是讓這些迷思成爲「眞理」或是「謬言」。

迷思一：人們理所當然的該享有遠離壓力、貧窮、意外與危險的快樂生命

這個迷思已經成爲最近盛行的受害者模式的依據，它促使人們不再爲自己負責。於是，許多人理所當然的認爲他們不必付出任何的貢獻，卻有權要求穿衣吃飯，並且受到照顧。他們活在依賴與不滿中，老是因爲需求沒被滿足，或是自認的權利被侵犯而找機會報復。我們很輕易就在福利國家的政策上，或在互相處處找碴的法律訴訟中看到這些情況（委婉的解釋成「責任」歸屬的探討）。對這些人來說，爲取得這樣的態度所付出的代價很大——個人成長因此受到限制。無助感和報復成爲他們過日子的方式，常常會以疾病的症狀或令他們不滿的人際關係來呈現。助人專業領域在支持這種態度時，不但沒有幫忙解決，反而常常使問題更嚴重了。

迷思二：貧窮引發社會疾病

這個迷思普遍被政府和社會工作者接納，也是一般福利國家的重要基礎。支持這個信念者很少停下來想一想，在不同國度裡，經濟上的成功到底能帶來多少幸福。在「貧窮」國家中生活的人比在經濟大國中生活的人不快樂嗎？嘗試重新分配財富的努力，很少帶來正向的結果。挖掉貧民窟代之以新建築的計畫經常失敗：沒多久這些住戶又會把新建築變成又髒又亂。該是時候了，好好想清楚貧窮與社會疾病其實是**心智態度**的產物，只能經由適當的教育

而不是資金的重新分配來加以改變。

迷思三：改變是可能的

由於這個假設，許多助人工作者發現他們處於緣木求魚的狀態而感到挫折。常識與經驗告訴我們，人們受到本性與天生資質或是障礙的限制。重要的議題不是改變（其可能性令人懷疑），而是人們與所處情境之間的關係。覺察到這個事實，可以使個人有機會轉化行為的表達方式，對自己更負責，對未來能更自由的做選擇，並且能更實際的面對當下的狀況。許多治療是建立在「改變是可能的」這個假設上，而為何在為數不少的研究報告中，心理治療成功的案例極少？「改變之不可能性」或許可以做部分的解釋。[2、3]

迷思四：童年的創傷經驗會導致成年的情緒問題

這是最近很流行的觀念，特別是在兒童性侵害的領域裡。雖然很多執業者深信如此，就算不是所有的問題都源自童年的創傷，但大家卻用童年創傷來解釋一切——即使只有極少的科學數據證實這個說法。不過，由於這個理念曾被廣為宣揚，近來許多情緒問題都歸罪於這種創傷經驗。很少有人去研究或許有更多數早年「受虐」事件中的「受害者」，他們運用創傷經驗產生了對生命正向的選擇。如果能發現他們為什麼做得到以及怎麼做到的，應該會很有趣。從我們自己的工作中得到的結論是：過去能幫助我們**知悉**現在，而不是用來當作**藉口**。當人們採取這種態度，他們對自己的生命能負更多的責任，因爲減少了**指責**與**報復**的傾向，個人的成長不再停滯不前。

迷思五：我們要爲自己的疾病「負責」

當然，我們同意這說法的原意是——每一個人都**參與**了他自己疾病發展的過程、並做出一些與生命相關的必要**決定**。不過許多全人健康領域的人士把它解釋爲人們會生病得**歸罪**於自己，他們採取的**道德**立場很容易的就傳達給案主。結果是，這些病人不但已經有了夠多的困擾，他們又多了一項罪惡感的掙扎，這罪惡感在他們疾病發展的過程中並不是最重要的。

迷思六：吃什麼像什麼

對於所吃的食物帶著強迫與偏執性的有「健康癮」的人來說，這是句至理名言。他們忽略了人體各器官具有奇妙的分類、選擇、吸收、儲存等特性。與其花那麼多精神研究每一份吞下肚去的卡路里、礦物質、分子，還不如研究一下爲何身體要選擇這些成分會更有收穫。如果身體選擇儲存肥肉以避免親密關係，針對人際關係的議題來下手不是比一再研究更新的減肥食譜更有價值嗎？不用對或錯的道德觀來決定要吃什麼，生活會不會更有意思？不論你是素食者或是肉食者，說不定就是你飲食中的**道德**成分對你的健康最具破壞性。把「吃什麼像什麼」這個想法推到荒謬的極致，素食者一定會逐漸變成植物！

跟這個說法接近的是最近的相信低脂食物能保證健康與長壽。這說法看起來眞的很具說服力，但是卻沒什麼證據支持它。有一項研究指出畢生固守這種低脂食譜的男人，或許可以多活幾天，女人則多活幾星期。

迷思七：成功的人際關係中妥協是必要的

許多諮商者相信夫婦之間爲了要能適應對方，彼此都必須放棄己見以達成協議。雖然表面上看起來是無害的，仔細檢視則發現，這是在倡導兩造雙方**削減**自我以達到基本共同性。於是爲了擁有一份關係，雙方都需要付出減少自己的代價，而降低了彼此完成自我的潛在可能性。在我們的經驗中，多數經由「妥協」而長相廝守的夫婦，到後來不是活在日漸滋生的怨恨中，就是陷入絕望與冷漠疏離的狀態；在否定對方或是報復的心態下，不少的夫婦最後還是分手了。

當伴侶能對自己負責時，就不需要妥協，取而代之的是，他們能用好奇心來看待彼此的差異，並分享不同的觀點。最後，他們能在不需要任何一方放棄價值觀或意見的情形下，找到達成共識的方法，而不是彼此妥協。[4]

迷思八：和平是可能的

自有歷史以來，世界和平幾乎是不可能的事。正如大多數的人際關係一樣，一個又一個經過談判後的妥協，只是暫時達成然後又破裂。唯一不同的是重新再達成協定前時間的長短。雙方在緩衝時期，表面上看起來是平靜的，但背後隱藏與壓抑的怨氣暗中滋長，終究會新仇與舊恨一起爆發。

與其爲了和平浪費時間與精力去討論新條文，倒不如集中精神**教育**雙方欣賞彼此的多樣性，而不是帶著敵意與懷疑看待對方跟自己的不同點。要能做到這樣，不論是個人或是團體，雙方都必須能普遍的接受「自我負責」與「提昇意識力」的原則。意識力的拓展能使雙方增加**欣賞**（與容忍不同）對方的空間。過去的作用是能幫助我們**知悉**現在，而不是爲了掌控現在。我們可以把焦點放在發展新模式上，來替代舊的行爲模式，彼此之間就會產生新的**和諧感**。[5]

迷思九：爲了獨立，叛逆是必要的

從許多方面來說眞是如此，但這是大家所希望的嗎？在依賴的狀態中長大，叛逆反而讓個人跟他所否定的教義或規條緊緊相連。反抗必須早回家規定的青少年，他們的生命是在跟權威的**對應**中逐漸成形，於是一生都以負面的方式與這相同的權威拉扯。在叛逆的狀態中，支配行爲的重要因素仍在於**自我之外**。

另一方面，一個人也慢慢變成自主的人而不是獨立的人。一個自主的人其中心是在自我**之內**。所有的決定是基於實際狀況而不是對他人的反應。諷刺的是，許多爲獨立而奮戰的人眞正想要的是自主，所以達到獨立的狀態時反而感到失望。

迷思十：在個體成長中個人權力是重要的

最近不少社會運動尋求更多個人的權力，認爲它是過去被壓制的怨恨的解毒劑。可是這些運動會演變成期待更多補償、特殊地位、特權等。當達不到這些目的時，「受害者」就不滿的高聲疾呼著要求補償。社會常常透過跟「受害者」聯盟，一起懲罰違反社會規範的人，在報復的過程中「受害者」的報酬是感覺更「有權力」。到了最後，到底得到了什麼？報復的酬勞又是什麼呢？

我們區分了「權力」（控制外在的事件）與「力量」（自信的接納與表達自己）；前者是關於**他人**而後者則是涉及**自我**的。有權力及支配他人其實是處在虛弱的地位上，因爲權力是建構在他人的屈服之上。另一方面，當人們感受到內在的力量時，他們是更完滿與眞實的。權力會削弱自我，而力量能促進成長。

迷思十一：高自我評價對個人的成功是重要的

自我評價運動在教育界與心理界都盛行著，現在政府也有自我評價的部門，教育制度也把自我評價當作首要教育目標之一。但是這個運動已經有傷害產生了。無法提高自我評價的老師與學生們會覺得自我憎恨與沮喪。用不實的讚賞來支撐低落的自我評價卻會助長自我欺騙，如果這種扭曲的鏡像作用繼續下去，孩子會停留在無法持續發展自我評估與自我激發能力的狀態，也因此與他們自己眞正的本質漸行漸遠。

人們如果能學會**自我接納**與**自我疼惜**是比較好的——在不斷掙扎著求取生存與歸屬感時，也就可以更承認自己與愛自己。有主動去嘗試的進取心，就算失敗了也接受自己，自己做裁判來界定成功與否——這些就是一個獨立自主者的標誌。我們認得不少自我評價低的人，爲他們自己創造了非常快樂的生命，因爲他們學習到了自我接納的祕密。

迷思十二：羞愧感是不快樂的原因

關於羞愧感與罪惡感經常令人混淆不清，在慣用語法與字典的定義上兩者也常常互換運用。[6] 生命中許多問題的根本原因，其實是罪惡感而不是羞愧感。

當人們有罪惡感時，他們是因爲犯了法或是違背了道德的規範，而以罪惡感來懲罰自己（不管是眞的或想像中觸犯了）；伴隨著罪惡感而產生的物化及自我憎恨，使他們越來越失去自我。罪惡感的問題是爲了力求完美（見第五章〈理想我——努力追求完美〉）。在有罪惡感時，人們會感覺發冷、緊張、疏離、被物化也物化他人；因此他們不是立足在自己眞正的本質上向前進。罪惡感是跟封閉自我有關；因此無數因爲退縮而產生的問題便接踵而至。

另一方面，羞愧感是因爲自我認知而體會到的溫暖感；它是揭露時涉及了自我的個人回應。有羞愧感時，人們是不設防而脆弱*的，因此有成長與親密的可能；人們會因爲揭露而對自己有更多的察覺，伴隨揭露而生的是羞愧感。所以，的確，羞愧感與人內在自我的充實感有關，也能夠帶來深深的快樂。

迷思十三：壞事只發生在壞人身上

這種說法是心智不成熟的表徵，這是基於從道德的角度去運作，而不是從擴張了的覺察能力和高度的意識來看事情。導致這個觀念的原因是，人們傾向於在罪行尚未證實之前就先定罪了。跟這個相關的是對宿業的誤解，認爲人是來爲過去做錯的事贖罪的。過於簡化的道德推論就是做好事就能保證過幸福的日子。

新時代的自我負責概念常常被誤解爲，行爲與結果要「歸咎」於每個人（因此壞事成爲對壞人的懲罰）。這個道德化的扭曲常被用到疾病方面。你要對你的疾病或是意外**負責**（是指你所參與的生活方式導致了你生命中所有的事件），並不是說你要因生病而被**指責**。所以，不能根據發生了什麼就評定這些人是「壞」的。

迷思十四：人性本善

當透過道德的信念把人類的行爲區分成「好」、「壞」之時，社會的慣例會要消除壞的。所謂「壞」的、黑暗的以及內在負面的力量，通常都是被壓抑與否定的；這下人們就更沒有理由呈現它們了。於是，社會提出了一個不切實際的「完人」典範，期望全體人民的行爲以他爲榜樣。通常人們會採取這種否認模式，拒絕去面對自己內在原本就有的「邪惡」能力；這就導致了以不直接的方式引發這股被壓抑的能量（通常是社會可以接受的方式）——比如戰爭、小罪行、冷酷的人際關係、「骯髒」的政治、以及不顧人類與環境生態的唯利是圖的商業。關鍵在於道德行爲的全面領域（好與壞的極致），人類都有可能做得到，更重要的是要能了解與承認它，這樣才能選擇不去破壞性的使用他們的能量。

迷思十五：走出頭腦：只要相信身體！

這是處於一九六〇與七〇年年叛逆年代中人的宣言；這句話使得思考變得不合時宜。當身體的功能、意義與感覺被高度的重視時，心智就會被懷疑。當許多活在「此刻」哲學的擁護者，衝動的迎合浮現的欲望時，負責任與因果的考慮都被丟到腦後了。資訊、歷史、理論、書籍、哲學、文學（全是心智的產品）都被貶低到垃圾箱去了，因而導致反智主義、反計畫、反承諾的流行。這樣的情況引致下一個階段更深度的否認：「你不是你的身體，也不是你的心智！」

迷思十六：你不是你的身體，也不是你的心智！

這是有靈性上的野心，渴望透過超個人方式**超越**自己成長的人的座右銘，類似這樣的座右銘是由東方宗教或哲學上師們提出的。人類的意志力都用在幻象與俗世的欲望上，以致無法體驗「天人合一」的宇宙意識。在東方文化中產生了如此超凡的觀念時，追隨者發現要在一般的社會中生存及支持自己，就相當不容易了；於是他們傾向聚集成「靈性」或是「特定目標」團體，以支持自己在靈性上的追求。由於他們拒絕了社會傳統的標準，他們追求「天人合一」的結果是跟社會有某種程度的隔絕。

迷思十七：人們需要被愛（尤其是孩子）

這個迷思簡直沒法打破。它是基於「愛」是跟光與熱一樣是生存必需品的假設——人生來是不足的，所以需要用愛來填滿，先是從父母，然後是其他的人。確實，孩子是需要刺激——但是**他們並不需要被愛**！大多數人的生命似乎是只有在得到了一份可以依靠的愛時才會快樂；也有很多人抱著他是理所當然要被愛的這種感覺，於是怨恨父母或伴侶沒能按照他期待的方式愛他。然而，只有當他們發現自己的愛的能力時，才能眞正感到充實，明白這世上沒有叫做「愛」的東西；只有一種「在愛的行動中」，當我們在這樣的狀態時，一種最適於誘發成長的感受，會從內在散發出來，而不是從別人的愛中獲得。依賴外在的愛看起來讓人有安全感，但是這樣的態度會造成控制的問題，而不能培養自主的能力。

迷思十八：別人會傷到我們的感受

雖然很多人的行為受到這個迷思的影響——害怕說出口的話會傷到他人的感情，或是相信他人的行爲或語言會傷到自己——事實上，一個人的痛覺機制全在個人身體的**內部**，完全爲個人所掌控。另一個人說了或做了什麼，全由這個人針對這動作或言語作出解釋，然後刺激腦子反應——啓動大腦發笑或受傷的反應。觸發器主要位於接收者的大腦皮質層，其次才是小腦的中樞。所以，更正確的說，是人們自己用他人的言行而傷害自己的感受——不會有其他的可能！

迷思十九：相信你的感受

經驗的組織與品質是感受所提供的。由於感受是直接根據我們的解釋與判斷而生的，因此我們是依據這些並不可靠的資訊做出決定。如果能發展出更精確的洞察力，並且能核對判斷的正確性，人們能過得更好。當一個人太不成熟時是無法做出適當的結論的，因爲感受是主觀的，又受到生活背景的影響，而且很容易受到偏見與過去經驗的污染。因此，根據當下產生的感受所做出的決定，很可能會是錯誤百出的。有些人會把這個勸告解釋成「相信你的直覺」，有時會用這種被視爲所謂「第六感」的東西。有少數人高度發展了第六感，因此值得信賴，但對大多數人來說，並不是如此。

迷思二十：所有的狂熱崇拜都是壞的

韋氏大字典對「狂熱崇拜」的解釋是：「崇拜神的系統」或是「對某人、觀念或是事件的熱忱奉獻」。[7] 根據這樣的解說，所有的宗教都被看作是「狂熱崇拜」；曲棍球或電影明星的球迷或影迷俱樂部也都是「狂熱崇拜」。我們把它更精確的定義爲：任何要求對某些人或是對一套規則與被認定爲眞理的基本假設要絕對忠誠的組織。通常，「狂熱崇拜」一詞會被一個組織的成員（比如教會或是政治組織）用來指另外一個持不同意見的組織。個人被鼓勵要放棄他們自己重要的想法，甚至要放棄過去的歷史。這樣的機構或組織期待成員像奴僕般擁護它的「眞理」；甚至於準備要以暴力的手段消滅其他人的「眞理」。因此爆發戰爭與法律制裁。

所有社會不接受的機構常因此被貼上「狂熱崇拜」的標籤。事實上，社會由有掌控權的人與**被邊緣化**的人所組成。有掌控權的人是**社會接受**的「狂熱崇拜」者，他們自視為有「道德」與「倫理」，不把自己看作是「狂熱崇拜」的人，被**邊緣化**的人是被掌權者視為「狂熱崇拜」者，被看作是「不道德」與「無倫理」的。從個體自主的角度來看，是**狂熱崇拜的活動**（也就是放棄個人的思想）導致了成員問題的發生。這些狂熱的想法或許是值得思考的（不論社會接不接受），而且還可能給人帶來好處，只要是依照個人志願自由的選擇而不強迫。依我們看來，「壞」的不是這個觀念，而是組織禁止成員有自己的想法。

迷思二十一：如果你眞的了解，你就會同意

這是人際關係中最常用到的迷思之一。它是源自於一種自大的概念，一個人相信自己的看法與判斷是如此**準確**，所以如果別人**真正**了解，就絕不可能會有另外的（特別是跟他相反的）解釋。通常，我們有可能完全了解他人的觀點而不需要同意他。這時候，雖然這表示了解的人並未宣稱自己是「對」的，但對方會爭論，他顯然認為如果別人了解了，他們就不可能不同意。我們相信有可能在了解的情況下，也可以不同意，而仍然能跟對方保持親近。

迷思二十二：好的溝通保證持久的關係

要評估這句話，必須依賴「好的溝通」到底是什麼定義。一些對目前高離婚率的研究指出，伴侶之間有好的溝通並不表示他們會長相廝守，看起來比溝通方式更重要的是想要在一起的**意願**。約翰·古德曼（John Gottman）發表的研究報告中顯示，即使婚姻生活很困難的夫婦，比如常常爭吵或是逃避（許多人稱之爲溝通不良），只要他們學習，並同意彼此能互相尊重、有同理心、了解、接納對方、同在與相互連結，他們仍能享有長久的關係。我們認爲這些是高品質的持久親密關係的特質。對某些夫婦來說，他們的溝通可能是混亂或是有缺陷的，這些基本的準則更能決定他們關係的持久與否。

其他看來良好溝通的伴侶，若是缺乏這些基本的準則，就無法維持長久的關係。光靠溝通是不夠的，確實，態度與意願才是關鍵。古德曼說，對親密關係最大的威脅是「啓示錄中的四大騎士」：批判、輕視、防衛與築牆。[8]

迷思二十三：嫉妒會破壞關係

嫉妒是當一個人擔心可能會失去自己重視的對象時所產生的焦慮。它是過去兒童時期未曾解決的不安全感的呈現。[9] 在親密關係中當嫉妒發生時，我們可以用這些正向的觀點來看待它：

1. 這表示此人對嫉妒者是多麼重要與有意義。
2. 它揭露出嫉妒者卡住（固著〔fixation〕）或是不成熟的地方，這些常常是他以前隱藏或是否認的部分。
3. 它可能是嫉妒者預備好要能跟伴侶分享他脆弱*部分的訊號。
4. 當這些感受得以分享，**而沒有控制的成分時**，親密關係能更穩固而雙方都有機會在個人與彼此關係上成長。

當一個人指責別人使他不安全或痛苦，或者利用自己的受傷來控制別人時，嫉妒就有破壞力了。舉一個簡單的指責的例子就是：「因爲你注意她而使我受傷了。」**通常這種帶著控制的說法**意思是：「我的痛苦是因爲你引起的，所以別再看她，多多注意我吧！」而**分享痛苦的說法**是不同的：「我要你知道我的痛苦，但是你不必改變你自己。我在探索自己不安全感的源頭，也會持續的讓你知道。同時，我也要聽聽你對她的吸引力與欲望。我還要核對一下你在這件事上的意圖如何。」選擇後者的說法，雙方都能更負責任，這是成長的黃金時機。利用嫉妒來掌控則會在彼此間引來敵意與距離。

迷思二十四：親密等於性興奮

人類擁有用無數的理由，在不同的領域裡體驗各種不同性感受的能力。通常所謂「性興奮」是一種物化的象徵系統，其基本架構為追求與擄獲的故事。這個基本故事的呈現方式會因為文化的不同而有所差異，範圍可以從浪漫到合乎經濟實利，從誘惑到家族安排。浪漫的版本使我們相信，隨著親密程度的增加，性的興奮度也會滋長。實際上卻不是如此。當然在羅曼史開始之際，雙方還不那麼了解彼此，性興奮的程度是相當高的。然而經過幾年後，愛侶們對彼此更為了解（熟悉）時，或是眞正認識了對方（親密），他們之間的性興奮程度通常會降低（見第二十四章〈性欲〉）。這種隨時間與熟悉而生的性興奮減弱的情形，會在許多伴侶間引發極大的焦慮、失望與沮喪。他們時常會把對性的胃口減少了解釋成他們關係中出了問題的徵兆。確實，許多的情況顯示出他們有著非常高度的親密的分享。也就是說因為他們對彼此太過熟悉以致無法物化對方了。這是很普遍的問題。它提醒伴侶間有需要對彼此更具創意更有好奇心，在這樣的情況下，當他們選擇重新點燃性興奮的同時，也能深化彼此的親密。[10、11]

迷思二十五：金錢買不到幸福

事實上，幸福是全然負責的人內在的一種狀態。因為如此，每個人都可以選擇對任何事情感到幸福，錢也包括在內。不幸的是，大多數人沒有用金錢創造快樂的機會；所以他們只能幻想。有錢的人又很容易把錢浪費在成果很小的事或行爲上，結果其樂趣也極小。而有些人到哪裡都能創造快樂，做什麼都能覺得快樂，金錢只是在他們要做的事之間提供了更多的形式與選擇。

迷思二十六：爲了孩子起見，父母應該在一起

在有愛的環境中孩子可能會長得最好（不論可能是什麼樣的狀況）。通常大家太容易斷定那必須是一種特定的狀況（就是父母雙全的家庭）。如今在北美，超過一半的孩子，不是在單親家庭中長大，就是父母之一方與自己無血親關係。這對我們下一代就會造成問題嗎？

我們認爲不會。在我們的經驗中，「爲了孩子」而繼續在一起的伴侶，製造了一個不穩定，沒有愛的家庭環境。雖然基本的居住與飲食的需求也許是滿足的，但是家中的氣氛是令人困惑的。或許孩子從未說出口，但是他們會經驗到父母彼此之間缺少關心，可能帶有敵意或衝突（公開的與隱藏的），管教孩子的不同方式（有些案例中根本不管孩子），還有家中所有成員間都缺乏眞正的溝通。更進一步，孩子還可能責怪自己是父母失和的原因。當父母在如此情況下在一起時，孩子每天都有可能覺得自己是不好的。

當父母在經過考慮與互相尊重的情形下分居，創傷反而最小。分居或離婚了的父母，雙方都能用自己的風格有創意並前後一致的在孩子面前呈現他們自己。

想一想：

1. 在「為疾病負責」與「指責」之間，自己曾經有過些什麼樣的反應？
2. 你覺得「愛」是可以給予的東西嗎？在「愛」與「被愛」之間，又有哪些感想？
3. 對於「相信自己會因為他人所說的話而受傷」這件事情，你有何看法？
4. 你覺得「幸福」是什麼？

第三十六章 行走的傷者——一種生活方式

在與人工作許多年之後，我們聽到也接觸到許多嚇人的童年創傷故事，包括酗酒父母的暴行、被忽略的痛苦、童年時性虐待的蹂躪等；我們也曾跟幾位受害者密切工作，在他們逐漸清晰的記憶中，回憶起過去持續遭受過的侵害。這些年輕生命物化的程度，讓專業的照顧者感到憤怒、恐懼與痛苦。我們自己就很震驚的發現，許多人的物化程度之深，他們常常試圖要抹去記憶，用妥協與退縮的模式埋藏過去的痛苦，結果卻換得無以言喻的恐懼或是身心症狀的折磨。在這樣的壓力下與覺得自己無能的情況下，他們只能求助於專業諮商師或其他的助人者。

關心是不夠的

專業人士能幫忙人們打開早期記憶的門，提供安全的環境使人們能改變自己，學習在當下以開放與分享的氣氛去信任與關心。諮商師可以幫助人們再度造訪老傷口，使他們能在當下表達過去的痛苦與憤怒，以解開他們身體、心理、情緒與靈性上的桎梏。這些人確實需要關心與支持的環境，使其有能力面對生活，把過往束之高閣，並練習使用他們未曾發展出的意志力。**可是光是關心是不夠的！**

這個問題已經被承認了；許多助人機構設立，也有一些助人復健的計畫。社會服務針對有需要的年輕人做預防的工作。專業者可以看出受虐兒的徵兆，也可以採取行動以減少兒童的痛苦。通常社會的解決方案是合法的也是政治性的。社會通過法律強制執行，努力制裁犯罪者，矯正不當的行為。然而，卻有一個潛伏的面向是助人者、助人機構與個案還沒有去面對的。

「存活者」的概念

「受傷的小孩」已經變成一種流行了。當諮商師幫助人們找回早年記憶，表達出當時壓抑的痛苦時，這些個案傾向把目前的狀況歸因於早年的受虐經驗。其他人會下意識的憐憫他們，試圖以現在對他的照顧來補償過去的錯誤。有些人則想變成他們的救星，為他們作戰。不幸的是，在企圖提供幫助與服務的同時，照顧者此時卻已經把別人僵化成受害者了。

現在有一種生活的方式是「存活者」與「……（塡空）的成年兒童」。受內疚感支配的機構或組織相當支持這種態度，許多好意的諮商者也讓個案繼續成為童年事件中無助的旁觀者。早年的受虐兒成了被人崇敬的偶像，受虐經驗變成是引以為傲的護身符，是堅毅與耐力的證明。可惜對某些人來說，它也成為抱怨的正當理由，使人耽溺於過去的痛苦而不面對眼前的生活。雖然我們也相信一個人能藉由表達憤怒得到自我敬重，但是他的自我也會在指責與挑剔時被貶抑。只要人們用過去的傷害與受虐來為目前的生活辯解，就是忽略自己意志力的重要性。他們可以為這藉口不發展自己，不在現在的關係中學習與成長。通常他們的諮商師會跟他們站在同一陣線，讓他們持續扮演受害者的角色。

「受傷的小孩」、「內在小孩」與其他類似的觀念意味著，這成人的身體裡眞的住了一個受傷的小孩，這樣的概念能幫助人把原先難以接近的感受或記憶說出來。然而就像大多數的新概念一樣，起初很有創意，然後就被過度使用而變得陳腐。曾經受虐的成年人常常會變成一個懇求人注意的被寵壞的小孩。奇怪的是，這些當年通常是十分欠缺（擁有極少）的人，會變得苛求與凡事理所當然。他們要得到別人的注意、要被聽見與被憐憫。他們的態度是「我要什麼就都給我，以補償過去我所欠缺的」，或者是「我被不當的對待，受到傷害了，我需要被人照顧」，或者是「我是不完整的，我需要幫助」。於是這些人無法個體化。某方面來說，他們無法「擁有」自己的過去。取而代之的是，他們的過去是「發生」在他們身上的某些事。

專業者的任務

專業者的任務是提供一個安全的環境，讓這些人能打開過去的創傷與痛苦，以現在的眼光去檢視那些苦痛。通常，這些人一直都沒學會以一致的界限與人互動。他們沒有學習說「不」的機會，或是依自己的意願行事。他們常常從生命中退卻，因爲恐懼與否定而緊繃，過著受限制的生活。這些人可以從過去的生活中學習掌握自己的感受，進而過更充實的生活。

與受害者工作的目的是要能持續促使其成長。剛開始時，他需要有人支持與幫助他打開壓抑的資料與感受。這個早期的「依賴階段」能補償他童年欠缺的經驗。然後，當這個人比較有力量了，又有機會體驗與他人可靠的互動時，他就可以開始發展眼前更成熟的人際關係。諮商師通常是個案第一次有勇氣建立的健康的關係。當與諮商師建立起穩固的聯繫之後，這個人下一個挑戰就是要把新學來的互動技巧用在他的同輩身上。

走出過去創傷的各個階段

要走出過去的創傷有四個階段。

第一階段、覺察：

個案在幫助之下認知過去的經驗，揭開早期記憶的面紗，承認它們的存在。

第二階段、有作用的表達：

個案在幫助之下表達被壓制的痛苦與憤怒，去體會這些情緒而不是把它們埋藏起來（他們可能一直這麼做）。表達不應該只是用語言，而是要鼓勵他接近充滿痛苦與憤怒能量的身體，解開卡在身體中的能量。剛開始會因爲指責的表達方式而讓人深覺沉重。但隨著工作的進展，個案會變得不再需要指責以確定自己的感受。如此一來，這人漸漸變成一個從指責轉爲對自己感受負責任的人。

第三階段、分享：

個案跟他人分享感受與經驗——與個人或是安全的團體。在交換彼此經驗時，他們會減低承受祕密的張力，而開始用更寬廣的情境來看待生命。在他人同理心的見證之下，他們會意識到在當下的生活中自己並不孤獨。這個人可以在限定的時間內得到安慰，接著就要被鼓勵去過自己的生活。這是好的方向。匱乏的人當然需要有被照顧、同情與同理的經驗；然而，他們也必須走過這個經驗，超越需要他人注意力的階段，發掘對生命的好奇心，還有對他人的同理心。

第四階段；發現：

這個人不再以受害者的姿態探索生命，並能發展負責任的關係。

挑戰

心理健康專業人員常常缺少個人的成長與助人跨越這些障礙的方法。他們通常會害怕自己的痛苦，試圖透過他人釋放痛苦，而不是在回應他人時體會自己的痛苦。他們常常想要幫助別人，卻不知道該怎麼做。雖然諮商師通常是很有心的，但是他們確實促使個案依賴與停滯在過去。被他人長久依賴是很誘人的一件事，因爲人有「我對別人是重要的」的需要。諮商師未能鼓勵對方成長，反而企圖讓他們虛弱與依賴以**滿足自己的無能感**。於是助人者陷溺在跟他們個案同樣的位置上，藉著照顧他人得到虛假的權勢，而不去面對自身的害怕與不安全。許多時候，諮商師本身也經歷過與他們個案相似的創傷，會把個案的苦惱與自己的糾結在一起。專業人員該鼓勵個案活在當下，而不是互相憐憫，要把過去放在屬於它的位置——成爲一個記憶。

一個女人的故事

一位三十七歲的女士，曾在早期受到性與暴力的虐待，她描述了與諮商師工作時如何揭開了記憶：

> 逐漸記起這些經驗讓我受到很大的衝擊。它解釋了何以我的生活會充滿掙扎，特別是在性這方面。它也改變了我看待自己的方式。我開始把自己看成一個性虐待的受

害者——弱小、無助、受制。我不喜歡「受害者」這個詞，於是我用「受傷的人」來代替。因爲我受了傷，所以我需要被治癒。

她的諮商繼續著：

我繼續花三年的時間，希望能治癒性侵帶給我的傷害。我定期見一位諮商師，參加工作坊與支持團體，祈禱、避靜、寫日記、素描與讀書。我發現所有的事都有幫助，我也有了進展，可是我也從來不曾被治癒，這似乎成了一個模糊的、需要去達到的目的。因爲我覺得還沒被治好，我沒有辦法爲自己的生命做決定。我把我的生命放在等待被治癒這件事上。

她等著外在的力量來治癒她：

我知道把自己看成受害者時，就是認爲我的康復不是自己所能掌控。因爲我是被他人虐待的，所以我也需要他人來治癒我。一開始，我想諮商師能治癒我，當我明白不可能時，我認爲上帝無論如何總有法子治好我。我十分努力的盡我的本分，在等待上帝完成祂的工作時，虔誠的繼續我的過程。可是它總也不發生，我開始覺得絕望，覺得大概永遠也不會被治癒了。我覺得無力，我等待一個人或一件事奇蹟式的治好我，當它沒有發生時我更覺得自己是受害者也更無力了。我被卡住，變得混亂疲倦，我無法好好過生活。

然後她去參加了一個包含住宿的個人成長課程：

我參加這個「團體」也是爲了找到能治好我的人或事。有一天當「帶領者們」解釋活在希望之中的人不是活在當下而是活在未來時，我的生命便全然不同了。我訝異的發現，我一直活在「我被治癒的那一天」的希望中，好像到那個時候我才能開始生活。我決定放掉這個被治癒的想法，並且從今以後過我自己的生活。我跟「其中一位帶領者」分享這個念頭，他說：「對，而且你甚至不必認爲自己還受著傷！」我突然了解了！在此之前我從不認爲自己是個傷患——爲什麼現在要把自己看成是受傷的人？我跟那個「記起受虐事件之前」的我，還是同一個人！那一刻起，我不再視自己爲受了傷等待被治癒的受害者。我再度開始視自己爲聰明、有愛心、能幹的女人。我知道我曾經歷過身體與性的侵犯，但是我不再把自己看作無力與無助之人，我反而相信自己因爲這樣的經歷而發展出許多內在的力量。我覺得更自由，有了爲自己做決定的能力，而且比過去任何時候都更覺得充實。

她非常驚訝的發現：

我沒有受傷或缺損——我是完整的。

因爲她早年的經驗使她一直以爲她的遭遇是命中注定，而沒有看見現在的她已經跟當年的小女孩不一樣了，她已經是個能夠用更大的權力做不同選擇的成年人。她說：「我一直很怕男人，但是現在身爲一個成年人，我可以決定不再只是躲著他們了。」

常見的錯誤概念

諮商師常太快跳進結論，將案主眼前的難題歸因於過去遭受虐待的經驗。確實，有些人受了很嚴重的侵犯，然而治療師們沒有認清案主當時受虐程度與當前面臨之難題的困難程度之間的相互關係。現在的治療變得已經很拙劣，似乎所有去找諮商師的人都認爲自己被傷害過；在這樣的氛圍中，諮商師自然把所有一切都歸咎於過去的受虐經驗。過去被虐的重要性當然不能否認，但是，專業者最好不要一直在遺跡裡尋找迫害記錄，不是每一個問題都源自於過去的受虐經驗的。

並不是每一個有受虐回憶的人都曾真的被虐待過。我們認識一位年輕人，他說他的叛逆期來得很遲，因爲他小時候曾被父母侵犯過。其實那只是他的一個模糊的印象，並沒有確實的證據，我們認爲他的記憶是由一位出於好意的治療師的建議所構築出來的。古老的格言說：「跟隨你的個案，不要引導他們」是很重要的。助人者必須注意別把過多被虐待的觀念灌輸到別人心裡。

第二個故事：固著在「受虐」上

對諮商師來說，當他們自己固著在「受虐」事件上時，會聽不眞切個案眞正想說的話，這是相當危險的。有一個女人曾因一位好友突然去世而引發出憂鬱症。她向一個諮商者求助，以下是她的自述：

我在五十一歲時有了第一次心理諮商的經驗。我完全不知道該期待些什麼，沒有任何參考架構可供我評估治療品質是否良好，我只是經由一位熟人的介紹，再加上我立刻被這位諮商師的友善吸引，因此便盲目信任了她。朋友之間很少提到心理治療，除了婚姻出狀況或是兒女吸毒、犯法時才會提到。我三十年的婚姻相當健康，還有四個「好」孩子，我的生活很單純，對心理治療的危險或益處一無所知。

她開始經驗到進展：

我承諾每週去一次，一共去了三次，每小時八十元的諮商就開始了。就只因爲諮商師的溫暖與同理心，我的憂鬱症立刻就改善了，然後我同意留下來繼續治療，談談我生命中其他的進展。由於保險不給付這種治療，所以沒有特別的金錢或時間限制。經過五年與超過兩萬塊錢之後，我們仍然牽扯在一起，似乎結成了一個治療聯盟。

在治療的過程中，她向治療師說出了一個早年的經驗：

我需要加強長期治療的原因是因爲，在第十五次治療接近結束時，我告訴諮商師從我兩歲半到十一歲之間，我父親對我有亂倫的行爲。吃驚的她抓住我的膝蓋，好像抓住現行犯不讓他跑掉似的。我很訝異她對探索這個事件的熱中，這件事早就被我丟到垃圾桶去了，我完全不知道在當時的心理治療界，這是最熱門的話題。

她描述她如何努力的尋找她對往事的憤怒：

從那時起，在我的諮商師的計畫中，必須完成的、最重要的事，就是試圖幫助我表達出被亂倫九年的憤怒。所有我說的我父親對我身體的喜愛、我在他的溫暖和擁抱中所體驗到的滋潤，要不都是對牛彈琴就是被反駁。我父親被貼上了「虐待、侵犯與背叛」自己女兒的犯罪標籤。我清楚記得這些詞句，是因為我隨身攜帶這張卡片好幾個月。我覺得這些控訴是我無法接受的，因為它模糊了我的感受，毀掉了我的現實生活。我無法生我父親的氣，卻開始對我的諮商師生氣。

後來幾年在參加過幾次機構辦理的存活者團體之後，我變得更困惑了。每一個個案的主要目標就是要在各種極可惡的兒童性虐待案子中，找到憤怒。在許多案子中，我相信存活者的憤怒是正當的，我也為他們曾遭遇的毆打、焚燒、捆綁或是一些痛苦折磨的變態行為中，跟他們一起流淚；但是在輪到他們期待我對亂倫者踢打尖叫時，我卻覺得自己好沒用都做不到。他對我是非常溫柔與親愛的。大部分時候我是享受著被珍愛，性欲被挑起，被他的性器插入，被他的溫柔包圍住。我的治療不可能是從描繪一個我根本不曾感受過的憤怒開始的。

諮商繼續進行著：

跟同一個治療師的個別談話仍然每週持續著，我現在對她是解不開的依賴，就算她不在團體裡我也有這樣的感覺。在取悅她的企圖中，我一直試著去感覺對亂倫者憤怒，好讓我的諮商師來「把我洗乾淨」，這樣我們才能繼續探索已經堆得像柴火高的其他問題。暴食與起伏不定的節食導致百磅體重的增減、低自我評價、神經質的行爲模式、空巢期、因癌症而完全切除子宮、突然來到的更年期、重新開始抽菸喝酒、突然發作的氣喘與關節炎、肌肉纖維疼痛、斜視、靈性上的危機、轉換工作；這些事沒有一件能轉變我的諮商師對亂倫與憤怒的注意力。我們在這個僵局上膠著了好幾個月，她的暗示是只要我釋放了憤怒，其他的問題自然就會逐漸被了解。在哪裡呢？我的憤怒到底在哪裡呢？

她維持著對諮商師的依賴：

我們在一起四年之後，她不時的提起要終止面談，每次都讓我恐慌。在我還沒找到我的憤怒之前，我們怎麼可以放棄彼此？那些尚未探索到的問題又該怎麼辦？我連諮商都做不好，就像我當年大學的統計課差點被當掉一樣，只因爲我沒能抓住重點？童年時我被缺席的媽媽拋棄的回憶被勾起來了，許多管家代替她的位置。我覺得如果失去了我的諮商師的支持，我就會死掉。我要成爲她永遠的朋友，或是餘生永遠做她的個案。我們在三個月前終止了面談。除了一年一次的回診，她的大門不再爲我而開。我至今仍然覺得失落，默默爲失去這個特殊的關係而覺得哀傷。

在結束諮商之後，她去參加了一個提供住宿的個人成長課程。在某次課程中，她被一個簡單的問題驚醒：「妳有沒有可能享受妳與父親的關係，於是妳對這件事根本沒有憤怒？」突然間她解脫了。她的報告是這樣結束的：

我是在參加一個靜修教育中心長達兩個月的個人成長活動時，寫下這篇東西的。他們建議我用一個全新的觀點來看待兒童時的性侵害，一個跟我的眞實感受比較相合的角度。「誰說妳在不覺得憤怒的時候也要憤怒？」指導員之一這樣問我。我終於被聽見了嗎？我的感受眞的被承認了嗎？我可以自由的進行任何新方向的自我成長了嗎？

功課

侵犯者與受害者雙方都要學會不物化對方，看待彼此是欠缺界限觀念的人，缺乏感受自己的能力。雙方都必須從「壞的」犯行者與「受傷的」受害者的物化中走出來，兩方都是失落與未開發的人類。通常，以暴力或虐待作惡的人被物化為「壞人」、「侵犯者」、「罪人」。這個物化的行為對犯行者或是受害者都沒好處。犯行者物化了他們的受害者，於是受害者停留在物化犯行者的循環中。在我們的活動中，某位年輕女人與一位老先生曾有一次非常緊張與戲劇化的接觸，她是兒童期被暴力侵犯的當事人，老先生則承認自己是當年侵犯她的人。禁閉已久的混亂與壓抑爆發出來，她帶著憤怒與痛苦質問他：「你怎麼可以這樣？」這個犯行者突然之間面對了一個有著眞實感受的生命，而不是被他物化了的受害者，受到了良心的苛責他虛弱的哭了起來。他哭著看見了她的痛苦，並從物化的非人世界震醒而回到了人與人的對話。如果這位年輕女子仍然在要懲罰他的狀態裡，她也會停留在不斷爭論的復仇心態中。當她弄清楚自己的感受之後，她開始對他有了眞誠的好奇心。而他被促使著去省視自己，然後哭訴出自己幼年時所受到的傷害。這時，雙方都能超越原先理所當然固著的權力與復仇的僵化姿態，而看見了彼此的人性面。這位年輕女子進而開始發展出對她很有意義的關係；犯行者則尋求幫助，開始發現他自己界限不清的問題。在虐待事件中的雙方，不論是受害者或犯行者，他們的界限都不清楚，個人的成長都不健全。

曾經歷過受虐的諮商師

曾經歷過童年創傷的諮商師若能從中走出來，會非常善於啓發他人。通常，個案跟著一個目前過得很好而且能說出：「我做到了……你也一定做得到」的人是很有好處的。我們曾經跟一位受「邪教」之害的年輕女子工作過，從嬰兒時期她就在恐怖的儀式中長大，被教導要成爲一位高等主教。雖然她因爲想起了深埋著的記憶而經歷了幾次非常嚴重的疾病，[1]此刻，她對過去的生命並不後悔。她目前是一位諮商師，她說：

我很容易跟與我經歷過相同痛苦的人產生共鳴，並且疼惜他們。我成爲諮商師所受的訓練是因爲我能經歷早年的痛苦而存活下來。現在，我竟然很高興我有過這段經歷，雖然我絕不希望它發生在任何人身上。

在她繼續她的個人成長時，她寫著：

我很清楚的知道在我大部分的生命中，我還是常常會停留在「受害者」的位子上。我很難察覺到我常覺得我有受害感，但是當我處境困難時，我說的話與姿勢提醒了我，使我有所覺察。我一直認爲自己是個堅強的人，但是現在我知道雖然我以堅強的態度度過許多危機，我卻沒有知覺到隨著時間累積起來的恐懼與傷痛。我想，在運用「溝通模式」與覺察到我多喜歡用「她對我做了什麼」或是「你使我如何」之後，我終於意識到在我生命的深層，我確實一直留在受害者的位子上。現在不一樣了，我會嘲笑自己那麼容易就責怪他人。我的伴侶也常在我以不負責任或是無法控制的語言說話時提醒我。

她有許多內在的覺察可以分享：

自從生病之後，我必須面對生命中所有我避免接觸的事——我的性生活，我跟家人的關係，我與人溝通的方式，我的哀傷，我那令人無法相信的想保持無助的需要與欲望。我常常拒絕、恐懼、想逃避。我相信這旅程需要巨大的勇氣，結果也不是得到榮耀或同情，而只是單純的生命。我想我內心深處某些地方想要報復，我要引人注意，可以不對他人感興趣，就可以不關心他們。不過我學會了「愛」，有時候我知道我要的不只如此，但是我也知道那是因爲我害怕。生命不是榮耀與光榮或是對與錯；這些路只會帶我通往死亡。生命似乎是更不可預測也跟公平沒什麼關係的。

結論

諮商師或朋友無法彌補一個人的過去，也無法讓它消失。他們能跟這個人一起憤怒或傷心，幫助他們找到適合目前生命階段表達的方式。詢問的句型不該是「你是怎麼被侵犯的？」，而是「你經驗到了些什麼？」前一個問句讓那人留在狹窄的道德觀上，後者則使那人得以說出自己的經驗，這經驗通常是愉悅與痛苦混雜著的。如果這行爲中曾有著愉悅感，這人可能會有壓抑的罪惡感，可以有很多種方式來表達。

當個人意識到他曾被虐待，這個發現並不是他往後生命中所有問題的答案。就算人們處理過相當可怕的事情，他們仍然在某一個時刻必須放下，好讓生命繼續下去。這並不代表原諒了過去的暴行，或是否定法律在這方面的重要性。然而，專業助人者必須超越法律與政治的解決之道，進入個人與他人的分享，否則他可能會迷失或卡在自己是受傷小孩的觀點上。詹姆斯·西爾曼（James Hillman）用這幾句話，形容仔細聆聽這些人而不是立刻把他們分類的重要性：

> 當治療忽略了經驗本身而急於減輕或克服它時，就做了些對不起靈魂的事了。[2]

目的是讓人們**了解**自己，而不是找到目前的缺失把它**合理化**。於是，沒有理由因爲一個人過去的記憶，別人就必須**原諒**他目前的行爲。每一個人的課題是運用**意志力**使人際關係更成熟，發展對自己**負責任**的成長。身爲諮商者、同事或是朋友，同理心的了解是比憐憫或照顧更有用的。過去創傷的經驗需要被**珍視而不是崇拜**，跟過去的痛苦折磨打交道是發現生命的方法之一，**可是它不應該變成生活的方式**！

想一想：

1. 請用自己的方式解說一下走出過去創傷的四個階段。
2. 你認為一個專業工作者在從事助人工作時，最大的挑戰是什麼？並說出你的理由。
3. 請分享你自己或是在你身邊，曾經有的類似「行走的傷者」的故事。
4. 類似這樣曾經受創的經歷，帶給你或你身邊的人什麼樣的能力？

第三十七章 受虐的記憶——需要一種平衡的觀點

記憶對心智來說就如同感受對心靈一樣，它們都以自己的方式提供我們生命的紋路。——黃煥祥

人們向諮商師尋求幫助通常是爲了統整過去的痛苦經驗。人們試圖跟過去受虐記憶講和的報導也越來越多。不論是治療文獻或是新聞界，我們一開始非常警覺，然而漸漸的，我們關注的內容已經有所轉變。最初聽到相關報導時，我們跟許多人一樣既震撼又憤怒，然後我們震驚於被報導出的事件範圍如此之廣，現在我們擔心的是，這整個話題被炒作得眾所皆知且多被扭曲。於是我們也開始撰寫有關記憶的文章，表達對早年受虐記憶代替了當下生活的關注。[1] 從我們針對這個議題開始談論與著述的二十多年以來，該議題有著相當多的發展與變化。[2] 這一章就是想澄清一些重要的觀點。

固著在記憶上

人性有著驚人的固著傾向，會一再反覆或耽溺在相同的態度與行動上。人們似乎厭惡變化，希望所有事物一成不變。大多數人都有在固著中找到可依賴事物的傾向，以減輕本體的焦慮（見第十二章〈焦慮——朋友還是敵人？〉）。

現在，「了解自己」、從兒時經驗中找尋對現況的解釋變成一種趨勢。我們認為，花一段時間檢驗自己與探究過去的生命是可以的，那會讓人更有洞察力，但是其中也存在著極大的危險，因為這個人可能太過熱中以致於耽溺在過去的記憶中；這個人可能因為越來越多的記憶被揭穿而覺得刺激——這是某種經驗上的自慰。記憶取代了實際的生活。其實，對過去的創傷經驗作幾次探訪就已足夠，再多就變成是耽溺其中或是感傷主義者了。一個人可能著迷於對自我的探究，而成為一個所謂的「記憶毒癮者」。這過程與任何一種上癮一樣，上癮變得比與人接觸更重要。對酗酒者而言，酒取代了他和身邊的人以及與世界的接觸跟關係。最近流行的強調回憶過去會產生的危險即是：人有可能太熱中找尋過去的記憶，而失去對日常生活的展望。一位年輕女士這樣的寫著：

> 我剛開始記憶起過去儀式性的被虐時，整個人不知所措，我被看到的影像嚇壞了。但是不知怎麼的，那也使我興奮。我相信自己願意記起越來越多的事，因為它們在恐怖與痛苦中有著巨大的衝力。事實是，記憶越恐怖，我越能耽溺在自憐中，因為

自憐是如此令人滿足，於是我就更著迷於找尋記憶。像上了癮似的，我成天想著自己被虐的事，沒多久，這種成癮就取代了我跟人與世界的接觸。

探究過去的記憶可能導致耽溺，除非個人能克服耽溺，否則他無法成熟。這位年輕女士繼續寫著：

我常常帶著痛苦用餐，自大的期待人人都能站在我這邊。我對自己說，「如果他們眞的愛我，他們就會因爲我在痛苦而覺得受傷。」我沒看到的是，他們對我的愛足以向我顯示，我當時緊抓著痛苦不放的行爲是多麼自私與耽溺。他們讓我知道體會過去的記憶、擁有對它們的感受很重要，但是把它們放下，繼續過生活也很重要。我一直界定自己是個受害者，我的「諮商師們」幫助我了解我可以選擇不再做個受害者。是這個抉擇讓一切都不一樣了，容許我自由的去發展關係，回到學校——去過我的生活。

在慢性病的發展過程中，也會出現這種失去展望與偏向固著。生病的人會花更多心力在疾病的過程，而不去理會身邊的人。我們認識一位年輕女士，在二十二歲時得了一種慢性疾病，有可能會終生殘障。她懷疑是自體免疫系統失調，做過所有的檢查，卻無法確切的診斷。不過，當她學會為自己與過去的經驗負起責任之後，不再停留在過往記憶中，那些慢性病症狀也跟著消失了，如今的她是個健康的人。

另一位年輕女士也為我們展現了奇蹟，她自四種癌症中康復（四種不同的癌細胞在四個部位）。[3] 還有另一位年輕女士受多發性硬化症所苦，如今她除了一些前期症狀外，沒有其他的不適。我們也認識許多深受嚴重過敏症與慢性疲勞所苦的人，他們都能從受害者的位置找到走出鬱悶的方式。這些人的共同點是：當他們決定不再**屈服**於疾病的過程而是與之**共存**（involved）時，就找到了生命、能量與健康的新資源，他們的症狀通常會有所改進。

上癮的時候，這個人會花更多的注意力在上癮這件事，因此他無法有足夠的能量跟自己、跟他人或是世界真誠的對話溝通。在探究自我時，個人會經由再次體驗（或是再造或創造）記憶而得到肉體的知覺、愉悅與痛苦。這樣會導致耽溺與上癮。可能由於產生了生化反應（像是腦內啡、血清素或其他相關的化學物），加重了人的固著傾向。對探究過去的著迷，就跟走迷宮迷了路一樣，通常有著病態的甜蜜特質促使你繼續下去，過程中甚至會讓你有愉悅的感覺，就好像閱讀史帝芬·金的小說一樣——覺得噁心，卻又無法把書放下。

一旦諮商師與治療師參與了這趟重訪記憶之旅（或者，說真的，有時候是參與、幫助他們創造記憶），在見證到恐怖或驚異的回憶時，可能引發出自己的情色經驗。治療師陪個案體驗著痛苦與愉悅，這個探究的過程會使人耽溺。卡爾．威塔克（Carl Whitaler）曾說過：「一對一的心理治療是情緒的亂倫。」[4]或許他認知到在探究自我時會發生的自我刺激與窺視狂的行爲。治療師有可能透過個案的生命在過日子，而沒有勇氣眞正面對自己的生命。用粗俗的話說，諮商師面對的危機是「教訓」了他們的個案，而沒有眞誠的跟他們自己對談。

記憶的不確定性

通常，一個人在回想或是再現（reliving）過往的記憶時，會獲得許多寶貴的觀點，他能重組過往歷史，結束過去生命故事的章節，原諒一切之後繼續生活。要記住的是，那些都只是記憶而已，記憶的過程是最容易有瑕疵的。人對於這一刻到下一刻**確實**發生了什麼事常常無法肯定，只知道自己記得這個或那個，無法確切說它眞的發生過。

在專業的文獻、大眾媒體與新聞上，對壓抑記憶的確實性提出了質疑。[5]一方面，探究過往的人要更加小心的不要以爲所有記憶都是眞的，以致於失去鑑定的智慧。另一方面，「虛假記憶症候群」既然已經享有盛名，就一定會有一種反彈是「不相信任何人的記憶」。這兩者之間有一條微妙的分界線，其中的中庸之道是，考慮到記憶的重要性又不會固著於記憶。

佛洛伊德思想的發展

在佛洛伊德早年與個案的工作中，他認為歇斯底里的原因是由於早期的性經驗引發了後來的精神官能症；這個論點被稱之為「誘惑理論」（The Seduction Theory）。後來他漸漸改變了看法，瑪莉．賈后達（Marie Jahoda）曾經這麼寫著：

> 佛洛伊德逐漸了解他的病人告訴他的並不是眞實事件的記憶，而是幻想與幼年時的願望；他同時也意識到歇斯底里的發作似乎也沒有一定的原因……這些事促使他認知到記憶無法區分出事實與幻想。[6]

佛洛伊德開始認識一些小時候曾被大人性侵犯的人，他們顯然沒有歇斯底里的行為，因此他認為早年的性經驗不見得一定會導致精神官能症。

然後他開始訝異關於童年性經驗的報告何其多，也在同一時期意識到，對孩子來說，事實與幻想常常是分不清楚的。因此，他逐漸不再認為性經驗眞的發生過，反而是孩子常常會幻想這些事情眞的發生過，是願望成眞的一種表達方式。當孩子的身體開始有情慾，他們會幻想自己跟所愛的對象——父母有性經驗。在追溯過去時常常讓人以為性行為實際發生過；是記憶起了些作用讓這經驗看起來跟性有關。這種記憶引導一個成年人以追溯的觀點來看幼年時期的經驗。

佛洛伊德也覺得詫異，怎麼會有那麼多的報告說他們有口交與肛交的經驗。他認爲這是倒錯的性行爲（於是不該發生得如此頻繁），他開始懷疑，事實上並沒有那麼多個案的父親對孩子有這樣的性行爲，而是當孩子玩耍（或許是一種挑逗的氣氛）時心理上的經驗，是孩子幻想（潛意識的）這種事情的發生。他繼續這樣的研究，最後修正了自己原先認爲記憶源自於事實的觀點，而將這些記憶視爲因肛門與生殖器局部化的性欲（力比多〔libido〕）而產生的幻想。[7] 許多男女平權主義者自此從未原諒過他。

一九○五年，當佛洛伊德寫「性學三論」（Three Essays On Sexuality）時，已經修訂了他早期的看法：

> 我們發現誘惑的影響佔了很重要的位置，「誘惑」過早的把孩子視爲性的對象，教孩子在高昂情緒的狀況中，如何從生殖器地帶得到滿足，這種快感是他以後可以一再經由自慰而得到的。這種誘惑的影響可能從成人或是其他的小孩而來。我不承認我的論文「歇斯底里的病因」（1896）誇大了這種影響的頻率與重要性，雖然我那時還不知道有些正常人在童年時也有相同的經驗，因此跟性的體質與發展的要素相比，我確實高估了誘惑的重要性。顯然一個孩子性生活的激發，並不一定需要有人引誘，它

也可能因爲內在的原因而自然發生。[8]

一九〇五年末期，他更詳細說明了他對誘惑理論觀點的轉變：

我因此高估了這類事件發生的頻率……此外，我正處在一個階段，無法分辨歇斯底里患者對童年的記憶，是僞造的或是眞實事件的遺跡。自那時起，我學會怎麼把一些人對誘惑的幻想，解釋成此人是爲了避開他**自己性**活動的記憶（嬰兒期的自慰）……它們（這些症狀）現在已不再認爲是由孩童時期被壓抑的記憶直接引發的；但是在這些症狀與孩提時代的記憶之間，還有病人的**幻想**（或是想像的記憶），這些幻想多數是青春期的產物，有一些是從兒童時期的記憶而生，也有一些會直接轉化成症狀。[9]

他在著作中繼續寫到個別的差異。有沒有創傷並不能決定一個人最終的狀況：

因此，一個特殊的個體在童年時有什麼樣的性經驗已經不再是個問題，而是他對這些經驗反應如何——端看他的反應是否「壓抑」。[10]

在《鼠人──強迫官能症案例摘錄》（1909）一書中，他說童年記憶是回溯的，並以最近的態度與透視染上了顏色：

如果我們不想在判斷它們的歷史眞實性上偏離正途，我們首先必須記住，人們的「童年記憶」只有在稍晚的時期才會鞏固，通常是在青少年時期；這涉及一個複雜的重塑過程，從各方面來說都類似於一個國家建構其早期歷史傳奇的過程。在個體對其嬰兒期的幻想中，立刻變得明顯的是，長大後的個體**努力抹滅其自體性欲活動的記憶**；他藉由將記憶痕跡提升到客體愛的層級來達成，如同一位眞正的史學家用目前的觀點來看過去。這可以解釋爲何這些幻想充滿誘惑與攻擊，而實際上只局限於自體性欲活動以及刺激它們的撫摸或處罰。此外有一點很清楚，當個體建構關於其童年的幻想時，他**性化**（sexualize）**了他的記憶**，亦即他將日常經驗與他的性活動連結起來，他將性的興趣擴及它們──雖然這麼做時他可能仍是依循眞實存在著連結的線索。[11]

在《鼠人》的案例中他說，難以確定記憶是根據事實或是幻想：

我們很少能如同此案例般幸運，可以依賴成人的可靠證詞，來建立這些個體過去的故事所立足的眞相。[12]

一九一〇年，在寫到李奧那多．達文西（Leonardo Da Vinci）時，佛洛伊德詳細描述了他關於童年記憶與幻想的見解：

跟成熟後有意識的記憶很不一樣，它們（童年記憶）不是固定在曾經驗過的那一刻，之後一再重現，而是在童年已經過去之後的年歲才被引發出來的；在過程中它們會被更改或僞造，也會對生命後來的趨向產生作用，所以一般來說，它們不容易跟幻想清楚的區分開來。[13]

到了一九一八年，佛洛伊德相信，跟父母性交的想法是常見的心智形式，是「種性起源的遺跡」。

父母性交的畫面，兒童時期被誘惑，以及被閹割的威脅等，無疑都是遺傳下來的能力，是種性起源的遺跡，但是也可能因爲個人的經驗而輕易的學得……我們發現在精神官能症患者發病之前，孩子會在忘記自己的經驗時，轉而緊緊抓住這個種性起源的遺跡。他會以史前史的事件來填補個人眞實事件的缺口；他用祖先的事蹟來取代自己生命中的事實。[14]

他認爲對性經驗報告的解釋，可能是由於實際的經驗（個體起源〔ontogenetic possibilities〕），或是從人類精神架構的思想形式（種性起源〔phylogenetic possibilities〕）而產生的：

> 我完全同意榮格認爲種性起源遺跡存在的看法，但是我認爲在排除個體起源的可能性之前就抓住種性起源的解釋，是方法論的錯誤。[15]

在他一九一九年寫的「挨打的孩子」（A Child Is Being Beaten）中，佛洛伊德提出孩子屢次幻想自己挨打。當他研究之後發現，這是很尋常的事，甚至可能會產生「一種自我情色的滿足」（an autoerotic satisfaction）。起初他以爲這種幻想發生的領域，只有在家中曾受過體罰的孩子身上；然而，他發現這情況也常發生在童年時極少被責打的小孩身上。[16]

這是佛洛伊德在本世紀初時所面臨的一個分水嶺。當佛洛伊德意識到越來越多的病人向他報告他們童年的性經驗時，他逐漸了解他無法確定那些事是否眞的發生過。[17] 至今這一點仍然無法確定。

近年來，許多評論者譴責佛洛伊德爲共謀者，因爲他隱藏亂倫與對孩子性虐待的祕密。然而，値得注意的是，將近一個世紀之前，這位偉大的先驅者所思索與注意的問題，與這個社會現在所面臨的問題非常類似。記憶是眞實的嗎？或者幻想是構成記憶的成分？有興趣的朋友應該繼續質問佛洛伊德多年前即提出的問題。

由治療者所誘導的記憶

接下來要考慮的是由治療者誘發的記憶。專業人員有時不但無法確定個案的記憶是否有實際根據，同時也可能會誘發出完全莫須有的記憶或是看法。紐約哥倫比亞大學的催眠治療師賀柏·斯匹葛（Herbert Spiegel）醫師許多年前就指導過有關植入記憶的實驗。他對一位已被催眠的個案說了一句簡單的話，大意是有一些媒體人與共產黨有關連。當個案從催眠狀態恢復之後，他變得很苦惱，越來越混亂，他說他覺得壓力很大，想要對當局提出警告，說有一群媒體工作者正在擴散共產主義，然後他說出一些人名。雖然最先的暗示根本沒提到人名，這個人卻以越來越多的細節去塡充與潤飾原先的說法；甚至他在報告中還用了虛構的人名。顯然這個人在無意識的狀態下組裝了這個故事，而且相信它是眞的。[18] 這樣的事在人們日常生活中發生的機率有多少？如此看來，人似乎非常容易注意到某些建議，然後在不自覺的情形下裝飾或是改變它。

華盛頓大學一位實驗心理學者伊麗莎白．洛夫塔司（Elizabeth Loftus）是公認的記憶權威。[19]一次大規模的實驗中，她注意到在問過「你記起的景象中有沒有一個穀倉？」這樣的問題後，沒過多久，後來這人記憶的畫面就會出現一座穀倉了，**縱使在被問到這個問題之前是沒有想起它的**。這類由會談者的介入所誘導出的記憶被稱之爲「特洛依木馬」。

> 經過針對大約兩萬個對象與數百次的實驗之後，洛夫塔司發現，只要對他們提出問題就能改變記憶；她發現透過不可靠的回憶，她能使停止的訊號變成讓路的訊號，或是使穀倉在景致中出現，只要把它們僞裝成問題滑入主角的潛意識中就行了。正如特洛依木馬一般，不知不覺的，這些建議微妙的轉化成了記憶。[20]

諮商師們認爲他們知道實際上發生過什麼事，也以爲自己知道個案所報告或陳述的到底是什麼意思。可是，個案所記憶或報告的解釋易受諮商師篩選誤差的影響，而被染上了諮商者個人生物社會性條件的色彩。

當然，許多人都有過這樣的經驗，聽某人說了一個字，然後就自己賦予這個字意義，接下來還有跟這個字相關的一連串想法，根本沒去管最初說這個字的人原始的意思。如果有人問他們知不知道那人的意思，他們一定很堅定的說知道。未經核對就確定自己知道另一個人的意思是很常見的；人們聯想出自己的意思並預設了解釋，還認爲自己的解釋就是事實。來自不同文化的人對簡單的元素就會賦予不同的意義。例如，在北美的文化中，白色表示純潔，因此新娘禮服會用白色；在亞洲，白色則是跟死亡相連，是不可能用在婚禮的顏色。爲了清楚的溝通，每個人都必須了解，自己是不可能確知他人的意思的，彼此必須不斷核對，才能有最理想的（而非最完美的）了解。

追獵女巫

每一個文化都會裁定什麼是「現實」。在建立現實後，接著再決定哪些現實是「好的」、哪些又是「壞的」。完成這種分類之後，社會權力開始結合政治活動，確定讓好的繼續下去，壞的受到處罰或是撲滅。然而從哲學的觀點來看，就算在最佳狀態時，現實也不會是個穩定的現象。一個人可能永遠無法確定到底什麼是「現實」。柏特那．羅素（Bertrand Russell）寫著：「……除了自己的存在和自己的經驗之外，我們永遠無法證明其他事情存在。」[21]就算有的人是絕佳的傾聽者，可以完全明白他人的陳述（沒有經過自己社會條件的反射、偏見、語言的不適當、心智的局限等濾網的過濾），他們依然無法確知哪些是眞的，哪些是幻想，或者哪些是經過美化的。

吉姆．費迪曼（Jim Fadiman）認爲在跟關係相關的回憶中出現受虐的主題時，需要平衡與清醒的去接觸它。對此，他寫了底下這一段：

> 所有被狂熱描述的性變態人士，眞的存在於現實中嗎？這樣的形象當然是存在的，而且困擾著我們，就像龍幾乎出現在每一個文化意象一樣，但有血有肉、有麟有骨的龍卻不存在。至今仍不清楚到底有多少號稱眞實的報告，陳述的是眞的現實。目前爲止，經由研究與訴訟顯示，有些是眞的，但是大部分都不是眞的。[22]

當諮商師與一個受虐或因過去歷史而受苦的個案工作時，在大部分的案例不必投注太多的注意力在到底多少記憶是眞實的。當然，如果發現可能對孩童有潛在的危險時，諮商師是有法定的責任要向有關當局提出通報的。但是在多數的案例中，關於受虐事件的記憶都是好多年以前的事了。不論個案記住的是什麼，重點是他們可以針對因這個記憶所引發的感受而工作，根本不必探究這記憶是否眞實。因爲這被記起的經驗是否眞的發生過，沒有人能確定。

諮商師可以直接接受他們個案的經驗——這是他們的經驗，他們會有與之關連的感受與想法，這經驗到底是眞是假根本沒關係。再說，助人者必須避免轉向裁定什麼是好什麼是壞（對經驗加諸道德觀）。因此，照顧者應該避免懲罰作錯事的人，或是指出正確的做法。諮商師、老師與其他助人專業者可以做人們經驗的公正的見證人，而不去加以審判。在諮商時，人們會像是在告解一般的說出最初的感受。專業人員可以以當下的態度陪伴個案，可以與他們對話，可以與他們重回那個經驗，還可以幫助個案從過去的經驗與記憶中掙脫出來。一旦人們屈服於道德觀或教條政策時，就會陷入混亂受限的泥淖之中。專業者若是無法跳脫出來，個案也會跟著陷入混亂。當照顧者堅持一個受限的固著觀點時，就不可能會有開放的天空了。諮商師的任務就是當個帶著感受與疼惜的公正的見證人，不去批判何者爲眞、何謂道德、如何才是政治正確。助人者一旦發現他們的個案出現脫軌現象，跑到道德、政治路線的對錯，或是正義等的路上時，可以把個案帶回到比較滋潤的立場上來，讓他們充分體驗自己的感受與想法。如果人們走上了道德或政治立場的路，就很有可能迷失自己。

劇作家大衛．馬密（David Mamet）在「歐里安那」（Oleanna）一劇中，用令人震驚的手法描述了這種在互動中迷失自我的情狀。劇中，一位年輕的女大學生到中年男教授的研究室，想要討論她學習上的困難。然後令人驚訝的是，女學生與中年教授都未眞正的傾聽對方，反而落入了各自僵化的人生觀中。教授只重視教育卻忽略了年輕學生的感受；對女學生來說，她越來越陷入「要識時務」的想法，使得她將教授的關心，看成是攻擊她而不是對她的幫助。最後的結局是，雙方都在自己構築的現實地獄中迷失了。[23]

近來有些治療者斷言：「如果你認爲曾經被虐，你就是被虐了。」我們譴責這可怕的說法。治療者把個案最近生命中的困難，通通歸咎於童年的受虐，並且無情的騷擾個案，直到他們同意諮商師所說的才是「眞理」。[24]用法迪曼的話來說，它變成了「……很難區分出何者爲社會認可的被否定的現實，何者爲不斷增強的幻想」。[25]簡言之，有些治療者聲稱「知道」什麼是眞理，然後開始去說服他們的個案。這就會變成了一種教化，過程本身就變成了施暴。

美國東部發生的「小搗蛋日間托兒所」（Little Rascals Day Care Center）事件，就是一個令人心寒的例子。一切都源於一個小孩的簡單報告，導致美國出現有史以來最大的關於性侵犯的審判，這件事情也顯示出，當有經驗的治療者、警察以及法定系統都被捲入時，會產生什麼樣的後果。

在北卡羅萊那州的小鎮上，某間日間托兒所的一位照顧者糾正一個小孩的不良行爲。孩子回家跟父母重述這件事時，不知爲何父母覺得所方有性虐待小孩的嫌疑。這對父母跟另一對孩子也在托兒所的家長說過這件事情後，逐漸的，這個鎮上的孩子們開始被好心而關懷的家長們詢問各種問題。過了一陣子，有不少孩子開始接受心理諮商，然後，開始出現「托兒所的員工對孩子有性侵犯行爲」的指控。再過一陣子，一大群孩子如聲繪影的描述托兒所的工作人員對他們性侵犯的細節。小鎮出現極端的反應，有些人完全不相信，有些人則積極主張要調查與控告托兒所。

我們發現這其中值得注意的是，所有聲稱被性侵犯的孩子，都跟小鎮上的治療者或諮商者有過接觸。到外縣市接受諮商的孩子皆沒有這樣的申訴。看來在警察與諮商者的關心之下，出現某種可能引發孩子受虐記憶的動力。小孩子們所擁有的被虐「記憶」是有可能相互感染或被加強的，而不是事實。因此，當這事進入審判時，有些陪審團員相信被告的員工是無罪的，但因爲結案壓力而投了有罪的票。雖然有一位陪審員認爲該案缺乏有力的證據，然而，在一位道德感強且積極主動的陪審員的壓力之下，所有陪審員便定了被告們的罪。[26]

通常，治療者認爲對做錯事的人施予懲罰是一種聖戰，並相信這對無法適應目前生活的個案是一種幫助。吉姆·費迪曼寫著：

> 令人覺得困擾的是，心理治療似乎認爲攻擊想像的加害者可以達到治癒。從南斯拉夫目前慘烈的互相謀殺中，我們什麼教訓都沒學到嗎？難道我們還要把這種復仇的策略運用到心理治療的過程上？

當家人成員的記憶不相同時

幾年前，我們報告一宗年輕女士記起撒旦崇拜的儀式性虐待導致的暴力與極大的創傷，[28]我們也認識她的妹妹。姊妹倆在同一個家庭長大，妹妹卻不記得這些事。我們不認爲兩人之中誰是錯的，我們只能說兩姊妹中一個人有這些記憶而另外一位卻沒有。事實眞相如何，我們永遠無法知道。在她們了解到，雙方不一定要擁有相同的記憶才能互相關懷時，姊妹兩人變得更親近了。記得被虐的女孩寫了下面的話：

> 由於我的故事牽涉到童年時期次數驚人的暴力，所以我妹妹有可能某些時候也在場，卻因爲明顯的壓抑症狀而不記得發生了什麼，如果不是這樣，那就是我在說謊。來這裡之前，有相當長的時間我一直是這樣認爲的，這也是我的經驗。但是我知道了另一種可能性……我們確實各自擁有自己的經驗，雖然其中相似之處極少，我們仍然可以在此彼此學習、成長與療癒。我感受到這樣的自由——因爲自由的意義在於我能爲自己做任何必須的轉化或治癒，不必擔心他人因此會得到處罰、痛苦或復仇，不論這些人是否跟我記憶中的暴力相關。

這位有著這樣記憶的女士，有一段時間總是在說服別人她家人全是「壞人」，而她的故事是「眞的」。現在她已經脫離了指責與虛弱的受害者的狀態，到了願意爲自己負責的階段，因此也開始更接納家人，她寫信給她的諮商師們說：

> 我曾想要大家都像我一樣的恨我的父母，但事實上那是很困難的。因爲我現在看到除了痛苦之外，我切斷了其他所有的記憶，在痛苦中我只想復仇。但是過了這些時日，我對很多事都更開放了，仇恨也不再那麼重要了。所以復仇與否也不再是問題。我現在很感激你們沒要我去復仇，同時你們一直鼓勵我去看被物化之後的「人」，這對我極具意義。這也是我自己在從事諮商工作時遵守的信念。
>
> 我覺得寬慰的是，就算我跟家人間永遠不能得到平靜，但是在過程中到了某個階段，每一個人的經驗都會被接納。於是在了解之餘……我也開始接納我們所有的人。

前述案例對諮商師的建言

一位年輕女士被報導曾在幼年時期經歷了嚴重的性與儀式的虐待，現在成了一位治療師。她描述她目前的狀態：

> 我要尊重與同理我自己，是個對生命中曾發生過的暴力事件充滿了憤怒記憶的人，但是我不要換到一個會助長或造成我是個「受害者」的位置。我發現這是個經常

性的挑戰。

我相信，跟一個被認爲是「受害者」，或是處在無助位置上的人工作或訓練時，最好就是對涉及暴力或虐待的人抱持接納與不批判的能力。對我而言，我希望我學到了這一點；並不是說我不批判或不憤怒——而是我有這樣的能力用這個方法體驗所有的感受，這方法容許我跟個案之間的關係保持開放，不只他本人的經驗，也包含其他人的經驗。於是我不會把他們看作是受害者，但是在我們的工作關係中，我會保持同理與支持他們自己的體驗，對其他的經驗也開放其可能性。如果這個方式行不通，我也有勇氣承認或許我對這個個案的治療已不再有幫助了。因爲當我開始只相信個案的經驗時，我們雙方都會因受到限制而封閉。說出我父母曾對我做過的事所產生的罪惡感，要與之共存已經是件不容易的事了，如果我不但必須接受它並將它存入我心，還要讓對方（對我的故事可能會感到衝擊的人）試著打開心胸——這諮商工作就變得更加困難了。

結論

很可能諮商師與個案雙方在這個有爭議的話題上都有所偏差。諮商師可能排除了所有不是根據事實產生的記憶，而致拒絕了個案的個人經驗。或者他們可以用暴怒的正義處罰創傷記憶中的犯行者。我們先別說誰對誰錯。對那些記得最駭人聽聞的往事的人，照顧者可以跟他們在一起生活，同理他們並跟他們一起工作，而不猜想那些記憶到底是否爲眞。

記憶

記憶
那麼容易被扭曲
在我們稱爲時間的
森林的映照中
糾纏的螺紋
在空間中渦漩
迴響
貫穿過去的記憶
易變的幾何學的節奏

——麥基卓29

想一想：

1. 對於過去的記憶上了癮，你曾見過的案例為何？
2. 你對自己的記憶力有過不太確定的疑慮嗎？你是如何處理的？
3. 佛洛伊德提出記憶與幻想可能有時會混淆，請說說你的看法。
4. 你與家人曾討論過過往的回憶嗎？其結果如何？

【附錄二】

註釋

第一部　過程

1. Morris West , *Shoes of the Fisherman*（London: William Heinemann, 1963）, p. 204.

第三章　溝通模式

1. Larry Gold, Unpublished poem.

第四章　構成主義

1. The *Concise Oxford Dictionary* (Oxford: Oxford University Press, 5th ed. 1967), p.325.
2. J.P. Sartre, quoted in John Macquarrie, *Existentialism*, (Baltimore, Maryland: Penguin Books, 1973), p. 15.
3. H. Gardner, *Frames of Mind, The Theory of Multiple Intelligence* (New York: Basic Books, 1985).
4. Edgar Levenson, *The Fallacy of Understanding* (New York: Basic Books, Inc., 1972).
5. Joseph Needham, *Science and Civilisation in China, vol. II* (Cambridge: Cambridge University Press, 1956).
6. Edward Edinger, *Ego and Archetype* (Baltimore, Maryland: Penguin Books, Inc., 1973).
7. J. McKeen and B.R. Wong, *The Relationship Garden* (Gabriola Island, B.C.: PD Publishing, 1996), p. 29.
8. Ibid., p. 79.
9. Ibid., p.194.
10. J. McKeen and B.R. Wong, *As It Is In Heaven* (Gabriola Island, B.C.: PD Publishing, 1993), p. 181.

第五章　理想我——努力追求完美

1. J. McKeen and B.R. Wong, *The Relationship Garden* (Gabriola Island, B.C.: PD Publishing, 1996), pp. 11-16.
2. T. Rubin, *Compassion and Self-Hate* (New York: David McKay Co., 1975), pp. 13-17.
3. K. Horney, *Neurosis and Human Growth* (New York: W.W. Norton and Co., 1950) p. 24.
4. J McKeen and B.R. Wong, *The Relationship Garden* (Gabriola Island, B.C.: PD Publishing, 1996), pp. 111, 112.

第六章　界限

1. Erving and Miriam Polster, *Gestalt Therapy Integrated* (New York: Brunner/Mazel, 1973), p. 130.
2. Alexander Lowen, *Pleasure* (New York: Lancer Books, 1970), p. 29.
3. J. McKeen and B.R. Wong, *The Relationship Garden* (Gabriola Island, B.C.: PD Publishing, 1996).
4. Gordon Wheeler, *Gestalt Reconsidered* (New York: Gardner Press Inc., 1991), p. 129.
5. Martin Buber, *I and Thou* (New York: Charles Scribner's Sons, 1970).
6. Richard Hycner and Lynne Jacobs, *The Healing Relationship In Gestalt Therapy* (Highland, NY: The Gestalt Journal Press, 1995), p. 56.
7. Ibid., p. 58.
8. Ibid., p. 58.
9. Ibid., p. 58.
10. J. McKeen and B.R. Wong, *The Relationship Garden* (Gabriola Island, B.C.: PD Publishing, 1996), p. 176.
11. Ibid., p. 120.
12. Ibid., p. 142.
13. Ibid., pp. 43, 44.

14. Morris Berman, *Coming To Our Senses*, (New York: Bantam Books, 1990), pp. 32-24.
15. Erving & Miriam Polster, *Gestalt Therapy Integrated*, (New York Brunner/Mazel, 1973) pp.98-127.
16. J. McKeen and B.R. Wong, *The Relationship Garden* (Gabriola Island, B.C.: PD Publishing, 1996), p. 188.
17. W. Reich, *Selected Writings* (New York: Farrar, Straus and Giroux, 1973), p. 53.
18. R.J. Baughan, *The Sound of Silence* (Boston: Department of Publications UUA, 1965), p. 7.

第七章　成就或是掌握

1. G. Bateson, *Steps to an Ecology of Mind* (New York: Ballantine Books, 1972), pp. 271-78.
2. Oscar Wilde, in Edgar A. Levenson, *The Ambiguity of Change* (New York: Basic Books, 1983), p. 33.
3. J. McKeen and B.R. Wong, *The Relationship Garden* (Gabriola Island, B.C.: PD Publishing, 1996), p. 193.
4. Paul Tillich, *The Courage To Be* (New Haven: Yale University Press, 1976).
5. Søren Kierkegaard, *The Sickness Unto Death*, Walter Lowrie, trans. (Princeton, NJ: Princeton University Press, 1941), pp. 43-44.

第八章　自我評價

1. J.McKeen and B.R. Wong, *The Relationship Garden* (Gabriola Island, B.C.:Publishing, 1996), pp. 149-50.
2. Ibid., pp. 184-86.

第九章　理所當然的態度

1. J. McKeen and B.R. Wong, *The Relationship Garden* (Gabriola Island, B.C.: PD Publishing, 1996), p. 136.
2. H. Guntrip, *Psychoanalytic Theory, Therapy and The Self* (New York: Basic Books, 1973), p. 113.

3. M.S. Mahler et al., *The Psychological Birth of the Human Infant: Symbiosis and Individuation* (New York: Brunner/Mazel, 1976).
4. J. McKeen and B.R. Wong, *The Relationship Garden* (Gabriola Island,B.C.: PD Publishing, 1996), p. 152.
5. S. Cashdan, *Object Relations Therapy* (New York: W.W. Norton and Co., 1988), p. 44.
6. J. McKeen and B.R. Wong, *The Relationship Garden* (Gabriola Island,B.C.: PD Publishing, 1996), p. 122.
7. Ibid., p. 68.
8. Alfred Adler, quoted in Ira Progoff, *The Death and Rebirth of Psychology* (New York: McGraw-Hill, 1956), p. 81.

第十章　力量與權力

1. J. McKeen and B.R. Wong, *The Relationship Garden* (Gabriola Island, B.C.: PD Publishing, 1996), pp. 46, 47.
2. Ibid., pp. 190, 191.
3. Ibid., p. 58.
4. Ibid., p. 114.
5. Ibid., p. 193.
6. Ibid., p. 113.
7. Joseph Fletcher, *Situation Ethics: The New Morality* (Philadelphia: The Westminster Press, 1966).
8. D.B. Rinsley, "The Developmental Etiology of Borderline and Narcissistic Disorders "in *Bulletin of the Menninger Clinic:* 44 (2), 1980, p. 127-134.
9. J. McKeen and B.R. Wong, *The Relationship Garden* (Gabriola Island, B.C.: PD Publishing, 1996), pp. 169, 170.
10. D.H. Lawrence, *Aaron's Rod* (Harmondsworth: Penguin Books, 1950), p. 200.
11. J. McKeen and B.R. Wons, *The Relationship Garden* (Gabriola Island,B.C.: PD Publishing, 1996), pp. 24-26.

12. Ibid., pp. 137, 142, 188.

13. Ibid., pp. 23, 24.

14. Ibid., p. 148.

15. J. McKeen and B.R. Wong, *In And Out Of Our Own Way* (Gabriola Island, B.C.: PD Publishing, 1995), pp. 128, 129.

16. J. McKeen and B.R. Wons, *The Relationship Garden* (Gabriola Island B.C.: PD Publishing, 1996), p. 111.

17. Ibid., pp. 111, 112.

18. Ibid., pp. 114, 115.

第十一章　區別容易混淆的概念

1. J. McKeen and B.R. Wong, *The Relationship Garden* (Gabriola Island B.C.: PD Publishing, 1996), pp. 169-70.

2. *Dorland's Illustrated Medical Dictionary* (Philadelphia: W.B. Saunders Company, 1965), p. 684.

3. M. Buber, *Hasidism and Modern Man*, edited & translated by Maurice Friedman (New York: Harper Torchbooks, 1966), p. 180.

4. J. McKeen and B.R. Wong, *The Relationship Garden* (Gabriola Island B.C.: PD Publishing, 1996), pp. 37-38.

5. Ken Wilber, *A Brief History of Everything* (Boston: Shambhala, 1996) p.30.

第二部　根源

1. André Malraux, quoted by Maurice Friedman in *To Deny Our Nothingness* (New York: Dell Publishing Co., 1967), p.17.

第十二章　焦慮——朋友還是敵人

1. Ortega, *The Revolt of the Masses* (New York: Norton, 1957), pp. 156-157.

2. P. Tillich, *The Courage to Be* (New Haven: Yale University Press, 1976),p.41.

3. R. May, E. Angel and H. Ellenberger, eds., *Existence: A New Dimension in Psychiatry and Psychology* (New York: Basic Books, 1958), p. 62.

4. R. May, *The Meaning of Anxiety* (New York: W.W. Norton and Co., 1977), p. 208.

5. P. Shatter, *Equus* (Harmondsworth: Penguin, 1977), p. 107.

6. H. Gardner, *Frames of Mind: The Theory of Multiple Intelligences* (New York: Basic Books, 1983).

7. L. Tolstoi, quoted in E. Becker, *The Denial of Death* (New York: The Free Press, 1973), p. 25.

8. J. McKeen and B.R. Wong, *The Relationship Garden* (Gabriola Island, B.C.: PD Publishing, 1996), p. 19.

9. Ibid., p. 47.

10. P. Tillich, *The Courage to Be* (New Haven: Yale University Press, 1976), p.41.

11. A. Harvey, "Teachers and Seekers," an interview in *Yoga Journal* (July/August 1995), p. 61.

12. J. McKeen and B.R. Wong, *The Relationship Garden* (Gabriola Island, B.C.: PD Publishing, 1996), p. 61.

13. Ibid., p. 41.

14. Ibid., p. 41.

15. Attributed to Claire Morris, source unknown.

第十三章　定位

1. L. Morrow, "A Nation of Finger Pointers," *Time*, August 12,1991, p. 48.

2. Jock McKeen, previously unpublished poem, 1998.

第十四章　黑洞——內在的深淵

1. M. Berman, *Coming to Our Senses* (New York: Bantam Books, 1990),p. 20.
2. J. Fowles, *The Aristos* (London, Pan Books, 1968), p. 51.
3. M. Berman, *Coming to Our Senses* (New York: Bantam Books, 1990), p.24.
4. Ibid., p. 81.
5. Ibid., p. 50.
6. Ibid., p. 80.
7. James Masterson, *The Narcissistic and Borderline Disorders: An Integrated Developmental Approach* (New York: Brunner/Mazel, 1981), p. 101.
8. Ibid., p. 105.
9. M. Berman *Coming to Our Senses* (New York: Bantam Books, 1990), pp.34,35.
10. J. McKeen and B.R. Wong, *The Relationship Garden* (Gabriola Island, B.C.: PD Publishing, 1996), pp. 43-44.
11. Arthur Janov, *The Primal Scream* (New York: G.P. Putnam's Sons, 1970), p. 29.
12. J. McKeen and B.R. Wong, *The Relationship Garden* (Gabriola Island, B.C.: PD Publishing, 1996), pp. 138-39.
13. Ibid., pp. 139-41.
14. Georges Bernanos, *Diary Of A Country Priest*, translated by Pamela Morris (New York: The Macmillan Co., 1937), p. 108f.

第十五章　物化

1. D. Rinsley, "The Developmental Etiology of Borderline and Narcissistic Disorders," *Bulletin of the Menninger Clinic*, 44(2), 1980, p. 129.

2. J. McKeen and B.R. Wong, *The Relationship Garden* (Gabriola Island, B.C.: PD Publishing, 1996), p. 19-20.

3. E. Becker, *Denial of Death* (New York: The Free Press, 1973), p. 146.

4. M. Buber, *I and Thou* (New York: Charles Scribner's Sons, 1970), pp. 11-12.

5. S. Freud, *Civilization and its Discontents* (New York: W.W. Norton and Co., 1961).

6. M. Buber, *I and Thou* (New York: Charles Scribner's Sons, 1970).

7. Ibid., pp. 53-61.

8. W.G. Heard, *The Healing Between: A Clinical Guide To Dialogzcal Psychotherapy* (San Francisco: Jossey-Bass, 1993), p. 78.

9. M. Buber, *I and Thou* (New York: Charles Scribner's Sons, 1970), pp. 53-56.

10. M. Buber, *The Knowledge of Man: Selected Essays*, M.S. Friedman and R.G. Smith, trans. (Atlantic Highlands, N.J.: Humanities Press, 1988), p. 71.

11. W.G. Heard, *The Healing Between: A Clinical Guide To Dialogical Psychotherapy* (San Francisco: Jossey-Bass, 1993), p. 78.

12. J. McKeen and B.R. Wong, *The Relationship Garden* (Gabriola Island, B.C.: PD Publishing, 1996), pp. 74-75.

13. Ibid., p. 79.

14. C.G. Jung, *The Collected Works of C. G. Jung*, translated by R.F.C. Hull (Princeton, NJ: Bollingen Foundation and Princeton University Press, 1966), vol.XVI.par.454.

第十六章　架橋於鴻溝之上

1. Thomas Szasz, *The Meaning Of Mind* (Westport, Connecticut: Praeger Publishers, 1996),p.2.

2. Ibid., p.5.

3. Ibid., p.11.
4. Ibid., p. ix.
5. Sigmund Freud, *Civilization and Its Discontents*, James Strachey trans. (New York: W.W. Norton and Company, 1961), p. 42.
6. Chief Sealth, quoted in Morris Berman, *Coming to Our Senses* (New York: Bantam Books, 1990), p. 63.

第十七章　道德

1. Paul Tillich, *The Courage to Be* (New Haven: Yale University Press,1976).
2. D. Rmsley, "The Developmental Etiology of Borderline and Narcissistic Disorders," *Bulletin of the Menninger Clinic*, 44(2), 1980, pp. 127-34.
3. M. Berman, *Coming To Our Senses*, (New York: Bantam Books, 1990), p. 34.
4. Joseph Fletcher, *Situation Ethics: The New Morality* (Philadelphia: The Westminster Press, 1966).

第三部　感受

1. James Bugental, *The Search For Existential Identity* (San Francisco: Jossey-Bass, 1976), p.1.

第十八章　罪惡感與羞愧感

1. J. McKeen and B.R. Wong, *The Relationship Garden* (Gabriola Island, B.C.: PD Publishing, 1996), pp. 30, 31.
2. F. Nietzsche, *On the Genealogy of Morals*, translated by Walter Kaufmann and R.J. Hollingdale (New York: Vintage Books, 1969), pp. 64, 65.
3. Lama Anagarika Govinda, *The Psychological Attitude of Early Buddhist Philosophy* (New York: Samuel Weiser, Inc.,

1974), p.121.

4. Jean-Paul Sartre, *Being and Nothingness*, translated by Hazel E. Barnes (New York: Washington Square Press, 1966), pp. 301, 302.
5. John Bradshaw, *Homecoming: Reclaiming and Championing Your Inner Child* (New York: Bantam Books, 1990), p. 47.
6. Ibid., pp. 79-80.
7. J. Traupman, ed., *New College Latin and English Dictionary* (New York: Bantam Books, 1966), p. 288.
8. C. Ricks in C.D. Schneider, *Shame, Exposure and Privacy* (Boston: Beacon Press, 1977), p. 109.
9. J. McKeen and B.R. Wong, *The Relationship Garden* (Gabriola Island, B.C.: PD Publishing, 1996), pp 107-108.

第十九章　憂鬱

1. Charles Baudelaire, "Correspondences" in *Selected Poems of Charles Baudelaire*, G.Wagner trans. (New York: Grove Press, 1974), p. 23.
2. J. Mitchell, *The Selected Melanie Klein* (Harmondsworth: Penguin Books Ltd., 1986), pp. 150-151.
3. R. Spitz, *The Psychoanalytic Study Of The Child vol.2* (New York: International Universities Press, 1946).
4. "Anaclitic" defined in *Dorland's Illustrated Medical Dictionary* (Philadelphia, W.B. Saunders Company, 1965), p. 75.
5. J. Mitchell, *The Selected Melanie Klein* (Harmondsworth: Penguin Books Ltd., 1986), pp. 191-193.
6. W. Shakespeare, *The Complete Works* (London: Oxford University Press, 1957), p. 873.
7. Michael Lemonick, "The Mood Molecule," *Time*, Sept. 29,1997, pp. 56-62.
8. J. McKeen and B.R. Wong, *The Relationship Garden* (Gabriola Island, B.C.: PD Publishing, 1996), p. 11-16.
9. Ibid., pp. 116-18.

第二十章　憤怒

1. G. Bach and P. Wyden, *The Intimate Enemy* (New York: William Morrow and Company, 1969).

2. J. McKeen and B.R. Wong, *The Relationship Garden* (Gabriola Island, B.C.: PD Publishing, 1996), p. 37.

3. Ibid., p. 38.

第四部　人際關係

1.Rainer Maria Rilke, quoted in John Welwood, *Journey of the Heart*（New York: Harper Collins, 1990）, p. xiii.

第二十一章　關係的發展階段

1. Campbell, S. *The Coupler's Journey* (San Luis Obispo, CA: Impact Publishers, 1980).

2. Campbell, S. *Beyond the Power Struggle* (San Luis Obispo, CA: Impact Publishers, 1984).

3. J. McKeen and B.R. Wong, *The Relationship Garden* (Gabriola Island, B.C.: PD Publishing, 1996).

4. Rollo May, *Love and Will* (New York: W.W. Norton, 1969), p. 100.

第二十二章　親密關係

1. Bennet Wong and Jock McKeen, from a public lecture.

2. J. McKeen and B.R. Wong, *The Relationship Garden* (Gabriola Island, B.C.: PD Publishing, 1996), pp. 31-32.

3. Ibid., pp. 30-31.

第二十三章　愛的發展階段

1. Iris Murdoch, quoted in *The Spirit of Loving*, edited by E.H. Sell (Boston: Shambhala , 1995), p. 22.

2. J. McKeen and B.R. Wong, *The Relationship Garden* (Gabriola Island, B.C.: PD Publishing, 1996), pp. 175-99.

第二十四章性欲

1. J. McKeen and B.R. Wong, *The Relationship Garden* (Gabriola Island, B.C.: PD Publishing, 1996), p. 56.
2. G.B. Shaw, *Man and Superman* (Baltimore: Penguin Books, 1952), p.163.
3. J. McKeen and B.R. Wong, *The Relationship Garden* (Gabriola Island, B.C.: PD Publishing, 1996), p. 154-74.
4. Madam Jiang Qing, quoted in *Time* March 21, 1977.
5. R. Stoller, *Sexual Excitement* (New York: Pantheon, 1979), pp. 13-14.
6. J. McKeen and B.R. Wong, *The Relationship Garden* (Gabriola Island, B.C.: PD Publishing, 1996), p. 165.
7. R.Stoller, *Sexual Excitement* (NewYork: Pantheon Books, 1979),p. 166.
8. J.M. Russell, "Sartre's Theory of Sexuality," in *Journal of Humanistic Psychology*, 19(2), Spring 1979, p. 41.
9. Ibid., p. 41.
10. J. McKeen and B.R. Wong, *The Relationship Garden* (Gabriola Island, B.C.: PD Publishing, 1996), p. 168-69.

第五部　健康、疾病與療癒

1. D.H. Lawrence, *The Complete Poems of D. H. Lawrence*, edited by V.de Sola Pinto and W. Roberts（New York: The Viking Press, 1971）, p.620.

第二十五章　個人對疾病與健康的責任

1. Rudolf Virchow quoted in K. Menninger, M. Mayman and P. Pruyser, *The Vital Balance* (NewYork: Viking Press, 1963), p. 41.

2. D. Connelly, *Traditional Acupuncture: The Law of the Five Elements* (Columbia, MD: Center for Traditional Acupuncture, 1979).

3. V.E. Frankl, *Man's Search for Meaning* (NewYork: Simon and Schuster, 1962), p. 97.

4. Ibid., p. 76.

5. B.R. Wong and J. McKeen, *In And Out Of Our Own Way*, (Gabriola Island, B.C.: PD Publishing, 1995), pp.34-35.

6. Robert Duncan, in *The New American Poetry* edited by D.M. Allen (NewYork: Grove Press, 1960), p. 403.

第二十六章　同理心、共鳴與能量

1. Attributed to Confucius, *Source Unknown*.

2. *Webster's Collegiate Dictionary* (Springfield, MA: G. and C. Merriam, 1947), p. 326.

3. J. McKeen and B.R. Wong, *The Relationship Garden* (Gabriola Island, B.C.: PD Publishing, 1996), p. 13.

4. Ibid., p. 11.

5. W. Reich, *Selected Writings* (New York: Farrar, Straus and Giroux, 1973), p. 53.

6. J.C. Traupman, *The New College Latin and English Dictionary* (New York: Bantam Books, 1966), p. 261.

7. R. Wilhelm and C.F. Baynes, *The I Ching, or Book Of Changes* (Princeton: Princeton University Press, 1967), p. 235.

8. R. Feitis ed., *Ida Rolf Talks About Rolfing and Physical Reality* (New York: Harper and Row, 1978).

9. R.Wilhelm and C.F. Baynes, *The I Ching, or Book Of Changes* (Princeton: Princeton University Press, 1967), pp. 280-81.

10. L. Von Bertalanffy, *General Systems Theory* (New York: Macmillan, 1984), p.45.

第二十七章　西方醫學與東方醫學——衝突還是合作？

1. C.G. Jung in R. Wilhelm and C. /Baynes, trans., *The I Ching Or Book Of Changes* (Princeton: Princeton University Press,

1967), p. xxiv.

2. J. Piaget, *The Principles of Genetic Epistemology*. translated by Wolfe Mays (NewYork: Basic Books, 1972).
3. Sobel, D. (Ed.). *Ways of Health: Holistic Approaches to Ancient and Contemporary Medicine* (NewYork: Harcourt Brace Jovanovich, 1979).
4. T. Kaptchuk, *The Web That Has No Weaver: Understanding Chinese Medicine* (NewYork: Congdon and Weed, 1983).
5. W. Osier, *Aequanimitas* (New York: McGraw-Hill, 1906).
6. P. Koestenbaum, *The New Image of the Person: The Theory and Practice of Clinical Philosophy* (Westport, CT: Greenwood Press, 1978), pp.463-65.

第二十八章　移情

1. Ernest Becker, *The Denial of Death* (New York: The Free Press 1973) p.146.
2. Ibid., p. 146.
3. J.L. Rosenberg, M.L. Rand and D. Asay, *Body, Self & Soul: Sustaining Integration* (Atlanta: Humanics Ltd., 1985), pp. 218-25.
4. K. Horney, *Neurosis and Human Growth* (NewYork: W.W. Norton and Co., 1950).
5. J. Malcolm, *Psychoanalysis: The Impossible Profession* (New York: Vintage Books, 1982), p. 6.
6. Ibid., p. 6.

第二十九章　改變是可能的嗎？

1. R.L. Stevenson, in *Bartlett's Familiar Quotations*, 15th ed., edited by J. Bartlett (Boston: Little, Brown and Co., 1980), p. 668.

2. KenWilber, *A Brief History of Everything* (Boston: Shambhala, 1996), p. 30.

3. J. McKeen and B.R. Wong , *The Relationship Garden* (Gabriola Island, B.C.: PD Publishing, 1996), p. 71.

4. Ibid., pp. 172, 173.

5. B.R. Wong and J. McKeen, *In and Out Of Our Own Way* (Gabriola Island, B.C.: PD Publishing, 1995), pp. 151, 152.

第三十章　助人關係

1. Edgar Levenson, *The Fallacy of Understanding* (NewYork: Basic Books 1972), p. 19.

2. Ibid., p. 58.

3. Ibid., p. 19.

4. Christopher Lasch, quoted by J.F. Stacks, "Aftershocks of the 'Me' Decade," *Time*, August 3, 1981.

5. Christopher Lasch, *The Culture of Narcissism* (New York: Warner Books, 1979).

6. Edgar Levenson, *The Ambiguity of Change* (New York: Basic Books, 1983), p.31.

7. Ibid., p. 21.

8. Ibid., p. 118.

9. Ibid., p. 164.

10. Ibid., p. 106.

第三十一章　治療與教育

1. *The Living Webster Encyclopedic Dictionary of the English Language* (Chicago: English Language Institute of America, 1971), p. 1019.

2. Edgar Levenson, *The Fallacy of Understanding* (NewYork: Basic Books, 1972), p. 40.

3. *The Living Webster Encyclopedic Dictionary of the English Language* (Chicago: English Language Institute of America, 1971), p. 313.

4. Edgar Levenson, *The Fallacy of Understanding* (NewYork: Basic Books, 1972), p. 223.

第三十二章　過敏症與恐懼症——與世隔絕

1. N. Wong, "Borderline and Narcissistic Disorders: A Selective Overview," *Bulletin of the Menninger Clinic*, 44(2), 1980, pp. 101-126

第三十三章　對多發性硬化症的一些看法

1. R. Blackwell, R and H. MacPherson, "Multiple Sclerosis: Staging and Patient Management."*Journal of Chinese Medicine*, No. 42, May 1993.
2. Ibid.
3. Jody Wright, "A Personal Experience With Multiple Sclerosis," *Shen*, Issue 15, Spring 1995, pp. 2,3.
4. R. Blackwell, R. and H. MacPherson, "Multiple Sclerosis: Staging and Patient Management." *Journal of Chinese Medicine*, No. 42, May 1993.

第六部　關鍵議題

1. Antonio Machado, *Times Alone: Selected Poems of Antonio Machado*, trans. By Robert Bly (Middletown, Connecticut: Wesleyan University Press, 1983), p.29.

第三十四章　以創造爲核心的靈性

1. Rainer Maria Rilke, "Imaginary Biography" in *Selected Poems of Rainer Maria Rilke*, translated by Robert Bly (New York: Harper and Row 1981), p. 171.
2. Alfred North Whitehead, quoted in M.Fox, *Original Blessing* (Santa Fe: Bear and Company, 1983) p. 10.
3. M. Fox, *Meditations with Meister Eckhart* (Santa Fe: Bear and Company 1983), p. 5.
4. From the musical *Les Misérables*, by Alain Boublil and Claude-Michel Shönberg, lyrics by Herbert Kretzmer (Original Broadway Cast Recording, Geffen Records, 1986).
5. M. Fox, *Original Blessing* (Santa Fe, NM: Bear & Co., 1983).
6. J. McKeen and B.R. Wong, *The Relationship Garden* (Gabriola Island B.C.: PD Publishing, 1996), pp. 203-204.
7. Ibid., pp. 172-73.
8. M. Fox, *Meditations with Meister Eckhart* (Santa Fe: Bear and Company 1983), pp. 20-21.

第三十五章　生活理念的迷思

1. Lewis Carroll, *The Annotated Alice* (NewYork: Penguin Books, 1965), p.269.
2. J. Efran, M. Lukens and R.Lukens, *Language, Structure and Change: Frameworks of Meaning in Psychotherapy* (NewYork: W.W.Norton and Company, 1990), pp. 12-13.
3. James Hillman and Michael Ventura, *We've Had A Hundred Years of Psychotherapy--And The World's Getting Worse* (San Francisco, Harper Collins, 1992).
4. J. McKeen and B.R. Wong, *The Relationship Garden* (Gabriola Island, B.C.: PD Publishing, 1996), pp. 126-28.
5. J. McKeen and B.R. Wong, "Peace Is Not Possible!" in *Association For Humanistic Psychology Perspective,* March/April 1995, pp. 23,25.

6. J. McKeen and B.R. Wong, *The Relationship Garden* (Gabriola Island, B.C.: PD Publishing, 1996), pp. 30-31.

7. *Webster's Collegiate Dictionary* (Springfield: G. and C. Merriam Co, 1947), p. 246.

8. J. Gottman, *Why Marriages Succeed Or Fail*, New York: Simon & Schuster), 1994

9. J. McKeen and B.R. Wong, *The Relationship Garden* (Gabriola Island, B.C.: PD Publishing, 1996), p. 39.

10. Ibid., p. 169.

11. Ibid., p. 76.

第三十六章　行走的傷者——一種生活方式

1. B.R. Wong and J. McKeen, "A Case of Multiple Life Threatening Illnesses Related to Early Ritual Abuse," *Journal of Child and Youth Care*, Special Issue, 1990, pp.1-26.

2. James Hillman, *Suicide and the Soul* (Dallas: Spring Publications, 1976),p. 23.

第三十七章　受虐的記憶——尋求一種平衡的觀點

1. B. Wong and J. McKeen,. "The Walking Wounded: A Way of Life," *Journal of Child and Youth Care*, vol 7., no. 3, 1992, pp 78-89.

2. J. McKeen and B.Wong,. "Memories of Abuse: A Call For A Balanced Perspective," *Journal of Child and Youth Care*, vol 10., no. 3, 1995, pp 67-81.

3. B. Wong and J. McKeen, "A Case of Multiple Life Threatening Illnesses Related to Early Ritual Abuse," *Journal of Child and Youth Care*, Special Issue, 1990, pp.1-26.

4. Carl Whitaker, Personal Communication.

5. Leon Jaroff, "Lies of the Mind," in *Time*, November 28,1993, pp. 52-57.

6. Marie Jahoda. *Freud and the Dilemmas of Psychology* (New York: Basic Books,1977), pp.28,29.
7. Ernest Jones, *The Life and Work of Sigmund Freud* (New York: Basic Books, 1961), p. 213.
8. Sigmund Freud, *The Standard Edition of the Complete Psychological Works of Sigmund Freud* (London: The Hogarth Press, 1955), vol. VII, pp.190,191.
9. Freud, Vol. VII, p. 274.
10. Freud, Vol. VII, pp. 276, 277.
11. Freud, Vol. X, pp. 206, 207.
12. Freud, Vol. X, p. 207.
13. Freud, Vol. XI, p. 83.
14. Freud, Vol. XVII, p. 97.
15. Freud, Vol. XVII, p. 97.
16. Freud, Vol. XVII, pp. 179-181.
17. Freud, Vol. XI, p. 83.
18. M. Métivier and S. Kleinfeld, producers. "Mistaken Identities." shown on *The Fifth Estate*, CBC Television, Autumn, 1993.
19. Elizabeth F. Loftus, "Creating False Memories," *Scientific American*, September 1997, pp. 71-75.
20. Kathryn Robinson, "Memories of Abuse," *Seattle Weekly*, August 11, 1993, p.22.
21. Bertrand Russell, *The Problems of Philosophy* (New York: Oxford University Press, 1959), p.22.
22. J. Fadiman, "Overcoming Abuse," *Perspective*, July/August 1993, p. 24.
23. David Mamet, *Oleanna* (New York: Dramatists Play Services, 1992).
24. B. Wong and J. McKeen, "The Walking Wounded: A Way of Life." *Journal of Child and Youth Care*, vol.7, no. 3, 1992,

pp. 79-89.

25. JimFadiman, "Overcoming Abuse," *Perspective*, July/August 1993, p. 25.

26. Ofra Bikel, "Innocence Lost: The Verdict," a television documentary presented by the Documentary Consortium, July 20, 1993.

27. Jim Fadiman, "Overcoming Abuse," *Perspective*, July/August 1993, pp. 24, 25.

28. B. Wong, and J. McKeen, "A Case of Multiple Life Threatening Illnesses Related to Early Ritual Abuse."*Journalof Child and Youth Care*, Special Issue, 1990, pp.1-26.

29. Jock McKeen, previously unpublished poem, 1998.

【附錄二】

延伸閱讀

- 《健康花園》（2006），麥基卓（Jock Mckeen, M.D.）、黃煥祥（Bennet Wong, M.D.），心靈工坊。
- 《跟薩提爾學溝通》（2006），維琴尼亞・薩提爾等人，張老師文化。
- 《榮格解夢書：夢的理論與解析》（2006），詹姆斯・霍爾博士（James A. Hall, M.D.），心靈工坊。
- 《關係花園》（2005），麥基卓（Jock Mckeen, M.D.）、黃煥祥（Bennet Wong, M.D.），心靈工坊。
- 《超個人心理治療——心理治療與靈性的整合》（2005），布蘭特・寇特萊特，心靈工坊。
- 《叔本華的眼淚》（2005），歐文・亞隆（Irvin D. Yalom），心靈工坊。
- 《鑽石途徑III——尋找真相的火焰》（2005），阿瑪斯（A. H. Almaas），心靈工坊。
- 《鑽石途徑II——存在與自由》（2004），阿瑪斯（A. H. Almaas），心靈工坊。
- 《鑽石途徑I——現代心理學與靈修的整合》（2004），阿瑪斯（A. H. Almaas），心靈工坊。
- 《時間等候區：醫生與病人的希望之旅》（2004），傑若・古柏曼（Jerome Groopman, M. D.），心靈工坊。

- 《創造生命的奇蹟》（2004），路易絲．賀，天鏡文化。
- 《存在心理治療（上）死亡》（2003），歐文．亞隆（Irvin D. Yalom），張老師文化。
- 《存在心理治療（下）自由、孤獨、無意義》（2003），歐文．亞隆（Irvin D. Yalom），張老師文化。
- 《疾病的希望——身心整合的療癒力量》（2002），托瓦爾特．德特雷福仁（Thorwald Dethlefsen），心靈工坊。
- 《生命的禮物——給心理治療師的85則備忘錄》（2002），歐文．亞隆（Irvin D. Yalom），心靈工坊。
- 《氣的樂章》（2002），王唯工，大塊文化。
- 《自由與命運》（2001）羅洛．梅（Rollo May），立緒。
- 《愛與意志》（2001）羅洛．梅（Rollo May），立緒。
- 《肢體療法百科》（1999），瑪加．奈思特（Knaster, Mirka），生命潛能。
- 《榮格心靈地圖》（1999），Murray Stein，立緒。
- 《薩提爾的家族治療模式》（1998），維琴尼亞．薩提爾等人，張老師文化。
- 《導讀榮格》（1997），Robert H. Hopcke，立緒。
- 《我與你》（1991），馬丁．布柏（Martin Buber），桂冠。

生命花園

The New Manual for Life

作者—黃煥祥（Bennet Wong）、麥基卓（Jock Mckeen）
譯者—陶曉清、李文瑗、殷正洋、張亞輝、姚黛瑋

出版者—心靈工坊文化事業股份有限公司
發行人—王浩威　諮詢顧問召集人—余德慧
總編輯—王桂花　執行編輯—祁雅媚
特約編輯—黃麗玟　美編—謝宜欣
通訊地址—106台北市新生南路二段30巷26-1號2樓
郵政劃撥—19546215　戶名—心靈工坊文化事業股份有限公司
電話—02）2341-8680　傳真—02）2341-8637
Email—service@psygarden.com.tw　網址—www.psygarden.com.tw

製版．印刷—彩峰分色製版印刷事業股份有限公司
總經銷—大和書報圖書股份有限公司
電話—02）8990-2588　傳真—02）2990-1658
通訊地址—248台北縣五股工業區五工五路二號
初版一刷—2007年3月 ISBN—978-986-7574-94-7　定價—450元

國家圖書館出版品預行編目資料

生命花園／著——黃煥祥（Bennet Wong）、麥基卓（Jock Mckeen）
-- 初版．-- 臺北市：心靈工坊文化，2007〔民96〕　面：公分（Holistic：34）
參考書目：面
譯自：The New Manual for Life
ISBN 978-986-7574-94-7（平裝）　1. 人自我實現（心理學）2.人際關係 3.健康法

177.2　　96001722

97.8.20.

皮膚復發. 臉腫. down.

聽著August Rush的身体記憶

記憶. 隨復讀.